DELIUS KLASING

THRILLER

SAM LLEWELLYN

SINGLEHAND

TÖDLICHER KURS

2. FALL FÜR GAVIN CHANCE

AUS DEM ENGLISCHEN VON
TATJANA POKORNY

DELIUS KLASING VERLAG

1

Gerade als ich mit dem Hammer auf die Espressomaschine schlage, beginnen die Dinge, kompliziert zu werden. Thad, der Maat, dreht den Siebträger immer so fest rein, dass es einen Schlag braucht, um ihn wieder loszubekommen. Beim dritten Bäng bricht der Griff ab. Ich entscheide, dass ich sowieso keinen Kaffee mehr haben will, und gehe durch das Steuerhaus zurück zu meinem Stuhl und lasse mich hineinfallen.

Die Klimaanlage hält das Steuerhaus kühl, und die getönten Fensterscheiben verleihen den Lichtern des Hafens von Monte Carlo einen migräneartigen Schimmer. Der Stuhl, in den ich – und nur ich – als Kapitän hineinsinken darf, ist über die Maße luxuriös gepolstert. Das gilt auch für fast alles andere auf der Motoryacht VIOLETTA, in deren Steuerhaus ich mich befinde. Sie ist hübsch und konstruktionstechnisch darauf ausgerichtet, die Bedürfnisse eines Oligarchen mittleren Ranges zu befriedigen. Daher bietet sie die üblichen Annehmlichkeiten: ein Beiboot, einen aus dem Heckspiegel ausfahrbaren Jetski, ein Hauswaffensystem, einen begehbaren Kühlraum für alles Tote (was, zumindest zu diesem Zeitpunkt, nicht unbedingt die geschäftlichen Rivalen des Eigners beinhaltet) und eine Videoüberwachungsanlage zur dauerhaften Beobachtung der Pegelstände in den Gläsern der Gäste. Darüber hinaus bietet sie heute auch einige Annehmlichkeiten in Gestalt zweier düster dreinblickender und widerspenstig wirkender Prostituierter, die Violentin, Chef-Bodyguard des bereits erwähnten

Oligarchen Sergei Yusupov, an Bord gebracht hat. Violentins richtiger Name ist Valentin, doch wir nennen ihn nach dem britischen Begriff »violence« für Gewalt Violentin, weil das zu ihm passt. Er ist 2,13 Meter groß, hat keine Haare auf dem Kopf und einen V-förmigen Köper. Er ist außergewöhnlich brutal und auf psychopathische Weise achtlos bei seinen Aktionen. Heute hat er den Blick eines Psychopathen, der sich ausleben will. Was erklärt, warum ich mich auf das Steuerhaus beschränke und warum ich bedauere, dass die einzige Annehmlichkeit, die diese Sunsoarer Carnivore 150 nicht bietet, ein guter schwerer Bolzen auf der Innenseite der Tür des Steuerhauses ist. Und vielleicht auch ein paar Sandsäcke zur Unterstützung.

Also lege ich meine Füße auf die Truhe aus kirgisischem Walnussholz und schaue einem smaragdgrünen Steuerbordlicht nach, das auf Kurs Cannes vor uns über das dunkle Wasser gleitet. Ich versuche, mich in friedliche Stimmung zu versetzen. Das fällt mir mit ein wenig Mühe gar nicht schwer. Ich habe mein glamouröses Leben als Makler von vermoderten Yachten in Achnabuie an der Westküste Schottlands inmitten von Mücken und Nieselregen aufgegeben. Ich habe den Whisky aufgegeben und den Job als Verantwortlicher für eine große Yacht bekommen. Es ist kein Job für einen Pedanten, was der Grund dafür sein könnte, dass ich ihn bekommen habe. Aber es ist ein Leben. Der Boss ist als Oligarch okay, eben so, wie Oligarchen heutzutage so sind, die Gehälter regelmäßig zahlen und deutlich über dem rauen Treiben inklusive Leichen stehen. Das Boot läuft mehr oder weniger von allein, und die Crew macht den Eindruck, sie wisse, was sie tut. Außerdem gibt es reichlich Mineralwasser an Bord und (bis vor wenigen Minuten) auch eine Espressomaschine.

Ich greife nach dem Kreuzworträtsel des *Guardian*. Jemand hämmert an die Tür. Was ich ignoriere. Fünf vertikal. Amphibischer Schwanzlurch. Es könnte ein Molch sein. Molche sind Amphibien. Na, dann.

Das Hämmern an der Tür wird lauter. Geschrei mischt sich dazu. Ich schreibe *Molch* in die vorgesehenen Kästchen, seufze und gehe rüber zur Tür. Draußen steht die Stewardess Moira, deren Explosion roter Haare vom Licht erleuchtet wird. Sie scheint etwas zu sagen, doch irgendjemand lässt serbischen Death Metal mit 1.000 Watt pro Kanal durch die Bose-Lautsprecher dröhnen und dreht gerade noch lauter. »Was?«, schreie ich.

Sie zeigt in Richtung der Unterkünfte und bewegt ihren Mund dazu: »Violentin.« Als hätte ich es nicht schon geahnt. Vielleicht täusche ich mich, doch ich habe das Gefühl, dass ihre Hände zittern. Schnell steige ich den Niedergang hinunter.

Das Oberdeck ist leer. Was Sinn ergibt, denn Violentin würde sich niemals irgendwo amüsieren, wo ihn keiner sehen und bewundern kann. Er würde auf dem Hauptdeck sein, damit die Menschen am Kai sehen können, was immer er tut.

Sirenen nähern sich, und auf der weißen Lederdecke erscheint ein blinkendes blaues Flimmern. Mein Pulsschlag verlangsamt sich wieder. Noch nicht wieder ganz auf den normalen Rhythmus, aber er wird definitiv ruhiger. Die letzte Leiter nehme ich mit zwei großen Schritten, bleibe an der finalen Sprosse hängen und lande auf der Nase, was mir eine kleine Verkostung des Teakdecks einbringt. Der Schmerz lässt nach. Ich komme wieder auf die Füße und sehe … Violentin, auf einem Tisch posierend. Die beiden Ladys dieses Abends stehen ihm auf dem Deck gegenüber und bearbeiten ihn mit ihren Händen. Keine von ihnen ist in irgendeiner Weise bekleidet. Die Körper sind über und über von roten Spritzern übersät. Blut.

Mein Herz setzt aus. Und springt dann mit einem gewaltigen und scheußlichen Satz wieder an.

Es ist gar kein Blut. Es sind Rosenblätter.

Die Musik ist ohrenbetäubend laut, und Violentin singt dazu. Nicht so die beiden Damen des Abends, die mit ihrem Mund gerade anderweitig beschäftigt sind. Violentin hat eine Silberschale in seiner Hand, die über einen fetten Strohhalm mit seinem Mund verbunden ist.

Ich stelle mich auf eine der Relingstützen. Was meine Aussicht verbessert und mir bestätigt, dass es sich beim Inhalt von Violentins Schale um ein weißes Puder handelt. Vermutlich kein Mehl.

Eine Stimme aus Richtung meines Ellenbogens sagt: »Ob das eine gute Idee ist?«

Es ist Thad, der Maat, der wie immer groß, besorgt und australisch aussieht. Ich sage: »Definitiv nicht.«

»Ich habe die Motoren angemacht«, sagt Thad.

»Wir fahren nirgendwohin«, sage ich. Noch während ich das ausspreche, realisiere ich, dass ich mir nur Mut machen will.

»Ich habe auch die Braue hochgezogen«, sagt Thad. Damit meint er die Gangway.

Während sich meine Augen an das Licht auf dem Kai gewöhnen, sehe ich, wie Männer in blauen Uniformen aus dem Wagen quellen. Sie schauen in unsere Richtung. Die einzig vernünftige Erklärung dafür ist die, dass jemand Notiz davon genommen hat, was Violentin treibt, und das als gesellschaftlich inakzeptables Verhalten betrachtet. Ich bin nicht allzu beunruhigt, denn wir bezahlen Leuten mit Einfluss auf die Polizei gutes Geld dafür, dass Letztere uns nicht belästigt. Das Fundament des Deals besteht jedoch aus Diskretion auf beiden Seiten. Und niemand würde das als diskret bezeichnen, was Violentin da mit seinen neuen Freundinnen gerade treibt.

Ich gehe runter zum Hauptdeck und drehe die Musik leiser. Violentin singt weiter, während er hüfthoch in Mädchen badet. Ich sage: »Violentin, vielleicht wäre es für dich und die Mädchen auf dem Oberdeck etwas kühler?« Sein Kopf dreht sich wie ein Panzerturm zu mir herum. Was mich wie so oft in seiner Anwesenheit daran erinnert, dass er 2,13 Meter groß ist. »Kroatische Schweine, wir werden eure Eier zermalmen«, singt er und übersetzt es freundlicherweise zu meinem Verständnis. Und ergänzt: »Geh weg.«

Einer der Polizisten am Kai scheint mit der Faust zu winken und ruft auf Französisch etwas über eine Vorführung und den Wunsch, die Yacht zu inspizieren.

Ich sage: »Wir bekommen ein Problem.« Violentins Augen lodern wie Schweißbrenner. Er springt vom Tisch, knallt die Schale mit dem Kokain darauf, macht einen Satz zum naheliegenden Suchscheinwerfer und schaltet ihn ein. Ein blau-weißer Lichtkegel attackiert den Kai. Er erleuchtet zwei Polizeiwagen und mehrere Polizisten, die ihre Hände schützend vor die Augen halten. Hinter den blauen Wagen nähert sich langsam ein weiteres Auto. Es ist lang und schwarz, hat dunkel getönte Fensterscheiben, eine Flagge dort, wo sonst die Antenne sitzt, und eine kleine Krone als Kühlerfigur. Ich bekomme ein flaues Gefühl im Magen, als ich erkenne, warum die Polizei heute ganz besonders effizient agiert. Sie operiert unter den Augen eines Königs von irgendwoher, vielleicht aus Monaco selbst, und bemüht sich darum, einen guten Eindruck zu machen.

Es ist also nur fair anzunehmen, dass Violentin die Truppe nach ihrem Verständnis auf unangenehme Weise vorführt.

An diesem Punkt beginnt einer der Polizisten an seinem Schulterholster herumzufummeln. Ich höre eine Stimme »Neiiin« schreien und bemerke, dass es meine ist. Violentin kennt auf Feuerwaffen nur eine Antwort: mehr Feuerwaffen. Er bückt sich nach dem Griff eines Schapps an Deck. Zum Glück hat er Probleme, das Ding aufzubekommen. »Ablegen!«, zische ich Thad zu.

»Ablegen?«

»Schnell, schnell, schnell.« Ich zerre die Abdeckung von der Dockingkonsole auf dem Seitendeck. Thad rennt rüber und macht die Heckleinen los. Der Suchscheinwerfer ist immer noch auf den Kai gerichtet. Violentin richtet sich auf, als Thad zur Steuerbordseite läuft, sich bückt und auch die Leine loswirft. Die elektronischen Verbindungen und die Wasserschläuche werden allein klarkommen müssen – manchmal geht's nicht ohne Schwund. Die Konsole dupliziert die Motorsteuerung. Ich drücke auf den Knopf für die Ankerwinde. Der Anker kommt klimpernd hoch. Zwischen dem Heckspiegel und dem Vorkopf der Pier entsteht eine Lücke. Die Prostituierten sehen so aus, als würden sie gern heimgehen, aber Violentin hat sich nun zur vollen Größe aufgerichtet. Er hat alle Hände voll zu tun mit etwas, das definitiv ein Sturmgewehr ist. Das richtet er mit dem Scheinwerferlicht auf die Polizeiwagen – und nebenbei auch auf die vermutlich in Monaco beheimatete königliche Familie. Ich schreie wieder: »Neiiin.« Dann gebe ich Vollgas. Das Boot macht einen Satz nach vorn. Violentin verliert in dem Moment sein Gleichgewicht, als er den Abzug betätigt. Eine der Prostituierten geht übers Heck über Bord. Dann schaue ich nach vorn, weil wir immer noch im Hafen sind und die 150-Fuß-Yacht sich wie ein halbes Flugzeug gebärdet. Es wäre eine sehr schlechte Idee, sie jetzt ums Molenende zu wickeln. Schnell blicke ich mich noch einmal um. Im Licht des Scheinwerfers sehe ich im Heckwasser eine Frau, die in den schwarzen Fluten ihre Faust ballt, während die blauen, blitzenden Lichter auf dem Vorkopf der Pier langsam kleiner werden. Als dekoratives Element untermalen die verstreuten Rosenblüten unter einem kleinen, aber teuren Schneegestöber von Kokain die Szenerie.

Das grüne Blinklicht auf der Mole schwingt wie eine Peitsche nach Backbord. Ich steuere das Boot in die Richtung, in der sich der Horizont befinden müsste. Es ist dunkel da draußen, aber nicht so dunkel wie meine Gedanken.

Neben mir taucht eine Gestalt auf, die den Geruch von Alkohol, Frauen und Pulverdampf verströmt. Violentin sagt mit bitterem Grollen: »Gav. Habe ich es verrissen?«

»Ja«, sage ich.

»Das ist traurig«, sagt Violentin, und ich sehe, wie ihm eine Träne über die gewaltige Wange herunterrollt und sich in einer Rasiermessernarbe verläuft. »Die Schlampe ist weg. Ich geh in Kabine.« Er klemmt sich das andere Mädchen unter den Arm und marschiert davon, um den Schlaf der total durchgeknallten Freaks zu schlafen.

Ich schaue übers Heck. Wir werden nicht von Zerstörern verfolgt, und soweit ich weiß, gibt es in Monaco auch keine Lenkflugraketen. Zumindest, wenn man die Boote der Oligarchen im Hafen außer Acht lässt. Ich gehe ins Steuerhaus. Auf dem Radar und dem AIS ist kaum etwas zu sehen. Der Autopilot rumpelt uns in Richtung Korsika hinunter. Ich setze mich hin und überlege, was nun zu tun ist.

Es mag der Eindruck entstanden sein, dass Thad, Violentin, ich und die übrig gebliebene Dame des Abends die einzigen Leute auf dem Boot sind. Das stimmt aber nicht. Anwesend ist auch Tamara, eine wissenschaftliche Mitarbeiterin von Mister Yusupov. Ich habe keine Ahnung, worum es sich bei der wissenschaftlichen Arbeit dreht, doch gemessen an ihrem jüngsten Verhalten hat es etwas mit Pharmazeutika zu tun. Sie ist groß und auf beste russische Weise schön. Ich habe die strikte Anweisung, mich aufmerksam um sie zu kümmern. Jetzt ist sie in ihrer Kabine, liegt ausgestreckt unter einer leichten Seidenbettdecke und hat eine Handvoll Ludes genommen, um ihre Nerven vor der morgigen Auktion einiger impressionistischer Gemälde zu beruhigen, wo sie auf Anweisung einen kleinen Monet erwerben soll. Ich persönlich habe nie irgendwelche Anzeichen dafür bemerkt, dass sie überhaupt Nerven hat. Aber um ehrlich zu sein: Sie hat mich weitgehend ignoriert. Jetzt allerdings sehe ich keinen Weg für sie, noch zur Auktion zu kommen. Das wird Yusupov nicht gefallen. Ebenso wenig wie der Polizei von Monte Carlo, dem Hafenmeister und auch Charles Baker, einem Freund und Teilhaber von Truelove & Pearn, jener Agentur, die mir diesen Job vermittelt hat. Ich sitze auf dem gepolsterten Stuhl, schaue in die verstreuten Schiffslichter auf See und habe dieses altbekannte Gefühl, ich würde ohne Arbeit dastehen. Und es erscheint sehr gut möglich, dass ich schon bald in einem Gefängnis sitzen werde. Und bezieht man die traditionelle Verachtung von Oligarchen für das Gesetz in die Überlegungen mit ein, würde ich extremes Glück benötigen, um dort ohne amputierte Finger oder Zehen anzukommen.

Der Computer pingt mich an. Da warten viele Mails auf mich. Einige davon scheinen von der Küstenwache zu sein, und mindestens zwei stammen von meinem Arbeitgeber. Mir gefällt der Anblick von keiner dieser Mails. Mir gefällt gerade überhaupt kein Blick auf etwas anderes als den Horizont. Er ist schwarz, leer und angenehm anonym. Anonymität ist der Schlüssel.

Plötzlich sehne ich mich nach dem Klappern des Regens auf einem Plexiglasfenster und dem Blick auf zerklüftete graue Wolken über einem Meer in der Farbe von Porridge. Ich drücke mit dem Daumen auf die Taste, auf der MATE steht.

»Ja«, sagt Thad.

»Kennst du den Kurs nach Korsika?«, frage ich.

»Sei nicht dumm.«

»Thad, ich befördere dich.«

»Was?«

»Komm hier hoch«, sage ich. »Dann erkläre ich es dir. Aber stell erst sicher, dass das RIB (= Rigid Inflatable Boat) einen vollen Benzintank und ein paar Liter Reserve hat.«

»Wie du meinst«, sagt Thad.

2

Als all das passiert, ist es nicht so einfach, wie es scheint. Doch darüber später mehr. Als Ergebnis der ganzen Geschichte sitze ich ein paar Wochen später im Salon eines verrottenden minderwertigen Motorseglers im Hafen von Achnabuie an der Westküste Schottlands. Ich bin mit der Geschwindigkeit und Effektivität in die Anonymität abgetaucht, in der eine Ziege in einen Minenschacht fällt. Der Regen hämmert tatsächlich gegen das Plexiglasfenster, und als Bonus tropft es aus dem Dorade-Lüfter eines Ventilators, der nur sehr ungenügend mit Sikaflex eingesetzt worden ist. Durch die verregneten Fenster des Steuerhauses sehe ich, wie sich die grauen Wolken über der See vor den Hebriden türmen. Alles ist genau so, wie ich es mir gewünscht hatte, als ich auf Kurs Korsika auf der Brücke der Sunseeker saß.

In Wirklichkeit ein bisschen zu genau.

Ich verdränge den Gedanken und ziehe die Tastatur des Computers zu mir heran. Gavin Chance Marine ist keine erfolgreiche Firma, doch es ist die einzige, die ich habe. Es stehen sogar ein paar Boote auf der Liste, doch die sind nicht sehr verführerisch, sondern aufgrund ihrer beginnenden Verwahrlosung eher die Überbleibsel von Gavin Chances vorherigem Geschäftszyklus. Ihre Elektronik besteht aus Kisten mit pulverisiertem Aluminiumoxid, ihre Riggs sind schlaff und müde, und ihre Außenhaut ist mit einer Schleimschicht aus grünem Schimmelpilz überzogen.

Der Ort für den Verkauf solcher Boote ist eBay, ohne Vorbehalt und versehen mit der Botschaft »benötigt Liebe und Zuneigung zur Vorbereitung auf die nächste Saison«. Mit etwas Glück werden sich einige von ihnen auf diese Weise verkaufen lassen, um während des langsamer verlaufenden Prozesses der Restauration für ein paar Jahre die Einfahrt von jemandem zu versperren, bis eine Scheidung oder ein Herzanfall wieder für eine leere Einfahrt sorgt und der ganze Kreislauf von vorn beginnt.

Ich öffne den Computer und prüfe die Angebote. Jemand bietet ein paar Tausender für den Motorsegler. Das ist gut, weil es Geld bedeutet. Aber es ist auch schlecht, denn der Motorsegler ist das Boot, auf dem ich lebe. Und die Alternative ist etwas, das sich Folkeboot nennt. Ein Folkeboot hat in seinem Inneren etwa so viel Platz wie ein Sarg.

Es sieht so aus, als müsse ich wieder ganz von vorn beginnen. Doch das Timing ist gerade ungünstig. Wenn du als Bootshändler durchstarten willst, solltest du das in einer Zeit tun, in der die Menschen daran denken, segeln zu gehen. An der Westküste Schottlands ist der September dafür denkbar ungünstig.

»Hm«, denke ich und wünsche mir, Whisky zu trinken. »Was nun?« Als wäre es die Antwort auf meine Frage, klingelt das Telefon.

»Gavin Chance Marine«, melde ich mich.

»Gavin«, sagt eine Stimme, die wie ein entferntes Gewitter klingt. »Gaviiiin.«

Ich denke, »oh Scheiße«, und überlege, was passieren würde, wenn ich einfach auflege. Doch dann sage ich: »Violent, äh, Valentin. Wo hast du gesteckt?«

»Hier«, sagt Valentin, der seiner Ansicht nach grundsätzlich das Zentrum des Universums ist. »Und du bist in Schottland?«

»Nein«, sage ich. »Nein, nein, nein, nein, nein. In Spanien, glaube ich.«

»Ja«, sagt Violentin. »Oh, ich bin so froh, dass ich dich gefunden habe. Ich war sehr unglücklich darüber, dass ich in Frankreich all diesen Ärger verursacht habe. Es war hart für mich, sehr hart. Aber jetzt bist du in Schottland, und wir können uns wiedersehen.«

»Spanien«, sage ich, während mir der Schweiß ausbricht.

»Schottland«, sagt Violentin. »Frag mich mal, wie ich das herausgefunden habe.«

»Wie?«, frage ich mit der Stimme eines verurteilten Mannes bei seiner Henkersmahlzeit.

»Weil ich hier an so einem dreckigen Ufer im Regen stehe und auf ein schlimmes altes Boot schaue und glaube, dass du auf dem Boot bist, weil mir das ein alter Mann in einem Caravan erzählt hat.«

Ich springe auf die Füße und spähe durch das Fenster, an dem der Regen in Strömen herunterläuft. Neben dem Himac, mit dem sie früher Boote aus dem Wasser geholt oder zu Wasser gelassen haben, steht eine riesige Gestalt. Die Gestalt hebt eine Hand in der Größe des Krangreifers. »Scheiße«, entfährt es mir.

»Ist das nett?«, sagt Violentin. »Ist das *Kulturny*? Ich gekommen, dich zu piksen. Komm schon, das hier ist so ein widerlicher Strand. Wir steigen in mein Auto, und ich werde dich betrunken machen.«

Ein Regenschauer trommelt aufs Fenster. Die Gestalt breitet ihre Hände flehentlich aus. Es gibt drei Optionen. Erstens kann ich bleiben, wo ich bin, und Hungers sterben. Zweitens kann ich mit dem Boot raus in den Jura-Sund fahren, wo der Motor verrecken und der Mast umgeblasen werden wird und ich wahrscheinlich ertrinke. Drittens könnte ich zu Violentin rübergehen, mit ihm sprechen und ihn den netten Menschen im Achnabuie Hotel vorstellen. Er wird nicht gewalttätig sein. Er wird ihnen ein gutes Geschäft einbringen. Und mit etwas Glück wird er mich zu Steak mit Pommes einladen.

»Bin schon auf dem Weg«, sage ich.

Violentin sitzt schon wieder in seinem Auto, als ich an Land gerudert bin. Es ist ein gemieteter Land Rover aus dem letzten Jahr. Ich kann das »RAUCHEN VERBOTEN«-Schild auf dem Armaturenbrett durch die Stinktierrauchwolke der fetten Zigarre in seiner Hand kaum sehen. »Komm«, sagt er, bevor er in halsbrecherischer Geschwindigkeit zum Hotel rast. Morag steht hinter der Bar, sieht ihn an und schaut zügig wieder weg. Die Gästeschar im »Ach« ist ziemlich gemischt. Unter ihnen sind aber nicht viele, die 2,13 Meter groß sind, geschorene und vom Regen glitzernde Schädel haben, kleine helle rote Augen, die auf jeder Seite der langen und schiefen Nase eng beieinanderliegen, und dazu Gefängnistattoos, die aus dem tiefen Ausschnitt eines zweifarbigen Jermyn-Street-Hemds herausragen. Wir streiten ein wenig, weil ich ihm erkläre, dass ich eine Fruchtsaftschorle mit Eis bestellen werde, und er mich deswegen als schwul bezeichnet. Ich sage, dass das nichts Falsches ist und er nennt mich wieder schwul, bevor er ein 80-Shilling-Bier und einen vierfachen Wodka bestellt. Wie gehen rüber in die gemütliche Bar und setzen uns ans Torffeuer. Hier ist es leer wie immer – außer in zwei Wochen im Juni.

»So, du schwule Tunte«, sagt er. »Was hat es mit diesem schrecklichen Ding auf sich, in dem du wohnst?«

»Ist mein Zuhause«, sage ich.

Er trinkt seinen Wodka und legt seine Stirn in Falten. »Is' ja schlimmer als Murmansk, wo ich mit den U-Boot-Leuten war«, sagt er.

»Weniger radioaktiv.«

»Stinkt aber doller.« Er nimmt einen Schluck Bier. »Der Boss ist nicht zufrieden mit dir«, sagt er.

»Oh.«

»Das ist nicht schwer zu kapieren. Du hast das Boot aus dem Hafen weggenommen. Du hast auf den König von Monaco geschossen. Du hast Kokain. Und auch Prostituierte ...«

»Moment mal«, fahre ich auf.

Wenn Mister Yusupov nicht selbst auf den wahren Grund für all das kommt, dann ist er weniger clever, als ich gedacht habe. Auch das Wie war doch offensichtlich, dachte ich. Thad hatte das

Boot verlangsamt, während ich in Richtung RIB im Heck sprang, mich in den Lagerraum quetschte, den Knopf zur Öffnung der großen Tür zur Rampe drückte und die Rampenlichter in der Hoffnung ausschaltete, dass Violentin meine Abreise nicht beobachten und deshalb ungehalten werden würde. Denn bei Violentin kann Empörung jederzeit zu schrecklichen Verletzungen führen. Also rollte die Tür hoch und gab den Blick auf den von Sternen übersäten tiefen mediterranen Himmel frei. Ich hüpfte ins RIB und setzte mich auf seinen Sattel. Als ich nach vorn rückte, um den Griff zu lösen, der es dem Boot erlauben würde, in die offene See zu gleiten, sah ich, wie sich etwas im Laderaum bewegte. Ich griff zu, zerrte am Griff und fühlte schließlich, wie die Halterung nachgab. Das RIB begann über die Rampe zu rutschen. Dabei knallte etwas an die fetten Schläuche, rollte herum und stieß gegen mein Bein. Dann glitten wir weiter, bis ein Platschen zu hören war, als wir im Wasser landeten. Vor uns fuhr die Yacht davon, bis sie nur noch als dunkle Silhouette auf der blau-schwarzen See unter dem Sternenhimmel zu erkennen war. Ich hörte noch ein schwaches Quietschen, als Thad den Knopf zum Schließen der Tür im Heck drückte, und stieß einen Seufzer der Erleichterung aus.

An meiner Seite sagte eine Stimme: »Ich komme auch mit.«

Mein Herz setzte erst aus, dann begann es zu rasen. Für einen schrecklichen Moment dachte ich, dass es Violentin war und mein letztes Stündchen geschlagen hatte. Dann verspürte ich einen Funken Vernunft in mir. Die Stimme gehörte einer Frau. Ich sagte irgendetwas Dummes wie »Was zum …?«.

»Los«, sagte die Stimme, die ich jetzt erkannte. Es war nicht irgendwer. Es war Tamara.

»Auf keinen Fall«, sagte ich.

»Dann werfen Sie mich ins Meer.«

Wir trieben in dem großen RIB umher. Es war eine perfekte laue und stille Nacht.

»Bringen Sie mich irgendwohin«, sagte Tamara. Ihre Stimme hatte einen verschwommenen Klang. Mir wurde klar, dass sie noch einen weiten Weg zu gehen haben würde.

»Wohin?«

»Wohin auch immer.«

Ihr Platz war definitiv auf der Yacht, deren riesiger grimmiger Schatten den Sternen entgegenfuhr. Doch dafür war es jetzt zu spät. Ich drückte auf den Startknopf des RIBs. Aber nichts passierte. Mir brach der Schweiß aus.

Ein hustendes Gebrüll erscholl aus Richtung der Yacht, deren fettes Hinterteil im Wasser hockte. Ihr Bug erhob sich und versprühte weiße Flügel aus Gischt. So flog sie in die Dunkelheit. Und da waren wir nun also, rund 20 Seemeilen entfernt von der Côte d'Azur.

Es war nun definitiv zu spät.

»Müde«, sagte Tamara, legte sich aufs Deck des RIBs und gab sich selbst auf, vermutlich beschleunigt von den Ludes. Als ich versuchte, die beiden 150-PS-Motoren zu starten, ging mir die alte Weisheit durch den Kopf: »Der umsichtige Seemann schaltet zuerst die Kraftstoffzufuhr ein.« Was ich also tat. Die Motoren jammerten und brüllten. Dann strebten wir dem entfernten Festland und einem – wie ich hoffte – besseren Leben entgegen.

An diesem Abend im »Ach« scheint es sich aber nicht so zu entwickeln.

Ich nippe an meiner Schorle. Sie schmeckt immer noch scheußlich. Ich sage: »Das kann ich erklären.«

»Mister Yusupov ist sehr versöhnlich«, sagt Violentin. »Aber er ist beschäftigter Mann. Hat keine Zeit für Erklärungen. Er sagt, du kannst es besser machen.«

»Was besser machen?«

»Du bist mit Boot weggegangen. Hast seine Kunstberaterin im Schlaf geraubt. Er hat ein Gemälde verloren. Und viel Geld bezahlt, um die Situation zu normalisieren. Das musst du besser machen.«

»Vielleicht sollte er dich und nicht mich darum bitten.«

Die kleinen roten Augen richten sich auf mich. Dann brechen sie plötzlich in Tränen aus. Schrecklich schnüffelnd sagt er: »Das kann ich nicht. Wenn Mister Yusupov erfährt, dass ich der Grund für Bootärger bin, dann wird er mich nicht mehr mögen.«

»Daran hättest du in Monaco denken sollen.«

»Du musst bitte verstehen. Ich habe keinen Vater, und meine Mutter hat mich in Waisenhaus gesteckt, und ich musste Oberin töten, um zu entkommen. Habe so viele Opfer für ihn gebracht, so viele Tote. Ich darf nicht riskieren, dass er mich nicht mehr mögen. Gib mir ein Taschentuch.«

»Ich habe keins«, sage ich. »Und es ist mir auch egal.«

Die Tränen versiegen, als hätte jemand einen Hahn zugedreht. »Was?«

»Ob er dich mag oder nicht. Ich will nichts mit dir zu tun haben.«

»Mit mir?«

»Oder Mister Yusupov.«

»Aber Mister Yusupov möchte mit dir zu tun haben. Und was er will, bekommt er auch.« Violentins Augen haben sich jetzt zu kleinen feurigen Schlitzen zusammengezogen. Natürlich hat er recht. »Mister Yusupov hat von schottische Visky gehört«, sagt das Riesenbaby neben mir, »er ist sehr interessiert.«

»Und?«

»Du hast viele Jahre in Viskyland gelebt«, sagt er und trifft die Sachlage genauer, als er ahnt. »Du wissen viel. Er dich behalten wollen für Viskyunternehmen. Er wird bezahlen.«

Bei diesen magischen Worten öffnet sich ein Fenster in meinem Kopf, durch das Wärme, Licht und Gartendüfte hineinwehen. Dann schließt sich das Fenster wieder, die Rollläden knallen runter, und ich befinde mich wieder auf den schleimig grünen und geprügelten Wracks von eBay. »Was wäre zu tun?«, frage ich.

Violentin zuckt mit den Schultern. »Er mag dich«, sagt er. »Ich mag dich. Und alle Menschen mögen Visky. Das ist Kinderspiel.«

»Was ist ein Kinderspiel?«

»Ich lade dich zum Essen ein, und du erzählst mir von Visky.«

Wie ich schon zu Beginn des Ganzen gesagt habe, ist vor allem das Abendessen mein Ziel gewesen. Also gebe ich würdevoll nach und erlaube es ihm, einige der außergewöhnlich großen Beefsteaks des »Ach« zu bestellen. Eins für mich und zwei für ihn. »Nun«, sagt er, nachdem er das erste vertilgt und einen Schluck aus der ebenfalls bestellten Wodkaflasche genommen hat, weil sich die Vierfachen als nicht adäquat erwiesen haben. »Visky. Wie?«

Ich halte ihm einen kleinen Vortrag und nutze dabei die Fakten, die ich mir während meiner gelegentlichen Einsätze als Touristenführer angeeignet hatte. »Da drüben«, sage ich und weise mit der Hand auf die dreckigen Samtvorhänge, die uns vom Fenster trennen, das uns vom heulenden Wetter im Jura-Sund trennt, »ist die Insel Islay. Ihr Boden ist grün und fruchtbar. Dort werden riesige Gerstenkulturen angebaut, die im Laufe der Jahre eine ganze Reihe von großartigen Destillerien bedient haben. Es gibt mindestens acht von ihnen, alle ganz unterschiedlich. Sie reichen vom dunklen und scharfen Laphroaig, von dem manche behaupten, dass er nicht von Antiseptikum zu unterscheiden ist, obwohl Letzteres nach meiner Erinnerung besser schmeckt, über den etwas zugänglicheren Lagavulin bis hin zum milden und nützlichen Bowmore, von dem auch Kinder so viel trinken könnten, wie sie wollten. Was hast du vor?«

Violentin hat sich erhoben und gießt die Reste aus seiner Wodkaflasche ins Feuer. Es gibt eine kleine Explosion und eine wolkenartige blaue Stichflamme. Einer der Lehnstühle beginnt übel riechenden Qualm abzusondern. Ich beeile mich zu löschen, bevor Morag entdecken kann, was hier vor sich geht. Doch Violentin hat bereits ihre volle Aufmerksamkeit, indem er die leere Wodkaflasche auf den Tresen knallt. »Lapfrog«, sagt er. »Und die anderen.«

»Welche anderen?«, fragt Morag, während ihr Blick durch den golddekorierten Gang schweift, der in Richtung der entfernten dämmrigen Lounge Bar führt.

»Alle. Is' ne horizontale Testreihe.«

Ich lächle und nicke eifrig. Violentin kann man nicht stoppen. Er wird wütend, wenn man ihn hinterfragt. Es ist durchaus ein bisschen Zähnezusammenbeißen wert, die Art von Schäden an Einrichtungen zu vermeiden, die man normalerweise Erdbeben zuordnet.

Morag öffnet ihren Mund, um ihm mitzuteilen, dass der ganze Stolz des »Achs« sei, 18 unterschiedliche Malze auf Lager zu halten. Dann erhascht sie einen Blick aus seinen scharlachroten Augen. Sie schließt ihren Mund und beginnt einzugießen.

Ich werde nicht weiter auf die Details der Verkostung eingehen. Es genügt zu sagen, dass ich mit ihm über die verschiedenen Whiskys spreche. Ich erinnere mich daran, dass ich es mit den gemischten Gefühlen und einigem Entsetzen tue, die man einer unabhängigen Frau entgegenbringt, mit der man einmal eine heiße körperliche und dumme Liebesbeziehung hatte. Derweil trinkt er sich durchs gesamte Angebot.

»Ja«, sagt er schließlich. »Ich glaube, er wird mögen. Wann kannst du machen?«

»Was machen?«

»Mister Yusupov auf eine geführte Tour durch die Destillerien dieser so grünen Insel mit Fünf-Sterne-Unterkunft und erstklassige Restaurant begleiten.«

»Ich glaube nicht, dass Mister Yusupov mich sehen will«, sage ich. Was ich wirklich meine, ist, dass die Beobachtung von Violentin an diesem Abend mich an Dinge erinnert, die ich lieber vergessen hätte. Und dass – Bezahlung hin oder her – die Yusupov-Phase in meinem Leben eindeutig beendet ist. Und dass ich in Frieden gelassen werden will, um selbst an meiner Erlösung arbeiten zu können. Oder vielleicht auch meiner Verdammnis.

Violentin beugt sich zu mir vor. Alkoholwolken schlagen mir entgegen. Er sagt: »Ich will dir nicht wehtun.«

»Dann mach's auch nicht.«

»Aber du musst kommen. Das hat Mister Yusupov so gesagt. Er gesagt, dass er dich nicht strafrechtlich für Diebstahl seiner Yacht aus Hafen von Monte Carlo verfolgen wird. Er wird dich außerdem gut bezahlen, wenn du zustimmst. Wenn nicht zustimmen, dann ich muss dir Schaden zufügen. Und dich beschädigt zur Polizei von Monte Carlo bringen, die nicht zufrieden ist, weil jemand von Boot Kugeln auf Auto von König geschossen hat.«

»Du.«

Seine Augenbrauen krümmen sich wie Hände über seiner Nase. »Kann mich nicht erinnern«, sagt er.

Ich hole tief Luft. Während ich einatme, schnippt er mir mit seinem Zeigefinger ins Ohr. Es ist die Art von Aktion, mit der sich Kinder auf dem Schulhof gegenseitig ärgern. Nur im Großformat. Es brennt wie nach einem Hornissenstich. Ich sage: »Lass das.«

»Also du kommst mit.«

Ich beginne mich vom Barhocker zurückzuziehen. Er packt mit jeder Hand eins meiner Ohren und hebt mich von den Füßen. Ich habe das Gefühl, dass etwas reißt. »Bitte«, sagt er, und ich erkenne Tränen in seinen furchtbaren roten Augen.

»Oh. Ja«, sage ich, damit er aufhört.

Er lächelt. »Sehr gut«, sagt er. »Und jetzt feiern wir.«

Ich habe genug. Ich sage: »Ich gehe jetzt los und schicke Mister Yusupov eine E-Mail, um mehr über die Rahmenbedingungen zu erfahren.«

»10.000 £«, sagt er. »Bargeld. Kein Grund für E-Mail. Er beschäftigt.«

10.000 £ sind genug, um den Yachthandel wieder vernünftig in Fahrt zu bringen. Und was für Ärger können wir uns schon auf einer netten, ruhigen Insel einfangen? Islay ist ja schließlich nicht Monaco.

Irgendwo in meinem Hinterkopf weist mich eine Stimme darauf hin, dass ich eine Gruppe ungewöhnlicher Russen dabei begleiten werde, wie sie bei einer Tour durch die Destillerien nichts als ihren

Willen bekommen. Ich befehle der Stimme zu verstummen. Sie mögen Russen sein, aber sie sind erwachsen …

An dieser Stelle langt Violentin nach einem letzten Glas Lagavulin, greift aber daneben und fällt mit einem das ganze Hotel erschütternden Poltern vom Barstuhl.

Okay, ob Violentin in die Kategorie der Erwachsenen fällt, sei dahingestellt. Aber: Yusupov ist der Boss. Und wenn er anwesend ist, dann benimmt sich Violentin wie ein Goldjunge. Mit Yusupov in der Nähe gibt es nichts zu befürchten.

Ich behalte recht. In jeder Hinsicht.

Warten Sie ab.

Violentin übernachtet im Hotel. Ich verbringe wegen meiner schmerzenden Ohren eine unruhige Nacht auf dem Boot. Am nächsten Morgen treffen wir uns zum Frühstück. Aus der Distanz betrachtet, bin ich vermutlich derjenige von uns beiden, der schlimmer aussieht. »Also«, sagt mein russischer Freund, während Morag ihm ein vollwertiges schottisches Frühstück auf den Tisch knallt, das eine verbrannte Wurst und zerronnenes Eigelb enthält, um ihm zu zeigen, was sie von ihm hält. »Wir machen Plan. Zuerst wir brauchen schöne Yacht.«

»Aha«, sage ich. »Für wie viele Leute?«

»Fünf.«

Als ich Yusupov zum ersten Mal gesehen habe, war er mit 32 ausgewählten Bodyguards, Beratern und Geliebten im Casino von Monte Carlo aufgetaucht. Fünf bedeutet ein bis auf die Knochen reduziertes Gefolge. Ich sage: »Ich denke, dass wir ein Boot für euch finden können. Wann wollt ihr das machen?«

»Die Gruppe kommt morgen an.«

»*Morgen?*«

»Geld spielt keine Rolle.«

Also ist alles, was ich tun muss, jemanden zu finden, für den Geld eine Rolle spielt. Wie beispielsweise Henry McVie, dem die ELIZA gehört. Ein eleganter Schlucker aus Clyde mit einem 160-Tonnen-Dampfschiff, das zum Diesel umgerüstet worden ist. Kein Original also, dafür aber malerisch, entzückend und bequem, ohne überzogen luxuriös zu sein. Wichtiger noch: Es durchläuft gerade einen Refit und hat in dem Zuge auch 15 neue Lackschichten in seinem geräumigen Salon erhalten. Die Kehrseite der Medaille besteht aus Henrys Sicht darin, dass sich dieses Prachtexemplar von Schiff noch auf der Werft in Laldie befindet, weil der Werftinhaber es so lange nicht freigibt, bis Henry die sehr hohe Rechnung bezahlt hat. Henrys Kehrseite ist nun unsere Schokoladenseite. Ich rufe ihn an und frage ihn, was er für eine Woche Charter verlangt. Henry frühstückt gerade selbst und trägt dabei vermutlich seine typische Melone auf dem Kopf. Er nennt einen Preis, der mir die Tränen in die Augen treibt. Ich sage ihm, dass er nicht albern sein soll, und er sagt mir, dass ich mich fortscheren soll. Wir legen beide auf. Ich fasse unser Gespräch für Violentin zusammen. Er schaut missmutig drein und sagt: »Is' guter Deal.«

Ich sage: »Nein, das ist Diebstahl.«

Wir schauen uns über die Eier hinweg an. Als wir uns etwa in der 15. Sekunde dieses Prozesses befinden, klingelt das Telefon erneut. Es ist Henry. »Ich habe nachgedacht«, sagt er und nennt einen deutlich humaneren Preis.

»Gut«, sagt Violentin, der meinem Gesicht mit seinem beim Lauschen viel zu nah kommt. »Besorg mir die Kontodaten.« Dabei macht er eine ausladende Geste, mit der er den künstlichen Orangensaft in den schrecklichen Kaffee haut. »Nun«, denke ich, »es ist ja nicht mein Geld.« Also lasse ich mir die Kontodaten durchgeben. Violentin holt sein eigenes Telefon raus und beginnt damit, es mit Nummern zu füttern. »Du wirst Henry mögen«, sage ich, um das Beste aus dem miesen Job zu machen. »Er ist ein wunderbarer Gastgeber. Weiß alles über die Inseln. Und trägt eine Melone.«

»Kein Henry«, sagt Violentin, dessen gigantischer Finger über dem Feld für ÜBERWEISUNG positioniert ist. »Du fahren Schiff.«

»Ich weiß nicht, ob Henry das gefallen wird.«

»Dann kein Deal.«

Aus meinem Telefon erklingt ein entferntes Jammern. Es kommt von Henry. Er sagt: »Das habe ich gehört. Um es klarzustellen, alter Junge, es ist mir egal, wer das Boot fährt. Mach den Deal. Ich habe zu der Zeit zufällig eine, äh, Verabredung anderswo. Brauchst du einen Maat?«

»Ich werde Georgie anrufen«, sage ich. »Ein Koch wäre gut.«

Wir verabreden, dass er das Boot am nächsten Nachmittag bei Hochwasser beim Clanranald Castle Hotel übergibt. »Mach es nicht kaputt, okay?«, bittet er abschließend.

»Wir werden unser Bestes tun.«

Danach gibt es eine Menge zu regeln. Der Koch muss wegen der Proviantierung angerufen werden. Es gilt, Georgie ausfindig zu machen und ihn anzuheuern, den Verkauf einer verlassenen Centaur auf eBay abzuschließen und einige Kerzen für den Heiligen Brendan zu entzünden, ist er doch der entscheidende Navigator im Interesse eines positiven Ausgangs dieses Projekts. Inzwischen ist alles bis auf die Sache mit dem Anzünden der Kerzen erledigt.

Vielleicht ist das die Erklärung dafür, wie sich die Dinge entwickeln.

3

Entsprechend der Werbebroschüre kann man auf Schloss Dunranald im Highland-Komfort alten Stils entspannen. Im Frühling bietet sein Rhododendrongarten ein Feuerwerk von aufregenden Farben. Im Sommer kann man mit der eigenen Superyacht in diesen Gewässern vor Anker und mit dem eleganten kleinen Dampfboot an Land gehen, um dort einen köstlichen Cocktail vor dem Dinner zu genießen, das der legendäre Fernsehkoch Arthur »Steaks« Cattermole zubereitet. Auf die Sportsfreunde wartet ein herrlicher Lachsfluss, für die Damen stehen erstklassige Verwöhnoptionen und ein doppelter olympischer Infinity Pool bereit. Unterhalb des Pools befinden sich wunderschöne und von acht Gärtnern gepflegte Rasenflächen, die sich bis zum liebevoll restaurierten Granitkai erstrecken, der von Thomas Telford zur selben Zeit gebaut wurde wie der Ort Lagg auf Jura. Das Beste von allem (so wird es in der Broschüre weiter beschrieben) sind die Flotten der Limousinen und RIBs sowie der private Hubschrauberlandeplatz, die ihren Gästen dieses entlegene private und exklusive Juwel so nahe bringen wie ihr Smartphone.

Vor diesem abgelegenen Juwel steht am nächsten Morgen, der ein nebliger ist und mit weißen Schaumkronen auf den um die leeren Mooringbojen für die Superyachten herumtanzenden grauen Wellen aufwartet, mein alter Kamerad Georgie.

Jemand mit schwachem Sehvermögen könnte ihn leicht für einen Bestandteil der malerischen Ausstattung von Dunranald halten. Dieselbe Person würde aber nach Aufsetzen einer Brille feststellen, dass er hier hineinpasst wie eine Kakerlake auf eine Hochzeitstorte. Er beugt sich über einen Poller, an dem er gerade die ELIZA festgemacht hat. Sein weißes und behaartes Bauarbeiterhinterteil sieht aus wie ein gedoppelter Halbmond. Während er sich aufrichtet, zieht er eine Benson & Hedges aus der Brusttasche seiner schmutzigen Jacke und zündet sie an. Er wendet den Blick von Henry ab, der die ELIZA längsseits gebracht hat und nun sein Fahrrad die Gangway hinunterrollt. Henry lupft die Melone und radelt über den grünen Rasen davon. Wir gehen an Bord und warten auf unsere Gäste.

Was einmal der Frachtraum der ELIZA gewesen ist, hat man in einen großen Salon verwandelt, der in seiner bereits erwähnten Edellackierung glänzt und einen Kaminofen, mehrere Sofas und einen langen Esstisch beinhaltet. Es gibt eine Kombüse auf dem jüngsten Stand der Technik und darin eine wunderschöne irische Köchin. Auf dem darunterliegenden Deck befinden sich Kojen für zwölf Personen. Das Steuerhaus liegt am hinteren Ende hinter einem Schornstein, der früher einmal abwechselnd Wolken von Steinkohlerauch und weißem Dampf ausgestoßen hat – das Markenzeichen der Dampfschiffe – und aus dem heute blauer Dieselrauch in die Welt strömt. Ich verschaffe mir einen Überblick. Das Boot verfügt über ein Bugstrahlruder und einen vollständigen Satz Navigationsinstrumente. Dazu gibt es einen Kühlschrank für Henrys ewiges Irn-Bru, ein kohlesäurehaltiges Erfrischungsgetränk, das gleich nach Whisky als beliebtes schottisches Nationalgetränk gilt.

Dazu noch eine Docking Station für einen iPod zum Abspielen der Musik seiner geliebten Blaskapelle, der Black Dyke Band. Es ist ein absolut überdimensioniertes Boot. Und es ist leicht zu erkennen, dass ihn diese Dimensionen, wäre nicht Yusupov gekommen, in Kombination mit den unfassbar hohen Stundensätzen der Werft in Laldie in den Bankrott getrieben hätten.

Gegen Mittag ertönt ein Brummen hinter der grauen Flanke eines Hügels. Eine Art Insekt bahnt sich seinen Weg durch die Nieselschichten. Das Brummen wird zum Knattern. Ein fetter gelber Helikopter schraubt sich aus dem gerippten schwarzen Himmel, hockt sich auf den Hubschrauberlandeplatz und spuckt eine Gruppe von Menschen aus.

»Jesus«, sagt Georgie.

Ich verstehe, was er meint.

Da ist natürlich zum einen Violentin. Dann zwei Frauen, die beide in Kunstpelze – so hoffe ich – gehüllt sind und schwarze Stiefel tragen. Eine ist dunkelhaarig, und ihr Mantel sieht aus, als sei er aus Schneeleopardenfell gefertigt. Ich erkenne sie als Missis Yusupov. Die andere ist blond. Auch sie erkenne ich. »Tamara!«, entfährt es mir.

Sie schaut mich mit Augen in der Farbe eines blauen Desinfektionsmittels an, scheint mich nicht zu erkennen und geht mit ihrer Begleitung weiter. Beide Frauen sind leicht zu beobachten. Insbesondere, wenn man eine dunkle Sonnenbrille trägt. Um die Frauen herum sind, wie Schäferhunde auf dem Rasen aufgefächert, drei mächtige dunkelhaarige Männer in Bomberjacken und Jeans verteilt.

»Das ist die verdammte Mafia«, keucht Georgie.

Ich beobachte die Augen der Männer in den Bomberjacken, die sich nach möglichen Scharfschützenstandorten umsehen, darunter fünf Rhododendronsträucher, ein Brunnen mit Delfinen, die einen Akt der Sodomie mit einer Nereide vollziehen, und die Türme und Zinnen des Schlosses. »Ha, ha«, sage ich und hoffe, dass es weniger hohl klingt, als es sich anfühlt. Was macht Tamara hier? Und warum erkennt sie mich nicht? Vielleicht liegt es an den Medikamenten. Dass sie hier ist, mag daran liegen, dass sie ein Teil von Yusupovs Welt ist. Sie hat ein Anrecht darauf. Aber es hätte mir gefallen, wenn sie mir irgendein Zeichen gegeben hätte.

»Na, dann mal los«, sagt Georgie mit schurkischem Gebrüll, »alle an Bord, bevor noch jemand schießt.«

»Scherz«, sage ich zu Violentin, der defensiv in die Hocke gegangen ist. »Aber wir sollten an Bord gehen, wenn wir mit der Flut ablegen wollen. Können deine Männer das Gepäck reinbringen?«

Die große Frau geht in einer Wolke aus Duft und Mücken an mir vorbei. Tamara sieht mich noch immer nicht an. Es wird sicher an den Medikamenten liegen. Meine Erinnerung an unseren Abgang von Yusupovs Yacht ist glasklar. Die ihre dürfte von einer flauschigen Decke aus Tranquilizern verhangen sein. Aber egal, was, bitteschön, will ich denn schon?

Sicherlich habe ich ihr die Flucht aus einer unerträglichen Situation ermöglicht. Ich habe aber auch ein RIB geklaut, es nach Port St. Louis gefahren und bin nach Schottland entschwunden. Ich habe sie schlafend auf dem Ponton dieser höllisch sonnenbestrahlten Marina liegen lassen, wo sie mit dem Kopf auf ihrer Handtasche ruhte, in der (das habe ich überprüft) ihr Pass, diverse Kreditkarten und noch das eine oder andere mehr steckten. Dass sie mir Dank schuldet, ist die eine Seite. Vielleicht aber ist sie verärgert darüber, dass ich sie nicht in ein Fünf-Sterne-Hotel eingecheckt habe.

Zur Hölle mit ihr.

Angetrieben von Violentin bringen die Gorillas das Gepäck.

»Wo ist Mister Yusupov?«, frage ich.

»Wurde aufgehalten. War nicht zu vermeiden. Er hat nur seine Frau geschickt.« Er nickt mit dem Kopf in Richtung der dunkelhaarigen Frau, die Tamara über den Landungssteg folgt, als wäre es ein Laufsteg.

»Aha. Sollen wir auf ihn warten?«

»Er sagen, ohne ihn losfahren. Vielleicht er kommt später zu Besuch. Wir jetzt fahren.«

Ich trotte die Gangway hoch und finde die Passagiere im Salon sitzend vor. »Hallo«, sage ich und stelle mich vor. Sie betrachten mich stirnrunzelnd. Von Tamara kommt immer noch kein Zeichen des Erkennens. Sie und Missis Yusupov sitzen eng beieinander. Beide scheinen nicht glücklich darüber, hier zu sein. Die Gorillas sind ganz offenbar für die Sicherheit da. Sie schauen hinter die Bilder an den Wandpaneelen. Trotz der Wärme, die der Kaminofen abstrahlt, bleiben ihre Anzugjacken zugeknöpft. Vielleicht sehen ja Whiskytouristen immer so aus, bevor sie auf eine Rundtour durch die Destillerien gehen. Ich persönlich habe ein wenig mehr Joie de Vivre erwartet. Ich weise sie in die Sicherheitsvorkehrungen ein, doch sie scheinen nicht zuzuhören. Dann sage ich: »Wir legen gleich ab. Wer gern mal am Rad stehen möchte, der kann einfach nach oben ins Steuerhaus kommen. Lunch servieren wir in etwa einer halben Stunde, oder, Anita?«

Sie schenkt mir das Lächeln eines braven Mädchens und sagt: »Jawohl.«

»Also, dann: Nächster Halt Islay.«

Wir verlassen mit der ELIZA den Meeresarm und tauchen in den Jura-Sund ein.

Anita tischt Haggis und Neeps auf, eine schottische Spezialität. Die Männer verspeisen ihr Essen in genussvoller Stille, während die Frauen das Essen auf ihren Tellern hin und her schieben. Ich habe inzwischen telefoniert und sage fröhlich: »Nun, also. Unsere erste Station ist Laphroaig. Ist das für alle in Ordnung?«

Violentin zieht die Stirn kraus. Er sagt: »Aber mir gefällt Caol Ila.«

»Aha«, sage ich heiter. »Eine unserer eher jüngeren Destillerien, zumindest in ihrer heutigen Form.«

»Bitte für morgen früh Besuch organisieren«, sagt Violentin.

Ich nicke und lächle mit echter Fröhlichkeit. Was nichts damit zu tun hat, dass ich besonders scharf darauf bin, die Caol-Ila-Destillerie oder eine der anderen zu besuchen. Es ist der sehr schöne Kai von Caol Ila, der etwas oberhalb des Fähranlegers liegt und an dem wir über Nacht in perfekter Ruhe liegen können, der mich grinsen lässt. Das wird allen einen guten Schlaf bescheren und dem Kapitän, also mir, das Leben leicht machen.

Zunächst aber fahren wir an diesem Nachmittag nach Port Ellen, wo ich die Gruppe dem Destillerie-Guide übergebe, der sie durch die Berge aus Netzen am Kai hindurchmanövriert. Nach erstaunlich kurzer Zeit sind sie wieder zurück. »Ich verstehe das nicht so ganz«, sagt der Guide mit zerfurchter gräulicher Stirn, »Sie schienen nicht interessiert zu sein. Ich habe ihnen eine Whiskyprobe angeboten, aber sie wollten nichts probieren. Einfach gar nichts.«

Das ist für eine Gruppe mit jemandem wie Violentin in der Tat sehr merkwürdig. »Vielleicht sind sie krank«, sage ich und gehe los, um nachzufragen.

Sie sitzen im Salon und starren lustlos auf den Tee und den Kuchen, den Anita auf dem langen Tisch arrangiert hat. »Ich schlage vor, dass wir über Nacht hierbleiben und dann morgen zur Destillerie Caol Ila weiterfahren, nachdem Sie sich die Lagavulin-Destillerie angesehen haben.« Ich zeige übers schwarze Wasser der Bucht auf die hohen grauen Gebäude, die hinter den Stadthäusern qualmen.

»Nein«, sagt Violentin. »Caol Ila.«

»Aber das ist ein Drei-Stunden-Törn …«

»Wir mögen Fahren«, sagt Violentin, obwohl aus Missis Yusupovs Kehle eine Art höhnischer Laut erklingt. »Wir binden Boot für Nacht an und sehen Destillerie an morgen. Ich wollen Torfnoten testen und honigsüße Feurigkeit.«

Das Wichtigste, was du als Charterskipper lernst, ist, dass der Passagier immer recht hat. Egal, was für ein mörderischer Irrer er auch sein mag. Ich nicke also, schenke ihnen ein seemännisches Grinsen und sage ihnen, dass mir ihr Wunsch Befehl ist. Wir werfen die Leinen los und fahren um die Südküste von Islay herum durch einige Hochwasserüberläufe rund um den McArthur-Head-Leuchtturm und den Sund hinauf, der die grüne und hübsche Insel Islay von der wilden, aber nicht weniger hübschen Insel Jura trennt. Wir machen an Caol Ilas neuerem Betonkai nördlich des Fährhafens fest. Während Anita letzte Hand an eine majestätische Rehkeule legt, vertreten sich die Passagiere die Beine an Land. Sie sind schnell zurück, erfreut, aber seltsam angespannt. Missis Yusupov erklärt die Bar für geöffnet, aber ich bemerke, dass weder sie noch Violentin vor dem Essen mehr als einen Drink nehmen. Beim Essen trinken sie nur Wasser, Tamara und die Gorillas gar nichts. Tamara ist still, schenkt mir keine Beachtung und wirkt nervös. Vielleicht hat sie vergessen, ihre Medikamente mitzubringen. Okay, sie ist schön, aber momentan bin ich glücklich darüber, Teil der angeheuerten Crew zu sein und mir meinen Lebensunterhalt auf ehrliche Weise zu verdienen. Ich esse in der Kombüse. Ich kenne meinen Platz.

Die Gäste scheinen die Rehkeule lieber zu mögen als Haggis und Neeps, was für Anita einen gewissen Trost bedeutet, denn sie nimmt sich Zurückweisung sehr zu Herzen. Nach dem Dessert – es gibt Îles flottantes von kosmischer Köstlichkeit – sehe ich durch die Servierklappe, wie sich Violentin erhebt und die Gruppe auf Russisch instruiert.

Es ist eine merkwürde Art von Rede nach dem Abendessen. Tatsächlich ist das ganze Spiel seltsam. Destillerietouren sind in der Regel eine gute Ausrede für heftige Saufgelage. Und wenn Violentins Gewohnheiten etwas über diese Leute aussagen, dann sind sie ziemlich sicher allesamt selbstmörderische Trinker. Doch da sitzen sie nun, nüchtern wie Politiker, die gerade von einer Klausurtagung kommen, während Violentin ihnen einen Vortrag hält. Insbesondere Missis Yusupov scheint bei jedem Wort an seinen Lippen zu hängen und nickt oft dazu, was wiederum einen ermunternden Effekt bei den anderen hat. Ich spreche kein Russisch. Auch Anita nicht, die sich außer mir als Einzige in Hörweite befindet. Doch die Art, wie er spricht, erinnert mich an etwas.

Das war in einem anderen Leben, in dem ich über zwei kurze und wenig glorreiche Phasen nacheinander bei der Army und bei der Polizei war. Als Violentin seine Rede zum Abschluss bringt und seinen Zuhörern Fragen stellt, die sie ausführlich beantworten, weiß ich, woran mich das Ganze erinnert. Das hier klingt nicht wie eine hübsche Rede nach dem Abendessen für eine Gruppe Touristen. Es klingt wie ein militärisches Briefing.

Georgie ist im Steuerhaus und knabbert Fleisch von einem Hirschknochen, den Anita ihm vorgesetzt hat. Er hat keine Freude daran, sich mit Chartergästen zu beschäftigen. Was meistens auf Gegenseitigkeit beruht. Ich gehe zu ihm rüber. Die Yacht, so sagt er, läuft wunderbar. Als gut trainierter Georgie-Beobachter fällt mir auf, dass er angespannt wirkt. Ich frage mich, warum.

»Seltsame Truppe von Passagieren«, sage ich.

»Jo. Hast du ihr Gepäck mal angehoben?«

»Nein. Warum?«

»Ich habe einen Koffer für einen dieser Mafiatypen hochgenommen«, sagt er. »Der war schwer. Metallschwer. Und er kam sofort angeschossen und hat ihn mir aus der Hand gerissen.« Er hält inne und nagt ein wenig an seinem Knochen. »Vielleicht sind das ganz und gar keine Touristen«, sagt er. »Vielleicht sind sie gekommen, um eine Destillerie zu zerstören.«

»Ha, ha«, sage ich. Georgie ist keiner, der aus einer Mücke einen Elefanten macht. Und ich bin müde. »Und dann was?«

»Keine Ahnung«, sagt Georgie, der die schwierigen Gedankengänge lieber anderen überlässt.

»So wie ich offenbar auch«, denke ich, denn hätte ich den Dingen, so wie sie standen, ein wenig mehr Beachtung geschenkt, dann hätte ich mir ungeheuren Kummer erspart.

Ich verlasse das Steuerhaus wieder, gehe zurück zum Salon und erzähle jedem fröhlich, dass wir – weil es die erste Nacht ist – alle früh zu Bett gehen werden. Die Russen sehen nicht gerade begeistert aus, spielen aber auch keins der angebotenen Gesellschaftsspiele. »Gut«, sage ich schließlich, »ich gehe jetzt schlafen.«

Dem Stampfen der Füße an Deck nach zu urteilen, nehme ich an, dass einige von ihnen noch einen kleinen Landgang unternehmen. Ich liege in der Koje und mache mir Gedanken über das Gepäck und Georgies Hang zur Melodramatik. Dann fallen mir die Augen zu, und ich entschlummere.

Ich wache auf, weil jemand an meiner Schulter rüttelt. Ich sehe mehrere Füße. Hinter dem Bullauge ist es noch schwarz. Meine Uhr zeigt 4:30 Uhr morgens, und ich kann den Regen auf die Klappe der Luke über mir prasseln hören. »Komm«, befiehlt eine Stimme. Sie klingt nach einem der Gorillas. An Deck schlägt Metall auf Metall. Was passiert da? Ich ziehe eine Jeans an und streife mir ein Shirt über mein Pyjamaoberteil. Dann schnappe ich mir meine Ölhose und taumle in den Salon.

Die Lichter sind aus, aber ich kann sehen, wie sich dunkle Schatten bewegen. Ich pralle auf einen großen und harten Körper. Ich sage: »Wer ist das?«

Violentins Stimme sagt: »Kapitän? Bist du wach?«

Ich bestätige das und frage ihn, ob er irgendwelche Hilfe benötigt, weil die Destillerie erst in sechs Stunden öffnen wird. Er sagt: »Ja, wir brauchen Hilfe. Das der Grund, warum wir dich wecken.«

»Hilfe wobei?«

»Komm.«

»Wohin?«

»An Land.«

Ich sage: »Es regnet.«

Er sagt: »Du kommst.« Etwas schiebt sich in meinen Rücken. Es könnte ein Finger sein, wenn der aus Metall gemacht wäre. Mir dreht sich der Magen um. Ich erkenne, dass es sich um das äußerst bedrohliche Ende einer Waffe handeln muss.

Ich würde nun gern sagen können, dass mir mehrere Szenarien durch den Kopf jagen, ganz wie eine Serie von Spielzügen, mit denen ein Schachgroßmeister jongliert. Doch alles, was mir in den Sinn kommt, ist, dass Georgie mit seiner Gepäckanalyse den Nagel auf den Kopf getroffen hat. Indem ich Zuflucht in Empörung suche, sage ich: »Was glaubst du, worauf das hinauslaufen soll?«

»Schnauze«, sagt er und stößt mich schmerzhaft mit dem Gewehrlauf. Meine Entrüstung wächst und mit ihr die Angst. Er schiebt mich die Landungsbrücke hoch und zwingt mich, zum Kai vor der Destillerie zu gehen. »Geh«, sagt er.

»Wohin?«

Er stößt mich wieder. Ich schwanke vorwärts und gehe weiter, nachdem ich wirklich gestolpert bin.

»Zum Fährhafen«, sagt Violentin.

Ich führe sie die Zubringerstraße zur Destillerie herunter und biege rechts zum Fährhafen ab. Ein Schiff liegt vor dem Anleger. Die Markierungen auf seinen Schornsteinen sind mir nicht vertraut. Zwei große Brennereianhänger werden langsam von Zugmaschinen die Rampe hinaufgeschoben. »Kauf Tickets«, zischt Violentin, und ich fühle, wie er mir ein Bündel Geld zusteckt.

»Tickets?«

»Für Fußgänger«, sagt Violentin. »Kauf sechs. Ich bin in Dunkel mit Waffe auf dein Kopf gerichtet. Du bist mein Freund, aber das hier ist Geschäft.«

Ich gehe zum Fahrkartenschalter. Der Mann hinter dem Schalter wirkt schläfrig, aber organisiert. Er nimmt mein Geld, druckt die Fahrkarten, auf der das gleiche merkwürdige Logo zu sehen ist wie auf den Schornsteinen. Als er sie mir überreicht, sagt er: »Also, du bist Gavin, oder? Immer noch in Achnabuie?«

Es ist nicht angenehm, erkannt zu werden, aber ich mache das Beste daraus. »Ich bin auf dem Weg nach Hause«, sage ich »Was ist das für eine Fähre?«

»Eine Spezialfähre für die Destillerien. Neue Linie. Wird sich nicht halten. Hast du einen kleinen Urlaub gemacht?«, sagt der Mann, während seine scharfen kleinen Augen in meinem Gesicht nach Verwüstungen fahnden, die der Dämon Rum bei einem legendär unmäßigen ehemaligen Nachbarn angerichtet haben könnte, der es einst an der Malz-Riviera hat krachen lassen.

»Die Zeiten liegen hinter mir«, sage ich.

»Ach, je, Arbeit allein macht aber auch nicht glücklich«, sagt er. »Ich wünsche dir eine schöne und ruhige Nacht auf allen deinen Wegen. Es kann jederzeit ungemütlich werden. Man muss das Heu also einbringen, solange die Sonne scheint, richtig?«

Ich nicke und grinse und begebe mich wieder zu den Russen.

Wir gehen die Gangway hoch und setzen uns ins leere Café der Fähre. Außer der Crew und uns scheint niemand an Bord zu sein. Die fluoreszierenden Schornsteine setzen Glanzpunkte auf Violentins geschorenem Schädel und überziehen die Gorillas mit einem grünlichen Schimmer, erleuchten jede Pore und jeden Pickel. Die Frauen tragen jetzt Jeans und Lederjacken und haben eine harte und zielorientierte Ausstrahlung. Etwas Schlimmes wird geschehen, und meine Chance, mich davon zu separieren, habe ich soeben in einem Hagel von Sprichwörtern verspielt.

»Wohin fahren wir?«, wende ich mich an Violentin.

»Das hängt von dir ab.« Ich habe keine Ahnung, wovon er spricht. Ein metallischer Schlag oder auch zwei tönen durch die Rumpfverkleidung. Das Bugstrahlruder vibriert. Die Fähre verlässt ihren Liegeplatz und nimmt Kurs auf den Sund von Islay. Ich habe in der vergangenen Nacht den Tidenkalender studiert. Den Sund hinunter werden wir gegen 5 Knoten Flut gegenanfahren. Es wird ein eher längerer und stumpfsinniger Törn nach Oban werden. Stumpfsinnig wäre gut. Tatsächlich freue ich mich sehr auf die Langeweile, auch wenn mir das hohle Gefühl in meinem Magen signalisiert, dass ich sie so gut wie sicher nicht erleben werde.

Violentin sagt etwas. »Was?«, frage ich.

»Folge mir!« Er steht auf und duckt sich dabei leicht, als wolle er nicht mit dem Kopf gegen die Decke stoßen. Der Hohlraum in meinem Magen entwickelt sich zum Keller. Er hält ein kleines, aber nicht sehr angenehm aussehendes Maschinengewehr in seiner Hand. Die anderen Gorillas folgen. Sie haben ihre eigenen Waffen. Was zur Hölle auch für Tamara gilt. Missis Yusupov bleibt im Café. Irgendetwas stimmt nicht mit ihren Fingernägeln, die sie jetzt feilt.

»Worum dreht es sich?«, frage ich.

»Entführung«, sagt Violentin ohne sich umzudrehen. »Oh, nein«, denke ich und erstarre, bis sich ein Waffenrohr wieder in die gleiche Stelle auf Höhe der Niere bohrt und ich Violentin hinterhermarschiere. Was immer Yusupov in der Vergangenheit getan haben mochte – und das war laut Gerüchten aus seinem Umfeld so einiges –, ist er doch heute ein respektabler Geschäftsmann. Warum sollte er Fähren entführen? Und, schlimmer noch, warum bin ich involviert?

Für einen Moment überlege ich, ob es sich um einen Racheakt infolge der Ereignisse von Monte Carlo handeln könnte. »Nein«, denke ich. »Yusupov ist klüger als das. Es ist dumm, eine Fähre zu entführen. Wirklich sehr dumm.« Doch es fehlt die Zeit, tiefschürfender über die Angelegenheit nachzudenken, denn wir stehen bereits vor dem Steuerhaus. Und Violentin sagt: »Bring uns rein.«

»Nein.«

Er kommt mir nah genug, dass ich den rohen Knoblauch in seinem Atem riechen kann. Wo hat er den denn herbekommen? Ich denke darüber nach. Er muss ihn Anita entwendet haben. Darüber wird sie nicht sehr glücklich sein. Knoblauch ist an der Westküste ein kostbares Gut. Gedanken haben unter Stress die Angewohnheit, sich auf die Wanderschaft zu begeben. Violentin zischt: »Bring uns rein, oder ich schieße auf Tür.«

»Nur keine Schießerei«, denke ich. »Oh, nein. Keine Schießerei.« Eine Schießerei wäre schrecklich. Ich zögere.

Die Welt wird blau und gelb und klingt wie ein Presslufthammer. Die Tür bricht auf. Wir gehen rein, husten im Rauch.

Violentin schreit: »Keiner bewegt sich! Wir haben Geisel.« Dann leuchtet er mit einer Taschenlampe in meine Augen. Ich kann absolut nichts sehen. »Dreht das Schiff um«, sagte er, »oder dieser Mann wird sterben!« Er scheint von mir zu sprechen, und ich bemerke, wie ich denke, dass es besser ist, eine Geisel als ein Komplize zu sein. Obwohl, wenn man ehrlich ist, keine der beiden Rollen wirklich toll ist.

Eine weitere Taschenlampe leuchtet in die drei Gesichter auf der Brücke. Die Gesichter wirken über den weißen Uniformhemden grau, die Münder stehen offen. Einer sagt: »Was soll das alles bedeuten?« Es klingt unnatürlich, doch ist die Frage nur allzu verständlich.

»Fähre wird andere Route nehmen«, bestimmt Violentin.

»Nein, das wird sie verdammt noch einmal nicht tun«, entgegnet der Kapitän.

»Das wird sie verdammt fein tun«, sagt Violentin. »Oder ich schießen Knie.«

Ich springe heftig hoch, als der Presslufthammer wieder loslegt.

»Stoppen Sie diesen Unsinn«, sagt der Kapitän durch den Rauch. »Verlassen Sie mein ...« Dann ein Geräusch wie von einer Axt, die auf Holz trifft, sehr böse, und der Schlag eines Körpers, der zu Boden geht.

»Geh zu Steuer, Gavin«, sagt Violentin. »Steuer!«

»Auf keinen Fall.«

Der Gewehr-Nieren-Trick wiederholt sich. Dieses Mal härter. Langsam funktionieren meine Augen wieder. Durch die großen schwarzen Fenster der Brücke kann ich einige Lichter der Küste von Jura sehen, die südwärts davongleiten.

»Alle Lichter ausschalten«, befiehlt Violentin.

Ich orientiere mich. Wir fahren in Richtung Jura auf diagonalem Kurs über den Sund. Noch eine Viertelminute, und wir werden auf der Sandbank sitzen. Gott weiß, was Violentin dann tun wird. Ich habe das Steuer in meinen Händen. »Halbe Fahrt voraus«, sage ich. Der Mann neben mir, einer aus der Brückencrew, öffnet den Mund zum Widerspruch. Die Küste von Jura befindet sich direkt unter unserem Bug. »Das hier sind durchgeknallte russische Bastarde, und wenn wir auflaufen, dann werden sie uns alle töten«, zische ich, »und jetzt brauche ich die Maschinen.«

4

Ich sehe, wie sich die Hand des Mannes zum Maschinentelegrafen bewegt. Der Ruderdruck nimmt zu. Ich steuere hart Backbord. Vom Heck her ist ein Knall zu hören, und die Fähre erzittert. Einer der Fährmänner flucht. Doch die Lichter von Jura bewegen sich zur rechten Seite der Frontscheibe weg. Die Kompasszahlen flackern umher: 30, 20, 10 – und bleiben dann konstant bei 355 stehen. Das Steuer ruckelt in meinen Händen; irgendetwas stimmt nicht. Hinter mir höre ich das Geräusch von jemandem, der mit einem schweren Objekt auf die elektronische Ausrüstung einhämmert. Durch die Fenster auf der Backbordseite kann ich Caol Ila an uns vorbeiziehen sehen, wo die schwarze Silhouette der ELIZA still und friedlich längsseits liegt. Georgie liegt da drüben in seiner Koje, und auch Anita, vermutlich hübsch warm eingekuschelt im Vorschiff. Einen Anruf weit entfernt. Ach was, nur einen Ruf weit entfernt, wenn ich ehrlich bin. Doch der Gewehrlauf drückt mir immer noch in den Rücken. Und selbst wenn ich es schaffen würde, das Mobiltelefon aus der Tasche zu ziehen, würde es im dunklen Steuerhaus wie ein Weihnachtsbaum leuchten.

»Wohin fahren wir?«, fragt der Fährmann zu meiner Rechten.

Ich sage: »Ich habe keine Ahnung. Die haben mir einen Gewehrlauf in den Rücken gebohrt, falls Sie das noch nicht bemerkt haben.« Damit lasse ich, wie Sie richtig annehmen werden, die Kluft zwischen mir und den fiesen Piraten noch etwas größer werden, nur für den Fall, dass wir das hier überleben.

In der Zwischenzeit wird doch sicher jemand bemerkt haben, dass die Obanfähre den Islay-Sund auf falschem Kurs hinauffährt? Die Hoffnung stirbt zuletzt. Ohne Lichter sind wir kaum mehr als ein dunkler Schatten vor dunkler Küste. Abgesehen davon, handelt es sich nicht um eine CalMac-Fähre mit der Verlässlichkeit eines Herzschlages, sondern um ein neues Gefährt, in das niemand an der Westküste Schottlands auch nur einen Funken Vertrauen haben wird, bis es nicht über ein Jahrhundert oder so wie ein Uhrwerk funktioniert. Ein weißes Blitzlicht erhellt die Regentropfen auf der Windschutzscheibe. Es kommt vom Leuchtturm Rubh' A'Mhail. In früheren Zeiten wäre dort jetzt ein Leuchtturmwärter gewesen, der genügend Langeweile gehabt hätte, um die individuellen Angewohnheiten einzelner Tölpel zur Kenntnis zu nehmen, ganz zu schweigen von der Obanfähre, die in entgegengesetzter Richtung von Oban unterwegs ist. Doch die Leuchttürme im Norden hatten die gelangweilten Menschen schon vor langer Zeit durch scharfsinnige Maschinen ersetzt, die sich keinen Pfifferling darum scheren, ob ein Fliegender Holländer vorbeizieht und dabei den Navy-Marsch *Heart of Oak* im hohen Falsett singt.

»Wohin wollt ihr fahren?«, frage ich.

»Zu Ende von Wasser«, sagt Violentin. Er lässt ein kleines Plastiketui vor mir auf die Ablage knallen: ein tragbares GPS. »Dann folge Pfeil zu Wegpunkt. Einfach.«

Der Pfeil zeigt nach Nordwesten. Der Wegpunkt befindet sich 80 Seemeilen entfernt, was bedeutet, dass er sich irgendwo auf der seewärtigen Seite der Äußeren Hebriden befinden muss.

»Da draußen ist nichts«, sage ich.

»Schiff«, sagt Violentin. »Ich muss jetzt Business machen. Tamara wird dich beobachten. Glaub nicht, dass sie ist nett, weil sie eine Frau ist. Sie ist schreckliche Schlampe.«

Tamara lacht zustimmend, und ich sehe im gedämpften Licht, wie sie mir unter ihren Wimpern hindurch einen Blick zuwirft. Die Wimpern sind sehr lang und elegant. Der Blick aber ist nicht wirklich das, was ich ihrerseits gegenüber dem Helden erwartet habe, der sie im Mittelmeer von einer Yacht in Händen von Schurken gerettet hat. Tatsächlich ähnelt er wesentlich mehr dem Blick eines Menschen in einem Schlachthof, der das nächste Schaf im Visier hat. Ich empfinde ihn als entmutigend.

Violentin geht. Und ich bleibe, steuere unter Androhung von Waffengewalt eine Fähre die Ostküste von Islay hinauf, wonach wir Kurs auf 295 Grad nehmen und Richtung … ja, wohin eigentlich fahren?

»Tamara«, sage ich.

»Was?«

»Warum machen wir das hier?«

»Du nicht stellen dumme Fragen.«

»Okay«, sage ich, lasse das Steuer los und gehe ans andere Ende des Steuerhauses.

»Nein!«, sagt Tamara und zeigt zu meiner Befriedigung Anzeichen von Selbstzweifeln. »Steuer!«

»Steuer du doch.«

»Steuer oder ich schieße.«

»Dann schieß doch«, sage ich. »Und schau mal, wohin dich das bringt.«

Hinter ihren klassischen und wohlproportionierten Wangenknochen arbeiten die Muskeln; auch wenn ich es nicht hören kann, nehme ich an, dass sie mit den Zähnen knirscht. »Also gut«, sagt sie. »Nimm das Steuer.«

»Rede erst.« Wir fahren genau auf das Licht zu.

»Wir bringen dieses Schiff zu anderem Schiff«, sagt Tamara. »Wir nehmen den Whisky von dieses Schiff und bringen ihn auf anderes Schiff. Dann fahren wir nach Hause.«

»Wo ist zu Hause?«

»Murmansk.«

»Ah«, sage ich und greife nach dem Steuer. »Und was ist Yusupovs Plan?«

»Halt die Klappe.«

Ich lasse das Steuer wieder los. Die Fähre giert wild dem Ufer zu. Die Vibrationen sind schlimm. Wir haben definitiv zu viel Tempo drauf.

»Schon gut, schon gut«, sagt sie. »Nicht Yusupov. Waren Missis Yusupov und Valentin Valentinovitch. Missis Yusupov liebt Valentin Valentinovitch sehr. Und er ihr sagen, dass das hier gute Idee ist. Das alles, was ich weiß.«

Das Licht verschwindet hinter uns. Auf der Steuerbordseite sind ein paar glimmende Punkte zu erkennen, die vermutlich Colonsay darstellen. Voraus ist nichts als der Atlantik.

Ich erwäge, Tamara zu erzählen, dass sie damit nicht davonkommen wird, entscheide aber dann, dass es keinen Sinn ergibt. Ich frage mich kurz, was sie hier wohl macht. Sich 20 Seemeilen vor der Côte d'Azur von einem Schiff abzusetzen, das spricht für eine starke Abneigung gegen Violentin und seine exzentrischen Verhaltensweisen. Ich verfolge diesen Gedanken aber nicht weiter, da mich momentan wichtigere Überlegungen beschäftigen. Im Zentrum steht die Tatsache, dass mich der Fahrkartenverkäufer am Fahrkartenschalter erkannt und die Nationalität meiner Kumpel zur Kenntnis genommen hat. Während ich mich wahrscheinlich darauf werde berufen können, dass ich mich als Geisel in ihren Händen befunden habe, wäre ich in Erklärungsnot, sollte ich an Bord dieses ominösen Schiffes gehen und später einmal repatriiert werden. Es dürfte fast besser sein, in Murmansk zu bleiben, was nach allen Erkenntnissen ganz und gar kein schöner Ort zum Verweilen ist.

Und wie es manchmal so ist, wenn man einem verrückten Gedankengang oberflächlich folgt, entdecke ich darunter einen anderen, der sich als konstruktiver erweist. Es ist definitiv eine schlechte Idee, als Entführer von Lastwagenladungen Whisky dazustehen. Aber es würde meiner Reputation und auch meinem Gewissen in seinem jetzigen Zustand guttun, wenn ich als Kraft des Guten und als Vertreter der Justiz erscheine. Wenn ich also die Entführung vereiteln könnte, dann wäre ich aus dem Schneider – auch, was meinen plötzlichen Abgang in Monte Carlo und andere vergangene Missetaten betrifft.

Eine wunderbare Idee.

Sie ist aber, wie ich nach etwas eingehenderer Überlegung feststelle, nicht ganz ausgegoren. Ganz anders als bei wirklich großartigen Ideen verursacht diese ein flaues Gefühl in meiner Magengegend und treibt mir auf unangenehme Weise den kalten Schweiß aus den Poren. »Warte einfach ein bisschen«, denke ich mir und folge wie so oft in meinem Leben dem Weg des geringsten Widerstandes. Es werden sich schon noch Möglichkeiten ergeben.

Ich warte und steuere. Der Leuchtturm von Rubh' A'Mhail entschwindet hinter uns.

Die Fähre setzt ihre Fahrt mit konstanten 16 Knoten fort und vibriert unangenehm. Tamara gewinnt ihre Coolness zurück. In der zerstörten Tür des Steuerhauses taucht Violentin auf und sagt: »Komm mit mir.«

»Nein«, sage ich. »Ich steuere gerade.« Tatsächlich habe ich den Autopiloten eingeschaltet, aber ich möchte gern unentbehrlich wirken. »Wo ist die Crew?«

»In einer Kabine eingesperrt.«

»Ich möchte mit ihnen sprechen.«

»Nein.«

»Wenn ich nicht mit ihnen spreche, dann wird das Schiff zerstört.«

»Zerstört?« Ein Wort, mit dem Violentin nur allzu vertraut ist.

»Es geht um das Lager der Propellerwelle im Wellenbock«, sage ich. »Es läuft heiß.« Ich habe keine Ahnung, ob Fähren über Wellenböcke verfügen, aber es klingt immerhin möglich. »Ich muss mit dem Ingenieur sprechen.«

»Wer wird das Schiff steuern?«

Ich denke kurz darüber nach, ihm das Steuer zu übergeben, entscheide dann aber, dass das nicht sinnvoll wäre. »Tamara«, sage ich und schalte heimlich den Autopiloten aus. Tamara, die Violentin gegenüber offensichtlich keine Schwäche zeigen will, schultert ihr Gewehr und tritt vor. Ich zeige ihr den Kompass und übergebe ihr das Steuer. Das Schiff taumelt, giert, kommt wieder zurück, giert wieder und beginnt damit, grob in Richtung des gewünschten Kurses zu schlängeln. Hier draußen gibt es nichts, mit dem wir kollidieren könnten. Das sollte also in Ordnung gehen. Zu Violentin sage ich: »Bring mich zum Ingenieur.«

Er führt mich runter zur Kabine des Kapitäns. Es ist heiß hier drin und stinkt nach Schweiß und Angst. Der Kapitän und der Maat sind offenbar aneinandergefesselt und aufs Bett gestoßen worden. Der Kapitän ist blass und bewusstlos, doch immerhin atmet er. Der Ingenieur hingegen beobachtet uns über das Klebeband hinweg, in das seine untere Gesichtshälfte eingewickelt ist, mit zutiefst feindseligem Ausdruck in seinen Augen. Ich sage: »Wir haben Ärger mit dem Wellenbock. Das Lager frisst sich fest. Ich denke, da ist die Kacke am Dampfen.«

Plötzlich geschieht etwas mit den Augen des Chiefs, doch glücklicherweise ist es nur für einen Moment. »Nimm ihm das Klebeband ab«, sage ich zu Violentin. Der stürzt ruppig an mir vorbei. Ich höre ein reißendes Geräusch und einen schmerzerfüllten Schrei. Der Ingenieur verflucht Violentin, bevor er sich mir zuwendet, wobei sich die buschigen Augenbrauen über seiner Nase zusammenziehen: »Okay«, sagt er. Ich bete, dass er spontan genug ist, ein ordentliches Stück Fiktion von sich zu geben. Denn immerhin habe ich ihm gerade mitgeteilt, dass seine Maschine von einem geistig unterdurchschnittlich begabten Glasgower malträtiert wird, der allerdings selbst unfreiwillig in diesen menschlichen Mist im Hier und Jetzt geschleudert worden ist.

»Ah, das sehe ich mir am besten selbst einmal an.«

»Da hörst du es«, sage ich zu Violentin.

Seine Augen haben sich zu rötlichen Schlitzen verengt. Er sagt: »Was ist Problem?«

»Die Lagerschmierung.«

»Und der scheiß Zerhacker.«

»Ist ein höllisch wichtiges Teil«, bestätige ich und schaue weg. Wenn der Chief jetzt anfängt zu grinsen, dann gibt's Ärger. Er scheint allerdings gerade nicht in Kicherlaune zu sein. »Ohne das Teil könnten die Maschinen überhitzen, eine Ölleitung lecken und uns hier auf See verrecken lassen. Dann könnten sie kommen und uns finden«, erkläre ich. Ich beobachte den Chief aus dem Augenwinkel. Er sieht besorgt, aber intelligent aus. »Und dann heißt es Rettungsboot und Polizei, Violentin. Dann wirst du eine Menge erklären müssen. Erst denen und dann Mister Yusupov.«

Violentin fixiert mich, die Augen schmal wie ein Maschinengewehrvisier. »Also gehen wir und schauen uns das Problem an«, sagt er. »Kommt.«

Und wir gehen los.

Der Chief führt uns die Leiter aus den Unterkünften hinunter aufs Autodeck. Das Schiff bewegt sich in der See wie ein auf und ab springender Korken. Als wir an einem der Whiskycontainer vorbeigehen, knallt eine Welle in die Seite und schickt Gischt wie Schnee über die Stahlplatten auf dem offenen Deck. Der Wind hat auf Südwest gedreht und aufgefrischt. Als wir das nächste Mal aus einem Wellental auftauchen, sehe ich auf der Backbordseite das weiße Doppelblinken eines Leuchtturms: Dubh Artach. Wir kommen großartig voran. Und das in die richtige Richtung.

Die nächste Gischtladung lässt Violentin eine Reihe Flüche ausstoßen. Dann gehen wir durch eine Tür, und die Welt ist von Lärm erfüllt. Der Chief verteilt Gehörschützer und zeigt auf eine steile eiserne Leiter. Und runter geht's in das wütende Hämmern und die heiße, ölige Luft.

Die PRIDE OF CRINAN ist eine brandneue Fähre mit sogenannten UMS – die Abkürzung für unbemannte Maschinenräume. Der Chief trottet um die Hauptmaschine herum, die wie eine Grabkammer in der Mitte des Stahlblechdecks liegt. Ich meine, einen

Generator zu erkennen, und versuche einen intelligenten Eindruck zu machen. Mir ist nicht ganz klar, was als Nächstes geschehen soll, aber ich weise trotzdem darauf. Auch der Chief schaut wissend und lässt wieder seine Augenbrauen hüpfen. Dann greift er nach einem riesigen Schraubenschlüssel und geht entschlossen hinter Violentin durch, der nicht sehr intelligent dreinblickt. Plötzlich habe ich eine böse Vorahnung und schreie: »Tu das nicht!« Aber in dem ganzen Scheppern hätte ich genauso gut etwas von Annie Laurie singen können. Während der Chief hinter Violentin durchgeht, zeigt er auf eine kuppelförmige Maschine, die vielleicht eine Ölfilteranlage sein könnte. Violentin dreht seinen Kopf in dessen Richtung. Der Schraubenschlüssel kommt hoch, holt aus und zielt auf den Hinterkopf von Violentin. Doch Violentin ist nicht mehr da, denn er ist ein Profi und der Ingenieur eben nur ein Ingenieur. Der Schlag durch die Luft hebelt den Chief an Violentin vorbei und lässt ihn die Balance verlieren, bevor er sich umdreht und eine erneute Attacke einleitet. Doch inzwischen hat Violentin seine Waffe gezogen. Mein Herz wummert, denn der Chief mag ein Kämpfer sein, doch Violentin ist ein Killer. Und während ich das noch denke, finde ich mich halb in der Luft wieder, packe die Hüften vom Chief und lande auf den öligen Bodenplatten, rutsche unter ein grün lackiertes Geländer und falle mit einem Knall, der meinen Kopf klingeln lässt, in eine Art Bilge neben dem Maschinenblock. Durch das Gebrüll der Maschinen kann ich noch ein anderes presslufthammerartiges Geräusch hören. Ein Maschinengewehr. Ich merke, dass ich fluche.

Der Chief hört es auch. Er windet sich kurz und krampfartig und verschwindet dann durch einen Kriechgang unter Deck. Ich will hier nicht raus und Violentin gegenübertreten, der inzwischen annehmen wird, dass der Freund seines Feindes auch sein Feind ist. Auch will ich nicht in diesem Loch voller schwarzer Schmiere und heißem Öl festsitzen und das Beste hoffen. Denn das wird ohnehin nicht eintreten. Ich kann also nur dem Chief folgen, der die Anordnung seines Maschinenraums vermutlich gut kennt. Was insbesondere für Schlupflöcher gilt.

Ich krieche in einen kleinen schwarzen Tunnel.

Meine Hände und Knie rutschen in der Schmiere immer wieder aus, und das Atmen fällt mir schwer. Die Luft ist plötzlich erfüllt von teerigem Ölgestank, und irgendwo über dieser Kakophonie schrillt ein Alarm. Vermutlich haben Violentins Kugeln etwas Wichtiges von der Mechanik erwischt.

Der Kriechgang führt um eine rechtwinklige Kurve, was gut ist, denn ich bin plötzlich besessen von der panischen Idee, dass Violentin direkt hinter mir ist und unsere langjährige Freundschaft ihn nicht davon abhalten wird, sich durch den Tunnel zu stürzen. Allerdings habe ich keine Ahnung, wohin dieser Kriechgang führt. Was schlecht ist. Aber – und das wiederhole ich mir selbst gegenüber immer wieder, während mein Atem zu schnell geht und mein Herz in meiner Brust hämmert – der Chief hat diesen Weg gewählt. Das kann nur gut sein. Also krabble ich weiter auf Ellenbogen und Knien durch das enge Stahlrohr und versuche dabei weder an Maschinengewehre noch an Klaustrophobie zu denken. Die Luft ist dick, das Atmen unangenehm. Ich überlege schon, ob ich irgendwo eine Abzweigung verpasst habe, als vor mir ein Lichtkreis erscheint. Ich sehe die Beine des Chiefs darin eintauchen. Ich schreie etwas und greife nach seinen Stiefel, um ihn davon abzuhalten, die Luke vor meiner Nase zuzumachen. Er schreit mich an, und ich folge ihm, stoße mir das Knie und liege dann an Deck. Während ich noch wimmere, knallt er die Luke zu. Noch während er am Rad dreht, um sie dichtzumachen, erklingt von unten erneut das Presslufthammergeräusch.

Wir befinden uns in einer Art Durchgang, als der Chief irgendetwas ruft, doch ich antworte nicht, weil mir die Ohren klingen und ich meine Aufmerksamkeit zur einen Hälfte meinem Zittern und zur anderen dem Massieren meines Knies widme.

»Also?«, schreit der Chief.

»Also was?«

»Was ich gesagt habe: Er muss den Ölfilter angeschossen haben. Also wird die Sprinkleranlage angesprungen sein. Und die Maschinen werden gestoppt haben.«

Nun, da er es erwähnt, bemerke auch ich, dass das heftige Trommeln der Maschinen tatsächlich verstummt ist. »Und was jetzt?«, frage ich.

»Wir können sie wieder in Gang setzen«, sagt er. »Zumindest so, dass sie mit einem Viertel ihrer Kraft wieder läuft. Das ist dann eine Art Bring-mich-nach-Hause-Zustand.« Er kichert: »scheiß Zerhacker …«

»Sie stehen unter Schock«, sage ich unfreundlich, »können wir den Maschinenraum sperren?«

»Jo«, sagt er, »von der Brücke aus.«

»Und dann«, sagt der Chief hinter mir keuchend, »werde ich die Navy, die Küstenwache und …«

»Wenn Sie irgendjemanden rufen«, unterbreche ich, »werden diese Typen hier jeden an Bord erschießen und uns ins Meer werfen. Den Whisky werden Sie dann aber gerettet haben. Dafür werden die Leute von der Destillerie natürlich überaus dankbar sein. Vielleicht schicken sie ja einen Kranz.« Ich gehe durch die zerstörte Tür auf die Brücke. Tamara steht am Steuer. Ihre Augen haben die Größe von Untertassen. Sie mag ja eine harte Nuss sein, aber die Einsamkeit der Kommandogewalt liegt ihr nicht. Der Chief marschiert zu einer Konsole und betätigt einige Schalter. Irgendwo werden sich jetzt einige wasserdichte Türen schließen. Und wenn Gott will, dann wird sich Violentin auf ihrer anderen Seite in einem heißen, lärmigen und öligen Gefängnis befinden. Tamara klagt: »Schiff will nicht steuern.«

»Ja, oh je, leider«, sage ich. Oder Worte mit ähnlichem Effekt. Der Chief ist noch immer mit der Konsole beschäftigt, die vermutlich die Maschinen kontrolliert. Schottlands Fähren sind außerordentlich sichere Fahrzeuge. Sogar dann noch, wenn sie sich in Händen russischer Psychopathen befinden. Ich nehme an, dass es mehr als eine Maschine gibt. In diesem Moment aber rollt das Schiff heftig. Das entfernte Eins-Zwei-Blinken des Leuchtturms von Dubh Artach dringt durch die Fenster des Steuerbordbrückenflügels. Aufgrund der fehlenden Schubkraft hat sich die Fähre quer zur Welle gelegt – keine angenehme Bewegung. Auch für einen Yachtmakler mit meiner Erfahrung nicht. Und für Tamara schon gleich gar nicht, die sich plötzlich in einen Eimer übergibt. Ihr Gewehr wippt dabei wie eine Handtasche auf ihrer Hüfte. Sie legt eine Hand drauf, um es zu stabilisieren. Ihre über dem Eimerrand blickenden Augen haben einen extrem defensiven Ausdruck angenommen. Es erscheint trotzdem nicht weise, ihr die Waffe wegzunehmen.

Ich sage: »Haben wir wieder Saft?«

»Das habe ich Ihnen doch schon gesagt: zum Teil.«

»Okay«, sage ich, »dann tun Sie alles, was notwendig ist.« Vor langer Zeit war mir einmal die Aufnahme in die Spezial-Bootsstaffel verwehrt worden. Ich erinnere mich, dass ich diese Ansprache schon mal irgendwo an einem dunklen Strand während einer Übungseinheit gehalten hatte. Sie klingt souverän. Souveräner jedenfalls, als ich mich fühle. Genau wie damals, auch wenn es nicht beim Verschleiern der Tatsache half, dass das Gewässer jenseits des Strandes, das nach meiner Karte ein Teil des Meeres hätte sein sollen, sich tatsächlich als Binnensee erwiesen hatte.

»Aye, aye, Sir«, sagt der Chief, der offenbar seine theatralische Ader entdeckt hat.

Unter unseren Füßen geht eine Vibration durchs Schiff. Ein Motor. Dann folgt riesiger und schrecklicher Krach, der aus Presslufthammerschlägen und berstendem Glas besteht. Mein Herz schlägt wild, als Violentin sich seinen Weg durch die Türruine auf die Brücke bahnt, während sein kleines Maschinengewehr noch raucht. Ich stelle fest, dass wir den Maschinenraum zwar schnell, aber offenbar nicht schnell genug verschlossen haben, thematisiere das aber nicht weiter, denn Violentin richtet seine Waffe auf mich.

Es ist nicht leicht, Worte zu finden, wenn dein Herz gerade aussetzt und dir in die Hose rutscht. »Guten Abend«, krächze ich, gewinne mein Sprachvermögen jetzt aber langsam zurück. »Was zur Hölle spielst du für ein Spiel?«

»Ihr jetzt sterben«, knirscht Violentin. Sein Gesicht ist von schwarzem Öl verschmiert, seine Augen sind kirschrot.

»Nein«, sagt Tamara und blinzelt ihn über den Eimer hinweg an.

Violentin runzelt die Stirn. Es ist nicht an Widerspruch gewöhnt.

»Er muss Schiff fahren, du dummes Tier«, sagt Tamara, die plötzlich wie ein Mensch mit Konsequenz wirkt. »Und finden anderes Schiff. Dann du sie töten kannst.«

Violentin reibt sich etwas Öl in die Augen und versucht es wieder herauszuwischen.

»Genau«, sage ich. »Genau so. Obwohl ich ja dachte, dass wir Freunde sind.«

»Wir sind Freunde«, sagt Violentin und ich kann nicht erkennen, ob es Tränen oder Öl ist, das seine Augen erröten lässt. »Aber es gibt Business und Vergnügen. Wenn ich dich töte, dann ist das Business und natürlich sehr traurig.« Bedauernd schüttelt er seinen Kopf und sagt: »Gavin, warum kannst du dich nicht benehmen?«

Es erscheint mir nicht die passende Zeit für eine Diskussion darüber zu sein, wo genau die Linie zwischen professioneller Pflichterfüllung und zwischenmenschlicher Harmonie verlaufen sollte. Mein Gefühl am Steuer sagt mir, dass etwas unrund läuft. Es fühlt sich nicht an wie ein seegängiges Schiff auf gutem Kurs, sondern irgendwie seltsam und unkontrolliert. Als wäre das Steuer nicht mit dem Ruder, sondern mit Gummibändern verbunden. Ich steuere die Fähre ein bisschen nach Backbord, fange sie wieder ein, während sie herumschwingt, und korrigiere nach Steuerbord. Die Kompassnadel schwingt um 20 Grad in die eine Richtung, dann 20 in die andere. Mit Nachdruck sage ich: »Es ist nicht sehr vernünftig, mit einem Gewehr in einem Maschinenraum herumzuballern.«

»Was weiß ich denn von Maschinenräumen«, sagt Violentin. »Du bist der Segler. Nicht ich. Bring uns zu Schiff.«

»Chief«, sage ich, »sie lässt sich nicht gut steuern.«

Der Chief sagt: »Das wird die Hydraulik sein. Der Irre da drüben hat sie abgeschossen.«

»Und was machen wir nun?«

»Eine Slipanlage finden«, sagt der Chief, »und sie für eine Woche auf eine Werft stellen.«

»In Slipanlage Fragen stellen. Wir machen Rendezvous mit Schiff«, sagt Violentin, zu dessen Stärken die Ironie nicht zählt.

»Nur, während sich das Schiff auf dem Meeresboden befindet«, erklärt der Chief.

Ich lausche der zunehmenden Feindseligkeit in der Stimme des Chiefs und denke, dass ich etwas unternehmen muss, bevor er sich erneut in Gewalt gegenüber Violentin übt oder Violentin selbst sich wieder hochfährt.

Damit ich weder dem einen noch dem anderen ins Gesicht schauen muss, erlaube ich es meinen Augen, den Plotter ins Visier zu nehmen, der mit der Navigationssoftware von Navionics arbeitet. 20 Seemeilen voraus befindet sich ein grünes Spiegelei von Insel, über der in großen Lettern der Name CALLA geschrieben steht. An ihrem unteren Ende befindet sich ein grüner Klecks mit der Bezeichnung CALLASAY, an dessen unterstem Ende wiederum ein Riff in Form eines Hakens markiert ist. Die offene Seite des Hakens zeigt nach Osten. In meinen Gedanken reift eine Vision: eine Bucht in Form eines Hufeisens mit einem sanft geschwungenen weißen Sandstrand zwischen kleinen Felsspitzen. Plötzlich geht mein Herzschlag wärmer, stärker und – mit Blick auf den aktuellen Status – sogar hoffnungsvoll. Auf den ersten Blick scheint das da ein sehr guter Ort zu sein, um ein Schiff zu ausstehenden Reparaturen auf den Sand zu setzen.

Auf den ersten Blick.

Die Fähre bewegt sich träge in meinen Händen. Von irgendwo

tief unten aus ihren Eingeweiden ertönt ein heftiges Hämmern, als wäre etwas Großes aus seiner Verankerung gerissen. »Der Chief ist okay«, sage ich.

Violentins kahles Ei von Kopf dreht sich zu mir um. »Was?«

»Wenn wir dieses Schiff nicht an Land bringen, dann werden wir sinken.« Was natürlich nicht stimmt, doch das darf er nicht wissen.

»Wir funken anderes Schiff an. Wird kommen, uns zu treffen.«

»Brillante Idee«, sage ich. »Und es wird uns finden, indem es unserem AIS-Signal folgt?«

»AIS ich habe zerstört«, sagt Violentin, der wie immer immun gegen Sarkasmus ist.

»Nun, wir können natürlich das AIS-Signal des anderen Schiffes auffangen. Das kann aber auch jede einzelne Küstenwache und die Polizei westlich von Fort William. Was genauso gut ist, denn wie ich sagte, ist es höchst unwahrscheinlich, dass wir dort ankommen werden.« Wieder ein Knall aus der Tiefe. Der Bug der Fähre erhebt sich mit der siebten Welle, und ich drehe zum Gegensteuern am Rad, während wir von ihrem Kamm wieder runtergleiten. Weißes Wasser bricht am Bug empor, strömt übers Deck und schlägt gegen die Brückenfenster. Violentin sieht inzwischen fast so elend aus wie Tamara. Er sagt: »Also?«

»Es gibt einen Ankerplatz, den wir ansteuern können«, sage ich, zeige auf den Plotter und erkläre es ihm.

»Okay«, sagt er. »Wir dahin fahren. Aber das hier ist Business. Also keine Mätzchen machen oder ich dich definitiv jetzt töten.«

Die Art, in der er das sagt, impliziert ganz eindeutig die Worte »anstatt später«. Ich tue aber so, als ob ich das nicht bemerke, lasse das Steuer nach Steuerbord drehen und setze die grüne Kurslinie auf die östliche Landzunge von Callasay ab. »Und ich werde den Chief brauchen, um die Maschinen in Gang zu halten.«

»Wenn sie stoppen, dann er auch stoppen«, sagt Violentin.

So geht die lange Nacht weiter. Violentin verschwindet, vielleicht, um sich hinzulegen oder ein paar Liegestütze zu machen oder Wodka zu trinken. Mir egal, warum. Tamara hebt den Kopf vom Eimer, schaut für einen Moment in den schwarzen Glanz einer Welle und wirft mir dann einen Blick zu, in dem ich erstaunlicherweise einen Anflug von Sanftmut zu erkennen meine, ja fast schon Dankbarkeit. Dann übergibt sie sich wieder.

Ich setze mich und steuere manuell in Richtung Callasay.

Nach einer Weile erscheint der Chief und lehnt sich gegen die Konsole. Ich sage: »Und, wie geht's den anderen so?«

»Die miesen Typen kotzen fast alle, tragen aber immer noch ihre Waffen bei sich«, sagt er. »Gott sei Dank haben wir keine Passagiere. Und bis Oban auch nicht irgendwelche Traktoren auf Trailern im Laderaum. Und kein Kantinenpersonal auf diesem Abschnitt. Es sind also nur der Kapitän und ich und ein paar Deckshände, die alle in verschiedene Kabinen eingeschlossen sind. Alle haben ihre Mobiltelefone abgegeben und kein Interesse daran, Ärger zu machen. Ich meine, die fiesen Typen werden uns ja wohl nicht versenken, oder?«

Ich antworte: »Wenn wir sinken, dann sinken sie mit.« Dazu gebe ich ein paar tröstliche Geräusche von mir, die aber selbst jemand mit Violentins Verstand als eher formaler Natur interpretieren würde. Dann bringe ich wieder einmal das Schiff auf Kurs. Ich bin müde, und meine Schultern schmerzen. Meinem Kopf geht es auch nicht viel besser.

Aber der Chief ist keiner, der so leicht aufgibt. Er sagt: »Planen Sie, sie auf den Sand zu setzen?«

»Ja.« Er runzelt die Stirn. »Dann lassen Sie mich eine bessere Idee wissen«, stoße ich leise hervor.

»Sie werden eine Ladung Russen von diesem Schiff schicken, über das sie ständig reden. Wenn die auch nur annähernd so schlimm sind wie Ihr Vio-was-auch-Immer, was machen wir dann?«

»Sie werden schlimmer sein«, bestätige ich. »Wenn sie kommen. Aber das werden sie nicht. Schon gar nicht bei Tageslicht. Sie werden sich in Hoheitsgewässern aufhalten. Wenn wir dieses Ding also ungefähr zur Morgendämmerung anlanden können, dann bleibt uns ein ganzer Tag, ihre Leute von Bord zu bringen, bevor es irgendwelchen Ärger gibt. Und was die Ladung angeht: Ich denke, die dürfte versichert sein.«

Ich spüre den Atem des Chief, als er seufzt. »Das nehme ich an«, sagt er. »Also geht's nach Callasay. Das bedeutet Winstanley. Sie nennen ihn auch Clearance, den Abräumer.«

»Genau der.«

Es setzt Stille ein. Aber es ist eine Stille mit gedanklichen Unterbrechungen. Clarence Winstanley war einer der ersten Hedgefonds-Manager, der, nachdem er seine 500. Million gemacht hatte, für sich entdeckte, dass er ein Schotte mit romantischer Ader und einer Vorliebe für die Einsamkeit ist. Von diesem Wunsch beseelt, hatte er die Insel Callay gekauft und den involvierten politischen Parteien enorme Summen gespendet, um dann allen 61 Bauern, die die Gesamtbevölkerung der Insel ausmachten, Räumungsbescheide auszustellen. Es hat eine Menge Geschrei gegeben, doch der Schrei des Geldes war am lautesten gewesen. Und von Clarence zu Clearance, jenem Namen, unter dem er heute bekannt ist, war es nur ein kleiner Schritt gewesen. Stöcke und Steine hätten ihm die Knochen brechen können, doch Worte waren seiner Ansicht nach nur eine andere Form von heißer Luft. Und da saß er dann in den vergangenen 20 Jahren und hat die Verwünschungen der schottischen Bevölkerung und der Regierung an seinem Panzer abprallen lassen. Wie er auf eine gekidnappte Fähre mit zwei Containern Whisky und begleitenden Gangstern reagieren wird, das weiß nur Gott.

»Was ist mit ihm?«

Ich sage: »Wir unterhalten uns manchmal.«

»Sie Glücklicher«, sagt der Chief. »Worüber?«

»Über die Forstwirtschaft.«

»Auf Callay?«

Er klingt verwirrt. Und das ist kein Wunder. Die Winde, die um

Callay herum kreischen, sind mörderisch. Es ist eine bemerkenswerte Tatsache, dass es auf Callay trotz eines Vierteljahrhunderts Wachstums nur ein winziges Wäldchen gibt, das gerade einmal knapp 20 mal 20 Meter groß und einen Meter hoch ist. Es war aber eine der Fantasien von Clearance, sich die Replika eines Wikinger-Schiffes zu bauen. Er hatte mich auf der Suche nach einer Quelle für das Bauholz konsultiert. Ich hatte eingewilligt, ihn zu beraten, und er hatte mich auf seine Insel eingeladen. Angeblich, weil er sich Gesellschaft wünschte. Doch in Wirklichkeit versuchte er mich unter den Tisch zu trinken und mir die fällige Kommission streitig zu machen. Seine Gedanken hören nie auf, um Geld zu kreisen.

Es war ein merkwürdiger Besuch gewesen. Er hat sich selbst ein pompöses Haus im Stil von Frank Lloyd Wrigth gebaut. Die großen Fenster waren nach Westen ausgerichtet und boten einen Blick, der sich ohne Unterbrechung über den Horizont hinaus bis nach Labrador erstreckt hätte. Erst, als mich ein lettischer Traktorfahrer vom Kai zum Haus fuhr und mich ein lettischer Butler über das Anwesen führte, wurde mir klar, dass Clearance ein Mann ist, der unter chronischer Einsamkeit leidet, aber zu starrköpfig ist, das zuzugeben. Wir tranken eine Menge Whisky vor den großen Fenstern, die durch gigantische Scheibenwischer von Salz und anderen nicht transparenten Substanzen befreit wurden. Die Wischer konnte man über eine Konsole neben seiner Armlehne bedienen. Als ich Clearance ein Kompliment für seinen Einfallsreichtum machte, wischte er es weg, doch ich erkannte, dass es ihm gefiel. »Die Sache ist die«, sagte er, »sie hassen mich alle. Und ich hasse sie.«

»Aber Sie wären gern beliebt«, sagte ich, ermutigt vom Whisky, wie so oft in jenen weit zurückliegenden Tagen.

»Das wird genauso wenig passieren wie man Bonnie Prince Charlie ausgraben und auf den britischen Thron setzen wird«, sagte er.

Doch während ich durch das Steuerhausfenster der schrottreifen Fähre auf das Wogen und Schlingern der langen schwarzen Seen schaue, erlaube ich mir anzunehmen, dass er vielleicht nicht richtig gelegen hatte. Natürlich war der junge Thronanwärter inzwischen zu Staub zerfallen. Doch die Rettung einer millionenteuren Ladung schottischer Exportgüter vor einer Handvoll russischer Gangster würde sicherlich etwas wert sein. Oder zumindest so dargestellt werden. Alles wird davon abhängen, ob Clearance seiner Popularität den Vorzug vor seinem Gewinn einräumen wird. An dieser Stelle werden meine Gedanken von einer kalten und nassen Welle überrollt. Wenn er sich seit unserem letzten Treffen nicht stark verändert hat, dann wird – und diesen hässlichen Gedanken werde ich nicht los – immer sein Streben nach Gewinn die Oberhand behalten.

5

Einige Stunden später ist in Richtung von Loch Moidart das Einsetzen der Morgendämmerung als grauer Fleck zu erkennen. Langsam wird es Licht. Die See ist immer noch schwarz, der Himmel dunkelgrau.

Ein paar Sturmtaucher fliegen durch ein Wellental an uns vorbei. Noch ein Wellenkamm, noch ein Wellental. Die nächste Welle, und das Steuer dreht sich vom Kurs weg. Ich schalte das Radio auf der Brücke ein – nicht das UKW, das Violentin kaputtgeschlagen hat, sondern das normale Radio, durch das normale Seeleute in normalen Zeiten normale Nachrichten hören. Radio Schottland verkündet, dass es 7 Uhr morgens ist. Meine Augenlider fühlen sich schwer an. Ich schaue mich nach meinen Begleitern auf der Brücke um. Tamara schläft auf einer gepolsterten Bank, doch die Knöchel ihrer auf der Waffe liegenden Hand sind immer noch weiß. Sie sieht schön, aber halbtot aus. Darauf weisen ihre wunderbaren Wangenknochen ebenso hin wie ihr Gesicht, weiß in der Farbe des Himmels. Ich gähne und frage mich, wo ich wohl einen Becher Kaffee herbekommen könnte. Ein Garnelentrawler schleppt sich auf Steuerbord am Horizont entlang. Sein Funkgerät dürfte eingeschaltet sein, doch das wird er zur Beschimpfung seiner Freunde benutzen. Er würde es auch ignorieren, wenn die R101, zu ihrer Zeit von 1929 bis zu ihrem Absturz 1930 das größte britische Verkehrsluftschiff, brennend vor seinem Bug herabsegeln würde. Er wird nahezu sicher kein spontanes Interesse an einer Fähre haben, die von ihrem Kurs abgekommen ist.

Die Fähre rollt und neigt sich heftig nach Steuerbord, kommt dann wieder ins Gleichgewicht und klettert einen Wellenberg empor. Vom Wellenkamm aus sehe ich einen langen grauen Schatten, der quer vor uns liegt: Callay. Plötzlich wird meine Müdigkeit durch eine ganze Gruppe von Schmetterlingen in meiner Magengegend verdrängt. In dieser langen schwarzen Nacht war es leicht gewesen, so zu tun, als gäbe es kein Morgen. Doch die Insel ist ein solider Felsen mit Sand und Menschen. Die Zeit des Selbstbetrugs ist abgelaufen.

Jetzt muss der Plan umgesetzt werden. Was das Leben sicher extrem viel gefährlicher werden lässt.

Ich strecke meinen Arm aus und drücke die Sendetaste der internen Lautsprecheranlage. Ich sage: »Vio …, äh, Valentin, auf die Brücke bitte. Und auch der Kapitän, falls er zur Verfügung steht.«

Während ich darauf warte, dass sie auftauchen, tippe ich auf den Plotter und stelle einige Berechnungen an. Um 9 Uhr wird Hochwasser sein. Das ist hilfreich. Unsere berechnete Ankunftszeit für Callasay ist 9:30 Uhr, was ebenfalls hilfreich ist. Der Kapitän taucht mit einem verschlafen aussehenden Violentin auf, der aber leider nicht verschlafen genug ist, seine fiese Maschinenpistole auf den Kapitän zu richten. Dieser wiederum erscheint mit hässlicher grünlich weißer Gesichtsfarbe. Auf seiner rechten Gesichtshälfte klebt Blut. Ich kann das Öl an Violentins Waffe riechen. Er hat sie nach unserem Besuch des Maschinenraums gereinigt. Ein Vollprofi, dieser Violentin.

»Also?«, sagt der Kapitän.

»Hören Sie zu«, sage ich. »Wir alle sind in Lebensgefahr. Die einzige Chance, das zu überstehen, liegt darin, den Bug des Schiffes eine halbe Stunde nach Hochwasser auf den Strand von Callasay zu setzen. Er öffnet den Mund, um mir zu sagen, dass ich irre bin. Ich schüttle den Kopf und schaue dabei scharf auf Violentins Maschinenpistole. Er folgt meinen Augen, und es ist, als würde alle Luft aus ihm entweichen. »Ihr könnt die Bugtüren öffnen, und sie können die Whiskycontainer auf den Strand ziehen. Wenn ihr auf dem Weg in die Buchten achtern einen Anker rauswerft, könnt ihr euch selbst mit der nächsten Tide wieder vom Strand ziehen.« Der Kapitän blinzelt und zuckt, als hätte er schlimme Kopfschmerzen. Dann schaut er mich an, als wolle er mir einige böse Dinge zu diesem sehr gradlinigen Plan an den Kopf schmeißen, der – was ich zugeben muss – beinhaltet, dass wir sein großes und teures Schiff auf einen Strand mit unbekanntem Felsvorkommen setzen. Also sage ich: »Wenn alles gutgeht, dann werden Sie Ihr Schiff ohne den Verlust von Menschenleben in von jetzt ab 14 Stunden wieder zurückhaben. Sie werden zwei Container Whisky verloren haben, doch die sind versichert. Wie auch das Schiff. Lassen Sie es mich wissen, wenn Sie eine bessere Idee haben.« Der Kapitän öffnet seinen Mund erneut und schließt ihn wieder. Dann sagt er: »Am liebsten wäre es mir, wenn wir diese Tiere ins Gefängnis bringen könnten.«

»Wen du Tier nennen?«, sagt Violentin und drückt dem Kapitän seine Waffe in den Magen. »Welches Gefängnis?«

»Hör nicht auf ihn«, sage ich hastig. »Das ist bloß schottischer Humor.«

»Jawohl«, sagt der Kapitän und sieht dabei aus, als müsse er sich jeden Moment übergeben.

»Also«, sage ich. »Valentin. Wir werden dieses Schiff jetzt auf den Strand fahren, bevor es sinkt. Ihr könnt die Container rausziehen und an Land warten. Euer Schiff kann hier reinkommen und die Container einladen. Danach können alle für immer glücklich weiterleben.«

Violentin zieht die Stirn kraus. Ich merke, dass ich den Atem anhalte. Wenn er zustimmt, dann werden wir in 14 Stunden eine russenfreie Zone sein und das Schiff dahin zurückbringen, wo es hingehört. Die Navy könnte sich dann mit den Entführern befassen und die Methoden anwenden, die im Umgang mit solchen Leuten angewendet werden. Ich bin dankbar, dass sie nicht Teil meiner Geschäfte sind.

»Nein«, sagt Violentin.

»Was?« Ich bin nicht auf die Ablehnung vorbereitet. Sie kommt wie ein Schlag in die Magengrube.

»Du wirst bleiben«, sagt Violentin. »Und Crew auch. Bis Schiff gekommen, Whisky genommen und weg.«

Ich denke, ich hätte darauf gefasst sein müssen. Doch die Ansage ist eine schwere Enttäuschung. »Gut, also dann«, sage ich. »Sehr gut. Aber was ist mit den Leuten, die auf der Insel leben?«

»Was für Leute?«

»Da ist ein Mann, dem sie gehört«, sage ich. »Der hat eine Menge Personal. Das ist bewaffnet.« Mit Angelrouten und Jagdbüchsen, doch es gibt keinen Grund, ihm das mitzuteilen. »Ich kenne diesen Mann«, sage ich und spüre, wie mich eine warme Welle der Erregung durchflutet, weil ich eine Idee habe. »Er ist ein gesetzestreuer Mensch und wird es nicht mögen, wenn man gestohlenen Whisky von seinem Strand abräumt.«

»Dann töten wir ihn eben«, sagt Violentin mit der ruhigen Gewissheit eines Menschen, der gerade erklärt, dass Gelb und Blau Grün ergeben.

»Unklug«, sage ich und verberge mein Entsetzen.

»Du kennst den Mann?«

»Nicht gut.«

»Ein bisschen.«

»Mag er Geld?«

»Davon hat er sehr viel.«

»Wenn viel hat, dann er es bestimmt mögen.« Violentin zieht ein Telefon aus seiner Tasche. »Also, du rufst ihn an und sagst, wir ihm geben Geld für Nutzung von Strand.«

Ich mache den Mund auf, schließe ihn aber wieder. Es ist sehr leicht, die Oberhand zu verlieren, wenn man mit Violentin zu tun hat. Also gebe ich ihm den Namen, und er wählt. Dann reicht er mir das Telefon.

Es klingelt eine ganze Weile. Dann sagt eine Stimme: »Ja?«

»Mister Winstanley?«

»Ja.«

»Ich weiß nicht, ob Sie sich erinnern ...« Plötzlich kommt mir der Gedanke: keine Namen, kein Strafexerzieren. »Es geht darum, dass ich mich auf einem teilweise fahruntauglichen Schiff befinde. Wir würden es gern in ihre Bucht vor Callasay bringen, um dort die Reparaturen auszuführen.«

»Ich werde die Küstenwache anrufen«, sagt er mürrisch, wozu er zu dieser frühen Morgenstunde alles Recht hat.

Ich sage: »Das wird nicht nötig sein.«

»Wie kann ich sicher sein, dass Sie mir nicht den Strand versauen?«

»Können Sie nicht. Aber das werden wir nicht. Nein, nein, nein, nein.« Mir wird klar, dass ich anfange zu plappern. »Wir sind bereit, eine Mooringgebühr zu bezahlen.« Stille. »Eine beträchtliche Mooringgebühr.«

Die Stille hält an. »Ah«, sagt er schließlich. Seine Stimme klingt nach rohem Leder und Titan. Sie erinnert mich daran, dass einer, der eine halbe Milliarde Pfund verdient hat, über Talente der etwas anderen Art verfügt. »Für 10.000 £ pro Tag bin ich Ihr Mann. Wie gefällt Ihnen das?«

Ich habe das Gefühl, dass mir das Blut aus dem Gesicht weicht, aber ich gebe das Angebot trotzdem an Violentin weiter. »Ja«, sagt der und streichelte den Lauf seiner Maschinenpistole.

Inzwischen hat alles Blut meinen Kopf verlassen. Ich wundere mich, dass meine Schuhe noch passen. »Okay«, sage ich ins Telefon.

»Ich komme raus und treffe Sie dort«, sagt Clearance und legt auf.

Ich nehme an, dass die Sonne gerade aufgeht, doch wir können sie nicht sehen, weil wir uns auf der falschen Seite von kilometerlangen Wolkengebirgen befinden. Eine südliche Untiefentonne wird größer und strömt an Backbord an uns vorbei. Callasay erhebt sich aus dem Meer, bis ich die schwarzen Felsen auf seiner südlichsten Landspitze und die grauen Umrisse der Insel dahinter erkennen kann. Vom Kap kommt ein weißes Boot, das in der kurzen Welle auf und ab wippt, die der Wind gegen die Tide verursacht. Violentin macht ein finsteres Gesicht und justiert seinen Griff an der Maschinenpistole. »Das sollte unser Freund sein«, besänftige ich ihn.

Violentin sieht nicht aus, als würde ihm der Begriff gefallen, doch er scheint seinen Griff an der Waffe etwas zu lockern. Ich rufe den Maschinenraum an und bitte um niedrigere Drehzahlen. Zum Kapitän sage ich: »Das ist Ihr Lotse. Bringen Sie Ihr Schiff rein.«

Er schaut mich an, als sei ich irre geworden. Seine Gesichtsfarbe aber hat sich merklich verbessert. Seine Augen sehen jetzt aus wie kleine Steine, und ich stelle fest, dass alles Ungemach dieser Nacht ihn nicht weicher, sondern härter gemacht hat. »Ich habe meine Meinung geändert. Sie sind mit Ihren Schlägern an Bord gekommen und tun so, als seien Sie eine Geisel, aber auf mich wirkt es so, als wären Sie beim Versuch, die Ladung zu stehlen, auf deren Seite. Und jetzt wollen Sie, dass ich dieses Schiff auf den Strand fahre. Das Einzige, was ich tun werde, ist vor Anker zu gehen. Und der einzige Ort, an dem ich vor Anker gehen werde, wird ein Hafen meiner Wahl sein, wo die Reparaturen ausgeführt werden können. Sie sind auf sich gestellt.«

Mit einer Stimme, die vermutlich leise ist und sicher panisch klingt, sage ich: »Das hier war nicht meine Idee.«

Er sagt: »Wie auch immer. Sie sollten sich besser darum kümmern.« Er dreht seinen Kopf weg, schaut aus dem Brückenfenster und verschränkt die Arme vor der Brust.

Ich schaue auf seinen Rücken. Eine Stimme in meinem Kopf sagt mir, dass wir nun ziemlich tief in der Scheiße stecken. Bislang hatte ich mich als Vermittler betrachtet, der die aufrechte Crew gegen eine räuberische Bande russischer Wahnsinniger verteidigt. Offensichtlich bin ich mit dieser Auffassung allein. Die Russen denken, dass ich auf der Seite der Crew bin, doch die Crew denkt, dass ich das Werk der Russen koordiniere. Eine äußerst prekäre Situation.

Violentin sagt: »Mann in Boot schreit.«

Ich gehe zum Brückenflügel. Weit unter mir bewegt sich direkt neben uns ein weißes Fischerboot durchs Wasser. Ein Mann lehnt sich rückwärts aus dem Steuerhaus. Ich erkenne das runde rote Gesicht von Clearance. »Folgen Sie mir«, schreit er und winkt mit einem Arm. Ich winke zurück. Während wir winken, bemerke ich den Unterschied zwischen unseren Armen. Meiner endet mit der Hand. Seiner mit etwas Dunkelgelbem und Glänzendem. Es ist in der Tat eine Flasche Whisky.

Der Kapitän sagt: »Euer Typ ist betrunken.«

»Wir leben in einem freien Land«, sage ich und denke, dass es wirklich Clearances Angelegenheit ist, was er auf seiner eigenen leeren Insel treibt. Dann schaue ich über die Bucht, die sich in der Verlängerung des Backbordbugs öffnet. Ihre leicht gewellte graue Wasseroberfläche trifft in einer kleinen Brandung auf den Strand, der so weiß und rein ist, wie ich ihn in Erinnerung habe. Ich sehe auch, dass sich die Wellen an einigen Stellen in der Bucht brechen, obwohl das dort eigentlich gar nicht sein kann. Als ob unter dieser grauen Wasseroberfläche eine ganze Menge Felsen lauern. Ich sinniere darüber nach, dass in einer idealen Welt wohl eher ein stocknüchterner Fahrer der Lotse der Wahl wäre.

Doch es ist zu spät, um sich darüber Sorgen zu machen, denn es gibt ein paar andere Themen, die weiter oben in der Alarmhierarchie stehen. Zum Beispiel Valentins Gewehr, dass sich mir in den Hals gräbt. »Schiff steuern«, sagt er zu mir.

Also steuere ich das Schiff.

Das Fischerboot dreht in die Bucht ab. Ich folge ihm, so gut ich kann. Die Fähre ist ein riesiges Biest aus Stahl, das sich nur sehr träge vorwärtsbewegt und kaum zu manövrieren ist. Über den Flaggenmast am Bug der Fähre ziehe ich vom Fischerboot zur

Ankerwinsch eine gedachte Linie und versuche alle drei Punkte mehr oder weniger in Peilung zu halten. Es wäre einfacher, wenn der gute Clearance nicht sichtlich übererregt wäre – ein Zustand, der ihn hierhin und dorthin ausbrechen lässt, als würde er U-Booten ausweichen. Ich sehe, wie das Fischerboot in sprudelnd weißes Wildwasser gerät, in dem plötzlich ein funkelnder schwarzer Felsen in Form eines Backenzahns auftaucht. Dann vereinen sich die Wasserwände wieder miteinander und lassen einen kleinen Baum aus Gischt in die Höhe schnellen. Das Boot legt eine volle 360-Grad-Drehung hin, bevor Clearance es wieder unter Kontrolle bekommt.

»Keine Chance«, sagt der Kapitän und kommt auf mich zu. Eine breite Schulter rammt sich in meinen Brustkorb, und ich taumle vom Ruder fort, das der Kapitän übernimmt.

»Kein Funk«, warnt Violentin.

»Oh doch!«, widerspricht der Kapitän. Was schön und gut ist, denn er hat schließlich keine Waffe am Ohr, deren Mündung sich auf halbem Weg zu seinem Trommelfell befindet.

»Violentin«, sage ich, »wir müssen mit dem Mann in dem Boot sprechen.«

»Dann sprich«, sagt er widerwillig und gibt mir das Handfunkgerät.

»Batterie fast alle.«

Ich schalte Kanal 16 ein. Das Funkgerät signalisiert schwache Akkus. Ich sage: »Winstanley, Kanal 6.« Wie durch ein Wunder scheint er uns zu empfangen.

»Guten Morgen«, sagt er.

»Sehr langsam«, sage ich, »und halten Sie Kurs. Wir haben es hier mit einem 2.000-Tonnen-Schiff zu tun. Wir müssen ankern.«

»Ha. Wo denn?«

»Wir brauchen 20 Meter Tiefe«, sagt der Kapitän. »Und eine geschützte Position.«

»Ja, natürlich«, sagt Clearance. »Folgen Sie mir.«

Der Kapitän folgt ihm. Das Fischerboot hält jetzt einen geraden Kurs, was hilfreich ist. Der Offizier und die Deckshand sind schon auf dem Vorschiff und bereiten den Anker vor. Alles scheint normal zu sein.

Wahrscheinlich gibt es irgend so ein altes chinesisches Sprichwort, das besagt, dass gerade Kurslinien nur dann sinnvoll sind, wenn sie in die richtige Richtung verlaufen. Wenn die für die Linie verantwortliche Person den Tag mit einem reichlichen Whiskyfrühstück eingeläutet hat, dann kann das mit der Richtung schon einmal schiefgehen.

Das Fischerboot überquert einen Abschnitt der Bucht, der blasser wirkt als der Rest. Die Fähre folgt ihm. Das Deck unter unseren Füßen stoppt, erzittert und hört dann auf zu vibrieren. Der Kapitän stößt einen Fluch aus. Ein Telefon klingelt. Er nimmt es ab und hört zu. Seine Gesichtsfarbe verwandelt sich von einem müden Grau-Rot in ein hässliches cremefarbenes Grün. Er sagt: »Ihr Freund hat uns gerade den Boden unter den Füßen weggerissen.«

»Was?«

»Es dringt Wasser in den Maschinenraum ein.« Seine dunkelblauen Schultern kommen über dem Steuer in Wallung. »Sie bekommen Ihren Willen. Wir fahren auf den Strand auf.«

»Oh«, sage ich. Oder etwas mit demselben Effekt.

Keine Antwort. Nur das Schaben von Violentins Waffe in meinem Ohr, während der weiße Flaggenmast auf der Bugspitze im Abgleich zu den Felsen hinter dem Strand hin und her schwingt, bis wir uns auf einem Kurs von 90 Grad zur Brandung einpendeln. Der Kartenplotter ist auf maximalen Zoom eingestellt. Zwischen uns und der Küste ist nichts – außer ein paar einsamen Steinen. Das Deck fühlt sich seltsam schwammig unter unseren Füßen an. Der Kapitän nimmt das Telefon und sagt: »Volle Kraft voraus, Jock.« Die Maschinen beginnen zu vibrieren. Das Schiff rollt heftig nach Steuerbord, und ich merke, wie ich mein gesamtes Gewicht auf den linken Fuß konzentriere, um die Krängung auszugleichen, während ich mir sehnlich wünsche, dass es sich wieder aufrichtet. Denn ich weiß, dass auf dem Lkw-Deck inzwischen reichlich Wasser eingedrungen ist. Das wiederum ist gleichbedeutend mit Tonnen an Last, die nach Steuerbord rauscht. Dieser Strand hier fällt schnell ab. Hier draußen ist es also so tief, dass beim Rollen des Schiffes viel Wasser in die offenen Enden der oberen Autodecks eindringt und die Fähre auf Grund ziehen kann. Und mit ihr werden wir alle in der verdammt kalten See der Hebriden ertrinken …

Das Deck beginnt sich wieder in die Horizontale zu bewegen. Der Strand kommt jetzt schnell näher. Was gerade unter uns passiert, ist auch klar: Die riesigen Wassermengen da unten strömen jetzt in Zeitlupe auf die andere Seite. Mein Gewicht lastet jetzt ausgeglichen auf beiden Füßen. Das Schiff steht wieder aufrecht. Dann verlagert sich mein Gewicht auf den rechten Fuß. Ich spüre, wie ein merkwürdig dumpfer Knall durchs Schiff dringt, als der Wellenkamm auf dem Lkw-Deck in die Backbordschotten schlägt. Die Fähre neigt sich weiter und weiter nach Backbord. Dieses Mal wird es keine Rückkehr in die Horizontale mehr geben. Wir sind chancenlos; wir werden über die Seite kentern. Die Geräuschkulisse schwillt an, weil jetzt alle durcheinanderschreien. Sogar Violentin, der kapiert hat, dass die Dinge in dieser seltsamen maritimen Welt offenbar nicht so laufen, wie sie sollten. Das Deck neigt sich bis auf 45 Grad. Ich sehe Tamara mit ausgebreiteten Armen und Beinen an mir vorbeifliegen, aber mir bleibt keine Zeit zu schauen, ob sie sich verletzt hat, denn ich klammere mich am Steuerstand fest und hoffe, dass Violentin nicht aufgrund von erhöhtem Stress den Abzug durchzieht. Die Neigung des Schiffes wird extremer. Dann entsteht plötzlich eine merkwürde Verzögerung. Violentin taumelt ins Brückenfenster und drückt tatsächlich ab. Vermutlich ist es ein Unfall. Die Luft füllt sich mit Rauch und Glas und fürchterlichem Krach, während er vorwärts und aus unserem Sichtfeld fällt. Dann kommt das Schiff zurück in die Horizontale und mit dem Bug in der Brandung zum Stillstand. Wir sind in der Bucht von Callasay aufgelaufen.

Auch das Fischerboot liegt mit dem Bug in der Brandung. Clearance winkt uns fröhlich zu, als hätte er etwas Schlaues vollbracht. Der Kapitän sagt ein sehr böses Wort.

»Nun«, sage ich, »wir leben noch.«

»Darüber werden Sie sich nicht mehr so freuen, wenn meine Eigner Sie finden«, sagt der Kapitän und stapft von der Brücke.

Draußen vor dem zerschmetterten Fenster regt sich etwas. Zuerst erscheinen zwei Hände, gefolgt von Violentins kahlem Eierkopf, der mit roten Spinnen aus Blut übersät ist. Ich bemerke, dass er seine Waffe nicht mehr bei sich trägt. »Führt mich zu dem Mann, der uns hierhergebracht hat«, sagt er.

»Ich glaube nicht, dass er Gangster mag.«

»Das ist meine Angelegenheit.«

Ich bin seit 24 Stunden auf den Beinen. Ich bin so müde, dass ich ihn kaum erkennen kann. Die Blut-Spinnen auf seinem Schädel scheinen mit ihren Beinen wie bedrohliche Semaphorsignale zu winken. Ich werde keine Diskussion mit ihm anfangen. Ich sage: »Ich gehe schlafen.« Dann marschiere ich in die Kapitänskajüte. Der Kapitän ist nicht da. Ich lege mich in seine Koje und mache mir Gedanken. Da sind wir nun also mit einer beträchtlichen Ladung gestohlenen Whiskys an einem Strand auf Grund gelaufen. Auf der einen Seite haben wir einige gemeingefährliche russische Wahnsinnige, auf der anderen Seite verständliche Rachegelüste einer Fährgesellschaft. Und der Schuldige – zu diesem Schluss werden die mörderischen Wahnsinnigen und die Fährleute in ihren getrennt voneinander angestellten und sich widersprechenden Überlegungen kommen – ist kein anderer als Gavin Chance. »Ach, du meine Güte«, denke ich auf distanzierte Weise. »Armer Typ.« Dann falle ich in einen ohnmachtsähnlichen Schlaf.

Es ist keines dieser angenehmen und leichten Komas. Ich kann das Schlingern körperlich fühlen, höre das Knarzen von Metall auf Metall und das Heulen der Hydraulik. Aber ich achte nicht darauf, denn ich habe einen wundervollen Traum, in dem ich weit,

weit weg bin. An einem ganz anderen Strand, einem mit Kokospalmen. Dort erhole ich mich neben Miranda, mit der ich einmal verheiratet war. Sie sieht braun gebrannt und reizend aus und lacht über etwas, das ich gerade gesagt habe und das offenbar sehr lustig war. Natürlich findet gerade ein Erdbeben statt, doch die Karriere von Gavin Chance ist ja ein beständiger Spiegel der Erkenntnis, dass es nach jedem Sonnenschein auch Regen gibt. Also stört mich das gewaltige Beben der Erde nicht weiter. Dann erhebt sich eine der kleinen Wellen auf dem Meer, löscht den Himmel aus und bricht über meinem Kopf zusammen. Ich huste und spucke und setze mich auf. Vor mir sitzt Tamara mit einer Kanne in ihrer Hand. Die Kanne ist voll mit Wasser, zumindest bis sie mir alles ins Gesicht kippt.

»Du schläfst wie Schwein«, sagt sie.

An dieser Stelle könnte ich ihr sagen, dass sie wie eine Katze kotzt. Wir könnten eine faszinierende Diskussion über Tiere führen. Doch statt der Kanne hält sie nun eine kleine schwarze Pistole in der Hand. Also lasse ich das aus. Die Uhr über dem Kapitänstisch zeigt 14 Uhr an. Ich richte mich auf und wische mir mit dem Kopfkissen des Kapitäns das Wasser aus dem Gesicht. »Was ist passiert?«, frage ich.

»Wasser weggegangen«, sagt Tamara und kümmert sich persönlich darum, mir einen Wasserspritzer aus dem Haar zu wischen, den ich übersehen habe.

»Ist euer Schiff auf dem Weg hierher?«

»Schiff hat Problem«, sagt Tamara. »Dumme Behörden Ärger machen, wenn kommt.«

»Und nun?«

»Nun wir müssen machen anderen Plan. Mister Vinstanley uns eingeladen zu Essen in seine Haus.«

Es scheint so, als hätte ich mit meiner Einschätzung zu Clearances Abneigung gegenüber Gangstern falsch gelegen. Bei genauerem Nachdenken überrascht mich das nicht wirklich. Sogar einer wie er muss sich manchmal nach Gesellschaft sehnen. Er und Violentin ähneln sich trotz ihrer sehr unterschiedlichen Art auf bemerkenswerte Weise. Ich empfinde den intensiven Wunsch, weit weg von hier zu sein. Ich bin vom Schlaf immer noch vernebelt, kann mir aber trotzdem vorstellen, an ein Telefon zu gelangen, die Polizei anzurufen, die Situation zu erklären und einige Dinge richtigzustellen. Also sage ich: »Das ist aber sehr freundlich. Du wirst allerdings auch erschöpft sein.«

»Nein«, sagt Tamara mit einem seltenen, wenn auch nur hektischen Anflug von Lächeln. »Violentin viel Kokain haben.«

»Ah«, sage ich, während meine Hoffnung schwindet.

»Komm«, sagt Tamara mit energischer Entschiedenheit, die ich jetzt absolut nachvollziehen kann. »Wir gehen an Land. Mister Vinstanley wird sich freuen, dich zu sehen.« Ihr Gesicht hat einen merkwürdigen Ausdruck, so, als wäre sie stolz darauf, dass ich so einflussreiche Freunde habe. »So etwa hat er gesagt.«

Ich komme auf die Füße und folge ihrem hübschen Hüftschwung, während sie mich forsch durch den Gang und – in einen Abstellraum mit Wischmopps und Eimern führt. Unser zweiter Versuch ist erfolgreicher, und wir erreichen das Autodeck. Es ist leer und lichtdurchflutet, weil die Bugtüren geöffnet sind. Die Ebbe lässt den vorderen Teil der Fähre hoch und trocken auf dem Sand sitzen. Jemand hat Stahlketten zum Strand rüber gelegt. In der Ferne sehe ich, wie ein Trecker einen Container auf einem großen Lkw-Anhänger in die Dünen zieht.

»Komm«, sagt Tamara und gestikuliert zerstreut mit der Waffe, die sie dann in eine großformatige rote Handtasche schiebt. Mit ihrem hochmütigen Modelgang führt sie mich den Strand entlang, derweil ich hinter ihr durch den Sand wate und dabei ein wenig keuche. Am nördlichen Ende führt ein kleiner Pfad durch einige felsige Steinhaufen und auf einen Damm über die Lagune, die Callasay von Callay trennt. Bei der aktuell herrschenden Ebbe ist der Damm trocken, und wir überqueren ihn. In den Spalten zwischen den flachen Granitplatten, aus denen er gebaut wurde, wuseln Krebse umher. Im tieferen Wasser der Lagune liegen ein paar Boote an Mooringtonnen. Auf einem Felsvorsprung thront mit Aussicht auf die Boote ein grauer Betonkasten mit gläsernen Wänden: das Haus von Clearance.

Wir gehen die von ramponierten Palmen und salzverbrannten Rhododendren gesäumte Auffahrt hoch. Ein kleiner Mann mit einem zerknautschten Gesicht harkt eine weiße Kiesfläche. Als er Tamara sieht, sagt er etwas Unfreundliches in einer Sprache, die ich nicht verstehe. Sie erwidert etwas in einem noch unfreundlicheren Ton. »Dummer Lette«, ätzt sie. Der Mann fährt mit dem Harken fort, legt aber hin und wieder eine Pause ein, um Blicke wie Pfeile in meine Richtung zu schleudern. Mir wird klar, dass er denkt, dass Tamara und ich Landsleute und russische Unterdrücker sind. In Gedanken fahnde ich nach irgendjemandem, an dessen Seite ich an diesem Punkt meines Lebens als Freund stehe. Glücklos, denn mir fällt niemand ein. Ich bin wirklich stark daran interessiert, an ein Telefon zu gelangen.

Wir treten durch die Tür in eine große helle Halle, deren Bemalung sicher von Rothko stammt. Ganz in der Nähe ist das Geklirre von Messern und Gabeln zu hören. Tamara folgt dem Geräusch, und ich folge ihr in einen Speisesaal mit Marmorwänden und einem Rauchglastisch, der für zwölf Personen gedeckt ist. Clearance, der mit seinem roten Gesicht strahlend am Kopf der Tafel sitzt, blickt auf und schaut mich an. In einer Hand hält er eine Gabel, auf der Fragmente eines Hummers spießen. »Gavin«, schreit er begeistert. »Setzen Sie sich, nehmen Sie sich einen Stuhl.« Ich gehe rüber und setze mich neben ihn. Das ist der Mann, mit dem ich dringend reden muss. »Nein, da drüben«, sagt er. »Wie war noch Ihr Name, Tamara, setzen Sie sich hierher zu mir.« Er hat die Manieren eines Cowboy-Bauern, dieser Clearance. Hemmungslos.

Ich ziehe am unteren Ende des Tisches einen Stuhl zurück und setze mich. Tamara setzt sich ebenfalls. Sie lächelt Clearance mit einer Million Watt an. Dann geschieht etwas mit ihrem Gesicht. Ihre Augen bilden vollkommene Kreise, bevor das Lächeln zurückkehrt. Dieses Mal ist es anders, berechnender. Ich nehme an, dass Clearance auf dem Weg zu ihren Oberschenkeln keine Zeit verschwendet hat. »Nun«, denke ich, »er lebt ein einsames Leben.« Aber ich frage mich, ob ihm klar ist, wessen Freundin sie ist?

»Trinkt!«, schreit Clearance und winkt mit einer Flasche Puligny Montrachet.

»Nein, danke«, sage ich, obwohl ich das nicht wirklich so meine. Dann nehme ich mir etwas von dem Hummer und dem Kartoffelsalat. Ich sterbe fast vor Hunger. Das Telefon kann warten.

Es kommt kaum ein Tischgespräch zustande; alle sind hungrig, und niemand will etwas anfangen, das in eine Diskussion ausarten könnte. Schließlich sage ich: »Also, Winstanley, was nun?«

»Bergungsteam«, sagt er. »Ich organisiere eins. Um das Schiff aus meiner Bucht zu bringen.«

»Und die Ladung?«

Menschen, die mal nach Grönland gesegelt sind, berichten darüber, dass dort ein ganz besonderes Blau zu finden ist, was die durch Eisberge scheinende Sonne verursacht. Es ist hell, am Ende aber eiskalt und zutiefst unsympathisch. Wie die Farbe der Augen von Clearance. »Was für eine Ladung?«, sagt er.

»Die *Ladung.*« Ich versuche mich intensiv in der Gedankenübertragung. *Lass mich das Telefon benutzen.* Es ist der richtige Moment, um an seinen Gemeinschaftssinn zu appellieren. Ich gehe zu ihm rüber, ziehe mir einen Stuhl ran und setze mich neben ihn. Ich sage: »Sie können sich hiermit eine Menge Freunde machen.«

»Sie meinen mit der Ladung?«, sagt Clearance mit einer Unbestimmtheit, die seinem Charakter normalerweise völlig fremd ist.

»Rufen Sie die Polizei an. Erzählen sie denen, was passiert ist. Denken Sie an die Schleimpunkte.« Ich bin mir der Augen bewusst, die mich kälter anstarren denn je. »Sie könnten ein bisschen positive PR gebrauchen.«

»Nun«, sagt er mit gedehnter Stimme. Und ich weiß, dass ich es vermasselt habe. »Danke für diesen kostenlosen Ratschlag. Das ist sehr freundlich von Ihnen. Wirklich sehr freundlich.« Er hebt eine Flasche neben seinem Glas hoch. Auf dem Etikett steht Tullichettle. »Das hier ist es, was an meinem Strand gelandet ist. Haben Sie eine Ahnung, was das wert ist? Nein. Es sind so um die 100 £ pro Flasche. Mehr oder weniger. In einem 20-Fuß-Container stecken 800 Kisten. 9.600 Flaschen mal 100 ergibt knapp 1.000.000 £. Keine ganz unerhebliche Summe. Nicht … ganz … unerheblich«, sagt er nachdenklich. Könnte ich seine Augen sehen, dann wäre das Blau nun vermutlich von Zahlen ersetzt worden.

Ich verspüre das schon traditionelle innerliche Frösteln und sage: »Sie wollen die Ladung behalten?«

Er lacht herzlich und gibt dabei den Blick auf den halb zerkauten Hummer in seinem Mund frei.

»Sie meinen wie in dem Film *Whisky Galore!*? Die charmant-rustikalen Inselbewohner werden ihn weghauen. Wobei einige abstinent, andere aber zu echten Pinkelkünstlern mutieren werden. Dabei wird ein Mann mit sozialem Gewissen versuchen darauf zu achten, dass alles legal zugeht. Doch er wird sich als Spielverderber entpuppen und am Ende der Verlierer sein, während alle anderen fortan ein glückliches Leben führen. Das sind Ihrer Ansicht nach Sie. Abgesehen davon, dass Sie denken, dass Sie gewinnen werden.« Seine Mundwinkel verziehen sich nach unten. »Na, klar.«

Ich sage: »Haben Sie eine Ahnung, mit wem Sie es hier zu tun haben? Das sind Russen, die echt hart drauf sind.«

»Ja«, sagte er. Seine Stimme ist kälter denn je. »Sie müssen einfach nur vorsichtig sein. Das ist alles. Und zur Antwort auf Ihre Frage: Nein, Sie können das verdammte Telefon nicht benutzen. Also verpissen Sie sich an Ihr Ende des Tisches und genießen Sie die leckere Nachspeise.«

Ich gehe zurück zu meinem Platz, esse aber meine leckere Nachspeise nicht, die in einer großen Schüssel aus etwas besteht, das

Honig, Whisky und Haferbrei enthält. Violentin vernichtet drei Portionen davon. Ich sehe, wie Tamara ihn dabei beobachtet und sein Tun nicht wirklich gutheißt, ihm aber auch keine große Bedeutung beimisst, weil sie lieber Clearance auf die Probe stellt, an den sie inzwischen sehr nah herangerückt ist. Neben mir sitzt Missis Yusupov mit ihrem zarten Gesicht und sagt: »Kasha nicht essen?«

»Nicht wirklich«, sage ich. Tatsächlich habe ich gegen Porridge nichts einzuwenden, aber der Whisky stinkt wie Petroleum und würde wahrscheinlich noch schlimmer schmecken. Außerdem will ich ihm keine Chance geben, mich wieder in seine Klauen zu bekommen.

»Was tun?«, sagt Missis Yusupov. Ich bemerke erneut, dass ihre klaren grauen Augen direkt durch meine hindurch bis in die hintersten Winkel meines Kopfes sehen können. Wo sie vielleicht sogar meine Gedanken lesen können.

»Tun?«, sage ich.

»Hören Sie«, sagt sie, während ihre Stimme fast in der neckischen Balgerei untergeht, die zwischen Tamara und Clearance ausgebrochen ist. »Dieser Mann Vinstanley will Whisky stehlen von er denkt mein Ehemann. Und er denken, dass er wird stehlen Geliebte von meine Ehemann. Ich denke, er eifersüchtig auf meine Ehemann. Er will, was er hat, nur weil es ihm gehört. Und Valentin, armer Mann, ist müde, hat viel getrunken. Aber ich glaube, Sie nicht trinken. Sie stark, nicht so müde. Und Sie arbeiten für meinen Mann. Ja?«

»Nein«, sage ich, obwohl die Idee, dass ich für irgendjemand anderen außer mir selbst arbeite, bei mir fast eine Art Anfall verursacht.

»Also«, sagt Missis Yusupov, während ihre großen grauen Augen mit meinen spielen, »hängt Finden von Lösung für unsere Probleme an Ihnen.«

»Wie das?«, frage ich.

»Sie sich was einfallen lassen müssen«, sagt sie ohne große Überzeugung. Dann wendet sie sich zu ihrer anderen Seite, um mit

Violentin zu sprechen. Mir fällt dazu erst einmal nichts ein, aber dennoch nicke ich intelligent. Über die Gesellschaft legt sich nun der Schleier der Schläfrigkeit, die nur von einem zarten Schnüffeln Tamaras unterbrochen wird, die ihre leichte Erkältung offenbar selbst behandelt. »Ermüdender Tag«, sagt Clearance. »Wenn sich jemand hinlegen möchte, dann seien Sie meine Gäste. Hahaha …« Ich bemerke, dass Tamara lacht und sich an ihn schmiegt. Ich folgere daraus, dass sie ihre Ruhestätte mit ihrem Gastgeber teilen wird. Missis Yusupov scannt das alles mit ihren tiefgrauen Augen. Violentins Kopf nickt über der Schüssel. Der andere bewaffnete Typ scheint Schwierigkeiten damit zu haben, seine Augen offen zu halten. Ich sehne mich danach, allein zu sein. Ich gähne und sage, dass mir ein Nickerchen guttun würde. »Vitautis«, schreit Clearance, »Zimmer!«

Vitautis ist ein Lette im dunklen Anzug. Er wirkt stubenreiner als sein Landmann, der draußen die Auffahrt geharkt hat. Er führt Violentin und mich durch einen Korridor, der von Türen gesäumt ist, lädt Violentin beim ersten und mich beim zweiten Zimmer ab. Während ich die Tür zu meinem Raum öffne, sehe ich, wie Missis Yusupov hinter Violentin in dessen Zimmer gleitet.

Ich sage: »Ich bin kein Russe.«

»Das freut mich für Sie«, sagt Vitautis.

»Ich meine, dass ich nicht Teil von diesem allen hier bin. Ich muss an ein Telefon rankommen.« Sein gelbliches Gesicht blickt mich ausdruckslos an. Mich beschleicht das Gefühl, dass meine Taktik nicht ganz perfekt ist. »Damit ich meine Leute anrufen und ihnen sagen kann, dass es mir gutgeht.«

»Das Telefon funktioniert nicht«, sagt Vitautis. »Aber wenn Sie möchten, kann ich Mister Vinstanley fragen, ob Sie sein Mobiltelefon benutzen können.«

Ich lächle ihn so freundlich wie nur irgend möglich an. »Ah«, sage ich, »nein, danke. Ist schon gut.«

»Ich verstehe«, sagt Vitautis, den ich unter anderen Umständen vermutlich mögen würde. »Ich hasse Russen, aber ich arbeite für

Mister Vinstanley. Wenn er sich zur Zusammenarbeit mit den Russen entscheidet, dann ist das seine Wahl.«

Durch den Korridor hallt ein lang anhaltender glücklicher Schrei. Die Stimme von Tamara. Mister Winstanley arbeitet definitiv mit mindestens einer Russin zusammen. Ich empfinde einen seltsamen Schmerz und erinnere mich an sie auf dem Schiff, an ihre dankbaren Augen über dem Rand des Eimers. Was? Eifersucht? Unmöglich.

»Gute Nacht«, sagt Vitautis und schließt die Tür.

Ich setze mich aufs Bett und höre durch die Wand, wie Missis Yusupov mit eindringlicher Stimme zu Violentin spricht. Violentins Antworten klingen wie Schnarcher. Demnach werden ihre Bemühungen wohl kaum auf fruchtbaren Boden fallen. Ich atme tief ein und schaue mich im Raum um. Das Fenster bildet die komplette Wand. Der Blick geht in den Garten hinaus und weiter bis zur Böschung, auf deren anderer Seite Schafe auf einer Weide grasen, die sich bis zum felsigen Strand der Lagune erstreckt. Das Wrack der Fähre ist von einer Landzunge verdeckt. Doch während ich die Szenerie betrachte, taucht die Schaufel eines Baggers in den Dünen auf. Es hat den Anschein, als würde jemand einen Schatz vergraben.

Früher einmal hätte ich jetzt einen ordentlichen Schluck Whisky genommen und unter dessen Einfluss die falsche Entscheidung getroffen. Doch jetzt gibt es keinen Whisky mehr. Stattdessen hole ich ein paar Mal tief Luft und hoffe darauf, dass – zu welcher Entscheidung ich in meinem nüchternen Zustand auch immer kommen würde – sie die richtige sein wird. Solange ich die Behörden nicht benachrichtigen kann, ist es um meine Zukunft düster bestellt. Auf Callasay bestimmt Clearance die Spielregeln. Wenn er einen Deal mit den Russen gemacht hat, was entsprechend seinem Charakter und mit Blick auf die gute Gelegenheit wahrscheinlich ist, bin ich auf mich gestellt.

In diesem Moment erregt eine Bewegung im Garten meine Aufmerksamkeit. Ein Mann kommt auf das Haus zu. Er trägt dunkelblaue Kleidung und bewegt sich im Zickzack von Rhododendron zu Rhododendron. Hin und wieder wirft er einen Blick über die Schulter. Ich habe den starken Eindruck, dass er nicht gesehen werden will. Während er näher kommt, erkenne ich, dass es einer der Offiziere von der Fähre ist.

Ich gehe zum Rand des Fensters und drücke. Das Glas gleitet zur Seite. Ich bin also ein Gast und kein Gefangener. Ich schlendere in den Garten und rieche am Rhododendron, doch der verströmt in typischer Rhododendronart keinen Duft. Ich bewege mich im Zickzackkurs auf ihn zu.

»Ah«, sage ich schließlich. »Hallo. Wie steht's?«

Er sieht blass aus und könnte eine Rasur gebrauchen. Doch Rasieren liegt auf Callasay gerade nicht im Trend. Er sagt: »Sie sind das.«

Ich bestätige, dass ich es bin.

»Sie haben mich geschickt, um mit Ihnen zu sprechen«, sagt er und blickt sich dabei verstohlen um. »Sie schicken uns von der Insel weg. Da gibt es dieses Fischerboot im Hafen. Ich nehme an, dass wir da an Bord gehen.«

»Wohin?«

»Das haben sie nicht gesagt. Was sie aber gesagt haben, ist, dass sie Sie hierbehalten werden und Ihnen etwas antun werden, wenn wir auch nur einen Pieps über Whisky oder Ähnliches sagen.«

Mir kommt meine Jovialität abhanden. »Was antun?«

»Sie haben Waffen«, sagt der Offizier. »Aber das geht schon klar. Wir werden Stillschweigen bewahren.«

»Schon klar«, denke ich mir. »Genau so lange, bis einer darauf hinweisen wird, dass Offiziere, die nicht aus der Schule plaudern, auch keine Rente mehr bekommen.« Und wer könnte ihnen daraus schon einen Vorwurf machen? »Aha«, sage ich, »wann verlassen Sie uns?«

»Wann, weiß ich nicht genau«, sagt er. »Es zieht ein Unwetter aus Westen auf.« Die für diese Jahreszeit ungewöhnlich intensive Sonne, die noch am Morgen den Strand mit Licht geflutet hat, ist inzwischen hinter einem hohen Zirrusdach verschwunden, über dem ein Wolkenwall in den Schattierungen eines Blutergusses dafür sorgt, dass das Meer die Farbe von Blei angenommen hat. Er sagt: »Wir haben keine Chance, irgendeinen Kontakt herzustellen. Sie haben alle Funkgeräte zerstört und auch alle Handfunkgeräte und Mobiltelefone über Bord geworfen. Ein neues verdammtes iPhone«, sagt er, während sich echte Verärgerung in seiner Stimme breit macht. »Was glauben die, wer sie sind?«

»Leute, denen man sehr vorsichtig begegnen sollte«, sage ich für den Fall, dass er die letzten 24 Stunden verschlafen hat.

Er nickt ernsthaft. »Dann sind Sie also eine Geisel.« Er streckt mir seine Hand entgegen und sagt: »Na, dann mal viel Glück.«

Ich schaue eine ganze Weile auf die Hand, bis mir klar wird, dass ich sie schütteln soll. Also tue ich das. Dann gehe ich zurück in mein Zimmer, setze mich für eine Weile aufs Bett und betrachte die Wasserfarbe an der Wand, die entweder von einem jungen britischen Künstler oder irgendjemandes dementer Großtante bemalt worden ist. Ich tippe auf die Großtante. Ich weiß, wie sie sich gefühlt hat.

Es gibt auf der Insel keine Telefone. Und es ist kaum zu erwarten, dass die Crew der Fähre dichthält. Ich bin im Angesicht des Gesetzes des Landes und des Gesetzes des Dschungels verarscht worden. Nun sieht es danach aus, als würde ich vor dem Gesetz des Landes reingewaschen, aber den Krokodilen des Dschungels zum Fraß vorgeworfen werden. Was ich jetzt dringend brauche, ist Hilfe.

Ich habe die Seekarte der Hebriden vor meinem geistigen Auge. Die Insel nördlich von Callay heißt Bora. Sie wird von freundlichen Menschen mit katholischem Glauben, aber ohne jedes Interesse an Aufklärung bewohnt, die eifrige Konsumenten feiner schottischer Spirituosen sind und darüber hinaus über Telefone sowie eine effiziente Polizei und Küstenwache verfügen. Die beiden Inseln sind durch sechs oder sieben Seemeilen See voneinander getrennt.

Meine Augen scannen die Boote an den Mooringbojen in der Lagune unterhalb des Gartens. Die Flut kommt jetzt schnell. Der Damm wird gegen 18 Uhr überspült sein. Gegen 19 Uhr wird man ihn mit einem Boot mit geringem Tiefgang passieren können. Zu dem Zeitpunkt wird es bereits dunkel sein.

Jenseits der Lagune hat sich die blau-violette Wolke vom Horizont näher herangeschoben und beginnt den Himmel emporzusteigen.

6

Ich verbringe eine Weile damit, die verschiedenen Optionen zu durchdenken – immer in der Hoffnung darauf, dass sie sich bei genauerer Überprüfung verändern. Doch sie bleiben wie in Stein gemeißelt. Während ich überlege, jagen sich kleine Wirbelwinde gegenseitig über die Lagune. Kleine Wellen mit weißen Kappen schlagen gegen die Kante der dunklen Linie, die durch das Wasser verläuft: Die Flut drückt auf den Damm, der schon bald bedeckt sein wird.

Sechs oder sieben Seemeilen. Maximal zehn. Zwei Stunden?

Mein Mund fühlt sich zunehmend trocken an.

Ich mache das Licht aus. Auch draußen hinter dem großen Flachglasfenster verblasst das Licht jetzt schnell. Ich trage ein Pyjamahemd, eine Jeans, ein Sweatshirt und hochwertige Henri-Lloyd-Stiefel, die wasserdicht sind wie ein Haus. Und das sollten sie auch sein, denn sie haben beinahe ebenso viel gekostet. Auch sie sind dunkelblau, was ein glücklicher Umstand ist. Dann nehme ich die Wolldecke vom Bett. Sie ist aus Kaschmir oder Ähnlichem, leicht und warm. Für die Gäste des Igels Winstanley kann es offenbar nicht kuschelig genug sein. Ich binde die Decke zu einer Art Schultertuch und kämpfe mich in die Jacke. Die Rhododendren sehen vor dem grauen Himmel aus wie eine Reihe niedriger schwarzer Buckel. Der Sonnenuntergang ist in dieser Nacht ausgefallen. Ich hole tief Luft, schiebe die Tür zur Seite und gehe in den Garten.

Der Wind ist frisch, aber nicht kalt. Eine Bö biegt einen Rhododendron auf die Seite und zischt in seinen Blättern. Ich rede mir gut zu: wird schon klappen! Ich werde mich in Lee der Insel befinden. Und es sind ja auch nur fünf Meilen offenes Gewässer zwischen Callay und Bora. Machbar.

Ich schaue mich um. Für den Fall von Fragen bin ich bereit, so zu tun, als hätte ich mich wie Quasimodo gekleidet, damit ich draußen noch ein wenig vom Duft der Rhododendren genießen kann. Der Horizont ruht dunkel und still. Mit Ausnahme des Raschelns der Zweige im Wind. Ich gehe dicht an den Büschen entlang, ziehe den Kopf bis unter den Horizont ein und marschiere in Richtung Lagune.

Hier kommt schon die Böschung am Ende des Gartens. Ich schätze die Höhe falsch ein und schlage mit der Schulter auf dem Boden auf, bleibe für etwa eine Minute so liegen und lausche. Ein Brachvogel kreischt. Als ich den Kopf wieder hochnehme und zum Haus zurückschaue, sieht es aus wie eine viereckige schwarze Masse mit ein paar hinter zugezogenen Vorhängen erleuchteten Fenstern. Drüben in Richtung Strand sind einige Flutlichter eingeschaltet und ist das Brummen von Maschinenlärm zu hören. Das müssen die »Bestatter« sein, die an den Containern arbeiten. Ich komme auf alle viere hoch, lande mit meiner Hand in Schafskot, wische sie im Gras ab und stolpere in der Hoffnung, dass ich dort eine kleine Jolle finden werde, über die Weide zum Küstenvorland.

Doch hier ist kein Dingi. Mir wird schwer ums Herz, aber nicht allzu sehr, denn kein Dingi bedeutet auch, dass ich aus dieser schrecklichen Kälte heraus und in mein hübsches warmes Zimmer zurückkehren kann, wo ich zur Abwechslung etwas Schlaf bekommen und diese ganzen Unannehmlichkeiten hinter mir lassen könnte – zumindest, bis ich wieder aufwache …

Irgendetwas erwischt mich am Fuß und lässt mich stürzen. Ich falle platt aufs Gesicht. Dieses Mal sind es Steine, kein Rasen. Ich schlage derart hart mit dem Kopf auf, dass ich nur noch rot und ein paar weiße Funken sehe. Als der Schmerz nachlässt, bemerke ich, worüber ich gestolpert bin: eine doppelte Leine, die in Richtung Wasser führt. Am Strand befindet sich ein Umlenkblock, an dem die Leine festgeknotet ist. Es ist eine umlaufende Mooringleine, mit der man ein Boot ans Ufer ziehen kann. Und da draußen, nur etwa zehn Meter entfernt, schaukelt sanft ein Boot auf dem Wasser.

Ich krieche zum Block und löse den Knoten. Dann lehne ich mich gegen einen Ginsterbusch und beginne an einer der Leinen zu ziehen. Der dunkle Schatten rührt sich und gleitet in meine Richtung. Ich ziehe so lange weiter, bis die Bugspitze des Bootes mit leichtem Knirschen auf dem Strand aufsetzt. Es ist eine Jolle ohne Mast, ohne Motor und ohne Segel. In Zeitlupe schiebe ich mich über die Bordwand, falle auf die Bodenbretter und taste umher. Riemen. Einen davon nutze ich, um uns vom Strand abzustoßen. Ich spüre, wie das Boot frei schwimmt, lasse beide Riemen in die Dollen über dem Querbalken gleiten und beginne sehr leise zu rudern, wobei ich darauf achte, meinen Kopf nicht über das Dollbord hinaus zu heben. Am Strand ist niemand zu sehen. Draußen erkenne ich ein größeres Boot, lang und mit niedrigem Freibord. Es hat vorn einen recht hohen Mast und hinten einen kurzen. Sein Bug zeigt nach Westen und in den Wind. »Ziemlich viel Wind«, denke ich bei mir, als eine Bö das Dingi vom Kurs abbringt und ich wütend gegenanrudern muss, um es wieder auf Kurs zu bringen.

Ich höre, wie die Mooringboje des großen Bootes von unten gegen den Rumpf des Dingis schlägt. Ich höre auf zu rudern und lasse mich seitlich an der Bordwand vorbeitreiben. Eine Drascombe, sagt der Yachtmakler in mir. Ein Familienboot, das sich gut zum Fischen oder für sonnige Familienpicknicks in den Sommerferien eignet.

Ich greife nach der Anlegeleine des Dingis, gehe nah an die Bordwand der Yacht und mache die Leine an einer der Relingstützen fest. Dann nehme ich mir einen Moment zum Durchatmen. Der Wind bläst heftig und kalt. Ich kann sehen, wie sich an Land die

Bäume biegen. Die Lichter im Haus von Clearance scheinen warm und gelb durch die Vorhänge. Im Garten gibt es keinerlei Anzeichen für Bewegung. Ich wäre jetzt sehr gern in einem schönen warmen Zimmer. Doch die Nacht im schönen warmen Zimmer würde bedeuten, dass ich eine sehr viel längere Zeit in einer hässlichen kalten Zelle verbringen müsste.

Es wird Zeit, mich zu organisieren.

Ich taste mich schnell durchs Boot. Vorn gibt es ein Vorsegel nebst Rollreffanlage. Dann etwas, das sich wie ein Großsegel mit Gaffel anfühlt, ein Besanmast, wie gut er auch sein mag. Los, los, los. Eine Bö pfeift übers Wasser und jammert in den Wanten. Es ist vielleicht nicht so wahnsinnig schlau, bei zunehmendem Wind in der Dunkelheit einen Fünf-Seemeilen-Törn anzugehen. Ich sage mir erneut, dass ich ja in Lee der Insel unterwegs sein werde, zumindest bis wir das offene Revier zwischen den beiden Inseln erreichen. Und das werden wir meistern. Ein ausgezeichnetes seetaugliches Boot, diese Drascombe, sagt der Yachtmakler in mir. Ich glaube kein Wort davon, bin aber inzwischen schon beim Bug, binde den Festmacher der Jolle an die Mooringboje, nehme das Auge von der anderen Leine von der Klampe und werfe alles ins Wasser.

Plötzlich ist die Welt ganz still. Jenseits eines Streifens des vom Wind in Wallung versetzten Wassers gleitet die dunkle Küste an uns vorbei. »Und weg sind sie«, denke ich bei mir und taste auf dem Boden des Bootes nach einem Riemen. Voraus erwartet uns flaches Gewässer in Form des Damms. Den müssen wir erst überqueren, bevor ich das Ruder runterlassen kann. Also stecke ich den Riemen seitlich ins Wasser und beobachte die kleinen Wellen, die er verursacht. Die Flut über dem Damm gewährt uns vielleicht 30 Zentimeter Tiefgang. Doch das Boot braucht auch nur etwa 30 Zentimeter, wenn überhaupt. Ich drücke trotzdem die Daumen. Da ist so einiges, für dass es sich lohnt, die Daumen zu drücken. Irgendwo im Garten marschieren lettische Schlägertypen umher. Und russische Schlägertypen, ein ganzer Warschauer Pakt von

Schlägern. Alles, was sie zu tun hätten, wäre aufzublicken und einen dunklen Schatten einen etwas blasseren Schatten überqueren zu sehen …

Plötzlich knirscht es. Das Boot taumelt und stoppt. Ich gebe uns mit dem Riemen einen Schubs, doch das hilft nicht. Wir sitzen auf dem Damm fest. Und es will sich nicht bewegen. Ich springe über die Seite. Das Wasser ist eiskalt. Ich stemme mich gegen das Boot. Immer noch nichts. Ich denke, dass der Kiel aufsitzt und das Unterwasserschiff weiter aus dem Wasser herausragt als üblich. Also stelle ich mich auf die Deckskante, damit sich das Boot zur Seite neigt. Prompt ist ein langes quälendes Schleifgeräusch zu hören, und wir kommen frei. Weiter geht's. Wir drehen uns in einem Tidenwirbel, und ich schaue wieder in Richtung Küste, ob dort vielleicht Scheinwerfer oder Mündungsfeuer oder sonst etwas Bewegliches zu sehen ist. Doch alles, was ich erkennen kann, ist der warme orangefarbene Schein der Fenster und die Umrisse der Bäume, die sich wie Regenschirme im Sturm nach oben biegen. Der Wind nimmt weiter zu.

Dann trägt uns die Tide um eine Landzunge herum, und wir sind weg.

Üblicherweise würde ich mir zu diesem Zeitpunkt einen Überblick über unsere Situation verschaffen, die verschiedenen Handlungsoptionen analysieren, zur Ruhe kommen und vielleicht sogar eine Pfeife rauchen und die verschiedenen Möglichkeiten in Betracht ziehen. Aber ich mache nichts davon. Ich bin bis zu den Hüften klitschnass, der Wind heult, und die Flut trägt mich hinaus in die Meerenge des Minch. Es ist an der Zeit, ein paar Segel zu setzen. Also stecke ich das Ruder in seinen Schaft und fiere die Leine des Schwertes, um es runterzulassen. Ich setze das Besansegel, ziehe das Großsegel mit ein paar eingebundenen Reffs hoch und nehme die Fockschot. Und wir segeln, wenn auch ein wenig zu intensiv. Aus der schwarzen Landmasse kommt eine Bö angefegt, und das Boot legt sich auf die Seite. Ich sehe, wie ein Schwall schwarzes

Wasser über die Deckskante schwappt, bevor ich das Großsegel auffieren kann, damit sich das Boot wieder aufrichtet.

Ich berge das Großsegel und lasche es fest. Das Boot bewegt sich auf und ab wie eine Gondel auf dem Jahrmarkt. Flüchtig denke ich, dass, wenn es schon in Lee von Callay so zur Sache geht, mir da draußen ohne den Schutz der Insel alles andere als ein Amüsement bevorsteht. Ich ziehe behutsam an der Leine für die Rollreffanlage und verkleinere auf diese Weise das Vorsegel, um die Balance zwischen ihm und dem Besansegel herzustellen. Ich spüre, dass wir schneller werden. Ich höre das Gurgeln der Heckwelle und empfinde für einem Moment das begeisternde Gefühl, auf der hohen Kante eines Bootes zu sitzen, das sich hart und zielstrebig von bösen Menschen weg und zu guten Menschen hin bewegt, die die Welt wieder in Ordnung bringen werden. Das ist ein ausgezeichnetes Gefühl. Und ein ungewohntes.

Es hält nicht lange an.

Ich kann das Land hinter mir immer noch spüren. Es sollte etwa eine Kabellänge entfernt liegen, also nur ein paar Hundert Meter. Doch wenn ich über die Schulter zurückblicke, dann wirkt es weiter weg. »Flach sind sie, diese südlichen Hebriden«, denke ich. Eine optische Illusion. Eine neue, noch stärkere Bö fällt ein. Das Boot beschleunigt, und ich luve etwas an, um dem Land wieder ein bisschen näher zu kommen. Irgendjemand hat auf das hintere Ende des Schwertkastens einen Kompass geschraubt. Nun, da sich meine Augen schon eine Weile an die Dunkelheit gewöhnt haben, kann ich erkennen, dass die Zahlen schwach leuchten. Wir segeln auf nördlichem Kurs, obwohl natürlich nur Gott weiß, was ein riesiges Stahlschwert mit einem Kompass so anstellt. Weit vor uns in der Dunkelheit sehe ich ein rotes Licht leuchten. Ein gutes Zeichen. Ich meine, mich zu erinnern, dass der Kanal zwischen Bora und Callay mit Leuchttonnen markiert ist. Das hier dürfte dann die östlichste Backbordtonne sein. Sie blinkt uns von Steuerbord aus am Vorstag vorbei an. Bin ich erst im Kanal, dann bin ich in Sicherheit und habe die Aussicht auf trockene Klamotten. Was ein angenehmer Gedanke ist, weil ich nass bin und der Wind diese Nässe in ein übermäßiges Kältegefühl verwandelt. Ich erlaube es meinen Gedanken, für einen Moment bei einer heißen Dusche zu verweilen, einer Tasse Tee und vielleicht auch Eiern mit Speck, weil das Mittagessen, bei dem ich ohnehin zu nervös war, um viel zu essen, schon lange her ist. Ich muss inzwischen so etwa eine halbe Stunde unterwegs sein ... eine halbe Stunde mit circa 6 Knoten und mitlaufender Tide. Seeluft macht hungrig.

Die Tonne blinkt erneut. Schon sehr bald werde ich im Kanal sein ...

Die Tonne liegt offenbar an der falschen Position. Jetzt eineinhalb Meter links vom Vorstag. Vielleicht ist es schon die nächste westliche Tonne. Ich gehe in die Hocke und versuche, das nächste Blitzen unter dem Unterliek des Vorsegels hindurch zu erkennen. In der Dunkelheit und dem Rauschen des Heckwassers zähle ich bis zehn. Dann wieder das rote Blitzen. Jetzt reichlich an Backbord.

Ich schaue auf den Kompass. Der zeigt immer noch Kurs Nord an. In meiner Magengegend entwickelt sich ein flaues Gefühl. Wenn der Bug des Bootes nach Norden zeigt und die Tonnen sich nach Westen bewegen, gibt es nur eine mögliche Schlussfolgerung: Das Boot bewegt sich seitwärts.

Wie alle Welt weiß, nennt sich das Phänomen Abdrift. Es ist eine unvermeidliche Begleiterscheinung, wenn man ein Boot am Wind segelt. Deswegen haben Boote Schwerter wie große Klingen aus Metall, die aus dem Rumpf ins Wasser ragen und gegen die seitliche Abdrift wirken, sie mit ein bisschen Glück sogar in Vorwärtsbewegung umwandeln. Hier jedoch fühlt es sich beinahe so an, als hätte dieses Boot gar kein Schwert.

Ich verlasse das Steuer und gehe zum Schwertkasten in der Mitte des Bootes, um das zu überprüfen. Das Boot hat ein Schwert. Doch das Schwert ist hochgezogen und im Schwertkasten versteckt. »Du Idiot«, denke ich. Es muss nach oben gedrückt worden sein, als wir über den Damm gesegelt sind, und sich dann verklemmt haben, als ich es wieder runterlassen wollte.

Schwerter werden mit einer Talje hochgezogen. Ich rucke ein paar Mal an der Leine, um es zu lösen. Das Boot erhebt sich auf einen Wellenkamn und fällt dann ins Tal. Nichts passiert. Ich finde den Hals des Schwertes, dessen oberes Ende aus dem Schwertkasten herausschaut. Ich ziehe daran, um das riesige Blatt endlich ins Wasser zu bekommen. In meinem Rücken höre ich etwas knacken. Das Schwert hat sich nicht bewegt.

Das Vorsegel flattert und knattert jetzt. Das Boot bewegt sich auf und ab wie eine nickende altmodische Tiefpumpe auf einem Ölfeld. Ich bekomme einen der Riemen unter den Schwerthals und versuche ihn hochzuhebeln. Dabei bricht der Riemen. Frustriert kehre ich gehe zurück an die Pinne und versuche nachzudenken. Was ziemlich schwierig ist, denn inzwischen sind wir aus der Landabdeckung raus. Der Wind fällt vom Meer über uns her. Ich kann das Aufblinken der Tonne jetzt viele Meilen voraus in Luv sehen. Und ich weiß, dass selbst, wenn es mir gelingt, das Schwert wieder runterzubekommen, zu viel Wind dafür herrscht, das Großsegel zu setzen. Doch ohne das Schwert und das Großsegel habe ich keine Chance, zum Hafen von Bora zu kreuzen. Ich kann nur noch vor dem Wind segeln. 50 Meilen vor dem Wind …

Ich befinde mich in einem offenen Boot auf der westlichen Seite des Minch im Nordwesten Schottlands. Mir ist kalt, ich habe Hunger und ich bin nass. Würde Francis Drake jetzt in diesem Boot sitzen, dann würde er sicher fluchen. Für Gavin Chance aber bedeutet das Fluchen nur Zeitverschwendung. Ich versuche also nicht darüber nachzudenken, was in den kommenden zwölf Stunden oder so passieren könnte. Ich drehe auf Vorwindkurs und steuere in die Richtung, in der sich das Festland befinden müsste.

Der Wind kommt jetzt direkt von achtern. Eine Welle hebt uns an. Das Boot bricht aus. Der Wind drückt das Vorsegel mit einem Knall auf die andere Seite, den ich bis in meine Eingeweide spüre, und attackiert dann das Besansegel. Plötzlich liegen wir auf der Seite – ein Sonnenschuss. Wieder dringt über die Leeseite Wasser ins Boot. Ich richte es wieder auf, stelle mich mit der Pinne zwischen den Knien so gut wie möglich hin und versuche das Besansegel einzurollen. Doch es ist zu dunkel. Ich finde keine herumliegenden Tampenstücke, und meine Versuche, es mit der Schot festzulaschen, sind einfach nur hoffnungslos. Also nehme ich den Besanmast aus seiner Halterung und wickle das Segel mehrfach um ihn herum. Gerade, als ich alles hübsch aufgerollt habe und den Mast wieder in seine Halterung stecken will, sehe ich hinter dem Boot etwas Weißes. Für einen Moment frage ich mich, was das sein kann. Dann erkenne ich, dass es der brechende Kamm einer Welle ist. Der große nasse Bulldozer kommt aus der dunklen Nacht angefahren, wälzt sich in meine linke Schulter und – katapultiert mich über Bord.

Das mag vielleicht ziemlich gewöhnlich klingen, ist es aber nicht. Die See ist so kalt, dass mir der Atem stockt. Fast kommt es mir vor, dass mein Herz gleich aufhört zu schlagen. Doch es pumpt weiter und lässt mir damit Zeit, darüber nachzudenken, dass ich mich etwa fünfeinhalb Seemeilen in Lee einer Insel befinde – einer Insel voll mit Leuten, die mir nur das Schlimmste wünschen. Vermutlich kommt ihnen das hier absolut gelegen, denn mir steht der sichere Tod durch Ertrinken bevor. Doch plötzlich kugelt mir etwas beinahe die Arme aus. Ich bemerke, dass ich immer noch den Besanmast der Drascombe in meinen Händen halte. Der zu meiner großen Freude über das Besansegel mit dem Boot verbunden ist. Allerdings (wie ich feststelle, während ich einen Mundvoll eisiges Salzwasser ausspucke) besteht die Besanschot nur aus ein bisschen Sechs-Millimeter-Polyester und ist an ihrem Ende lediglich mit einen Achtknoten am Boot festgemacht, damit sie nicht durch den Fußblock rauscht.

Eine Welle hebt mich hoch und lässt mich wieder wegsacken. Ich beginne damit, mich Hand über Hand an das Boot heranzuziehen.

Um mich herum herrscht totale Finsternis. Meine Augen brennen, und meine Kehle ist voller Salz. Okay, so komme ich erst gar nicht groß dazu, mein Schicksal laut zu beklagen. Ohnehin brauche ich allen Atem, den ich kriegen kann, um am Leben zu bleiben.

Die Leine ist zu dünn, um sie einfach nur festzuhalten. Also muss ich eine Hand an ihr entlangführen, sie um meine Handfläche wickeln und dem Druck standhalten, während ich die andere wieder vorwärtsschiebe. Dabei benimmt sich das Boot die ganze Zeit wie ein Thunfisch am Haken. Es rast vorwärts in die Wellentäler, während der Wind ins Vorsegel drückt, wird dann langsamer (was eine gute Gelegenheit für mich ist, etwas Lose dichtzuholen) und beschleunigt mit dem nächsten Windeinfall aufs Neue. Langsam mache ich tatsächlich Fortschritte. Nach gefühlt mehreren Stunden, die in Wirklichkeit vermutlich nur drei Minuten sind, erscheint das Heck über meinem Kopf. Das weiß ich, weil unter uns eine Welle durchgeht, das Boot danach auf mein linkes Ohr knallt und mich Sterne sehen lässt. Ich wimmere, lasse die Schot aber nicht los. Die Sterne verblassen. Ich muntere mich auf – immerhin ist der direkte Kontakt zum Boot wiederhergestellt. Ich greife zuerst mit meiner freien Hand an die Deckskante, dann auch mit der anderen und ziehe mich hoch.

Keine Chance. Meine Arme könnten genauso gut aus Pappmaché bestehen. Ich ziehe meine Beine hoch, spucke gefühlt eine ganze Welle aus, die mich ertränken wollte, und hake einen Fuß übers Heck. Das Boot scheint durchs Wasser zu jagen, das mich gleichzeitig zurückzieht. Ich versuche mich über die Seite ins Boot zu rollen. Auch das funktioniert nicht. Also hänge ich halb an Deck, friere und werde von einem Boot durch die See gezerrt, das offensichtlich gut segelt. Zu verdammt gut. Ich stöhne über die aussichtlose Lage, in der ich mich befinde. Was nun?

Die Gedanken schwappen in meinem Hirn wie kalter Sirup. Eine Chance habe ich noch. Das Vorsegel zieht, seine Schot ist dichtgeholt. Der Widerstand des Besansegels im Wasser wirkt wie ein

Treibanker. Und hält das Boot auf seinem Vorwindkurs. Wenn ich die Vorsegelschot losmache, wird das Boot möglicherweise langsamer werden.

Ich bekomme eine Hand über die Deckskante und greife nach der Schot. Meine Finger sind so gut wie taub, doch sie berühren etwas, das sich wie eine steinharte Leine anfühlt. Es ist die Vorsegelschot. Ich folge ihrem Verlauf und finde die Klemme. Tastend bekomme ich eine Handvoll loses Ende zu fassen und schlage es so hart nach oben, wie ich kann. Es schneidet mir in die Finger und rutscht mir fast aus der Hand, aber ich kann das Vorsegel jetzt umherschlagen hören. Es ist nicht mehr dichtgeholt und daher auch ohne Druck. Die Bewegungen des Bootes durchs Wasser werden langsamer.

»Ein letzter Versuch«, denke ich. Eins, zwei und ziehen. Ich versuche mich mit einem gewaltigen Zug hochzuhebeln.

Genauso gut hätte ich versuchen können, den Eiffelturm anzuheben.

Ich hänge also weiter im Wasser und überlege, was ich nun tun kann. Ich frage mich, ob ich einfach loslassen und es hinter mich bringen soll, als ich hinter mir ein lautes Rauschen höre. Ich schaue mich um und sehe eine weißliche Wand aus Wasser auf dem Vormarsch. Ich denke noch, wie groß sie ist. Und dass sie bricht. Das wird es dann gewesen sein. Wieder versuche ich mich hochzuziehen, um ihr aus dem Weg zu gehen. Vergeblich. Dann hebt mich die Welle hoch, spült mich über die Deckskante und spuckt mich mit dem Kopf voran und einem heftigen Knall auf die Bodenbretter des Bootes.

Dort liege ich für einen Moment, heule vor Schmerzen und hoffe, dass der dritte Schlag auf meinen Kopf binnen zwei Stunden nicht tödlich enden wird. Dann komme ich auf alle viere und nehme die Vorsegelschot wieder dicht. Das Vorsegel strafft sich, und das Boot segelt weiter mit Kurs aufs Festland, das jetzt nur noch 45 Seemeilen entfernt ist.

Ich finde einen Eimer und fange an, Wasser aus dem Boot zu schöpfen. Die Arbeit wärmt mich. Ich erwische mich dabei, wie ich leise vor mich hinsumme, bis ich bemerke, dass es die Melodie des *Trauermarsches* ist, und aufhöre. Zuerst war das Wasser durch den Schlitz vom Schwertkasten ins Boot eingedrungen. Ich finde ein paar alte Lappen in einem der Schapps, stopfe sie in den Schlitz und fahre mit dem Pützen fort. Der Wasserstand sinkt mit der gleichen Geschwindigkeit wie meine Stimmung. Am Ende befinden sich beide unterhalb der Bodenbretter. Das Boot bewegt sich jetzt seltsam und in unangenehmer Weise, wobei der Besanmast im Wasser das Heck weiter in den Wind zieht, sodass immer wieder Wellenbrecher von hinten ins Boot dringen. Ich schöpfe wieder mit dem Eimer Wasser aus dem Boot und zerre dann den Besanmast heran.

Das Boot taumelt am Abgrund, während ich die Schot durch ein dickeres Tau ersetze, das ich in einem der anderen Schapps entdeckt habe. Dann lasse ich das Ganze wieder übers Heck gleiten und denke dabei über die glücklichen Zufälle der letzten Stunden nach.

Das ist nicht schwer, denn es waren nicht wirklich viele. Zum einen bin ich den russischen Wahnsinnigen entkommen. Zweitens bläst mich der Wind in östliche Richtung. Drittens bin ich am Leben, obwohl das unter den gegebenen Umständen nur ein zeitweiliger Zustand sein könnte. Ich krame in meinem Kopf nach weiteren glücklichen Umständen, kann mich aber auf keine besinnen. Es ist ohnehin schwierig, sich zu konzentrieren, denn ich zittere. Also taste ich mich auf dem Boot in der Dunkelheit nach vorn und beginne mit einer gründlichen Untersuchung aller Schapps.

Wem immer das Boot gehört, muss ein Sachensammler sein. Vorn im Schiff finde ich ein paar Düngerbeutel, die vielleicht zum Transport von Muscheln genutzt werden. Die stopfe ich mir zum Aufwärmen unter meine Jacke. Ich finde einen Ersatzanker und reichlich zusätzliche Leinen, eine Rettungsweste, vielleicht auch zwei. Das ist im Dunkeln schwer zu sagen. Dazu einen zylindrischen Plastikbehälter, der möglicherweise Notsignalmunition enthält. Auch ertaste ich einige Getränkedosen. Für eine Nanosekunde wäge ich Pro und Contra für den Fall ab, dass sie Bier enthalten. Würde ich den Pfad der Tugend verlassen? Ich stopfe sie in die Taschen meiner Jacke und tappe wieder Richtung Heck. Dort finde ich die Persenning für das Boot, in die ich mich wie in einen Kokon einwickle. So kauere ich mich in die hintere linke Ecke des Cockpits, klemme mir die Pinne unter den Arm und öffne die erste Dose.

Es ist Cola. Eine Substanz, für die ich in der Vergangenheit nur wenig Begeisterung aufbringen konnte. Es sei denn als Beimischung zum billigen Supermarktwodka in meinen üblen alten Zeiten. Hier draußen aber und fünf, nein vermutlich inzwischen schon zehn Seemeilen entfernt von den Hebriden, in 30 Knoten Wind, der in das Vorsegel hämmert, und schwerer See, stellt die Cola eine sehr nützliche Quelle von Koffein und Zucker dar. Also ziehe ich sie mir rein, drücke mich noch etwas tiefer unter die Plane und fühle mich noch schlechter.

Der Wind aus Westen bleibt konstant. Die Nacht, wie man so schön sagt, bricht über uns herein. Hin und wieder formiert sich eine Welle größer als alle anderen und lässt Wasser ins Boot strömen. Ich attackiere es mit einem Eimer und versuche mir weiszumachen, dass das eine blendende Art ist, mein Blut in Wallung zu bringen. Mein Blut allerdings scheint diese Auffassung nicht zu teilen. Bei einem Kurs zum Überleben auf See hatte mir mal jemand alles Mögliche dazu erklärt, dass der Körper Kraftstoff benötigt. Essen ist gut. Genauso wie Bewegung. In meinem eiskalten Zustand verfalle ich in eine Art Trance, die mir jede Menge Schmerzen beschert. Nur nicht in meinen Händen, die ich glücklicherweise längst nicht mehr spüre. Ich schöpfe Wasser aus dem Boot und singe Fragmente von Songs. Jeder, der mich vor dem Wind hören könnte, muss denken, dass Gavin Chance wieder in die alte Trickkiste und zum Gerstensaft gegriffen hat. Tatsächlich aber ist es so, dass dieser Gavin Chane am zerklüfteten Abgrund seines Lebens steht, zittert, als stünde er unter Elektroschocks und – was ich gern zugebe – den Tränen der Verzweiflung sehr nah ist.

Nach gefühlten Jahren scheine ich ein vages Leuchten am Himmel über mir wahrzunehmen. Weitere sechs Monate später kann ich sehen, dass es sich nicht – wie zuerst von mir angenommen – um eine Halluzination handelt. Wir segeln der Morgendämmerung entgegen.

Während es heller wird, eröffnet sich mir ein geistig nicht erleuchtender Anblick der zementgrauen See, durchzogen von langen und schwarzen sich bewegenden Wasserkämmen, die immer wieder von Sturmböen ausgebremst werden, so heftig, dass meine Sicht nicht weiter als eine Meile reicht. Auf der Backbordseite sehe ich einen dunklen Schatten, der eine Landzunge sein könnte. Sicher bin ich mir aber nicht. Ich habe absolut keine Ahnung, wo ich bin. Die See besteht immer noch aus einer Serie langer, gut organisierter, rollender Wellen. Der Wind kommt also weiter aus Westen. Aber die Schaumkronen fliegen nicht mehr losgelöst die Vorderflanke der Wellen hinab; es scheint so, als würde der Wind langsam nachlassen.

Ich bereite mir mit der zweiten Cola ein herzhaftes Frühstück, fühle mich aber kaum gestärkt. Der Besanmast treibt immer noch hinter uns her. Ich ziehe ihn raus, stecke ihn in seine Halterung und beginne zu steuern. Das Boot fängt an, darauf zu reagieren, und gleitet in sachlicher Weise die Wellenberge hinab. Die Morgendämmerung findet in dieser Jahreszeit etwa gegen 5 Uhr morgens statt. Nehmen wir an, dass wir in der Nacht und mit dem Mast im Schlepp etwa 3 Knoten Fahrt gemacht haben. Das ergibt 30 Seemeilen. Es ist ein langer Weg bis zum Festland. »Natürlich«, so denke ich und nicke dazu schläfrig, »sind da noch die kleinen Inseln Rum und Eigg und Mugg. Ich werde eine von ihnen finden. Oder die Westküste von Skye.« Ich habe keinen blassen Schimmer.

Ich fange wieder an zu zittern und ziehe die Muschelsäcke fester um meinen Körper. Mir ist nun fast schon warm. Vielleicht ist das aber auch die Art Wärme, die man auf der Rückreise von einem der beiden Pole empfindet, wenn man sich schlafen legt und nie wieder aufwacht. Ich wundere mich noch kurz darüber, warum irgendjemand frieren sollte, wenn er von einem Polen zurückkommt. Polen sind Klempner oder Deckshände oder Ärzte wie der, den wir in Südfrankreich kennengelernt hatten, bevor der ganze Ärger begann …

Ich schlafe. Mit einem Ruck hebe ich den Kopf. Ich höre Geräusche. Tinnitus. Gebrüll und Geschrei. Das muss irgendwie mit den Polen zu tun haben. Vielleicht aber ist es auch der Regen, der auf die Muschelsäcke trommelt. Laut, sehr laut. Mein Kopf sackt wieder weg. Das Boot rast erneut eine lange Welle herunter. Der Bug nickt zweimal und kommt mit einem Knall hoch. Jetzt schlafe ich nicht mehr. Ganz und gar nicht mehr.

Die Welt vor mir besteht nur noch aus einem Gemisch aus Felsgrau und Surfweiß, das sich über den ganzen Horizont erstreckt.

7

Das Boot befindet sich auf einem Wellenkamm. Die Welle beginnt sich zu kräuseln und zu brechen. Ich habe jetzt keine Kontrolle mehr über das Boot. Wir steuern auf etwas zu, bei dem es sich definitiv um einen schmutziggrauen Strand handelt, der im Hinterland und auf beiden Seiten von Klippen eingerahmt ist. Die riesigen Wellen brechen mit hässlichen weißen Detonationen auf den Felsen der Klippen. Über allem schwebt eine Wolke aus Möwen, aus der kreischendes Geschrei ertönt.

Plötzlich fängt mein Herz wie wild an zu schlagen. Ich schiebe die Pinne von mir weg, und die Bugspitze nimmt Kurs auf den Strand. Dann verliere ich den Steuerdruck. Statt die vorausliegende Vorderflanke der Wellen hinabzufahren, bewegt sich das Boot seitwärts und schießt in die Sonne. Der Wellenkamm donnert auf uns herab und lässt uns durchkentern. Ich werde aus meiner Nische ins eiskalte Wasser geschleudert. Ich erhasche noch einen Blick auf die weißen Möwen, die über mir am grauen Himmel kreisen, und denke, dass wir die Klippen wohl verpassen und stattdessen vielleicht den Strand erreichen werden. Dann packt mich etwas, schleudert mich wie eine Waschmaschine, katapultiert mich auf eine Welle und wieder hinunter. Ich werde von einem großen weiß-grauen Wasserklumpen niedergeschlagen. Mein Kopf schlägt auf etwas auf und scheint zu explodieren. Schlag Nummer vier. Ich scheine für ein paar Minuten das Bewusstsein verloren zu haben.

Als Nächstes nehme ich wahr, dass ich mit einer Schwimmweste im Wasser treibe, vor Kälte vergehe und meine Füße, die unter mir baumeln, über einen steinigen Boden schleifen. Ich bin offenbar über eine Art Sandbank in eine Lagune gespült worden. Ich tue also, was ich kann, um mich vorwärtszuschleppen. Das Wasser wird bald flacher, und ich kann kriechen. Aus dem Wasser heraus quäle ich mich über einige Felsbrocken, die anfangs noch nass und voller Blasentang sind. Dann werden sie trockener, bis kleine Hügel mit feuchten Grasnelken den Weg zu einer nassen Wiese säumen. Dort lege ich mich mit dem Gesicht nach unten in eine geschützte Kuhle. Während der Wind über mich hinwegfegt, atme ich den himmlischen Duft des Grases und vermutlich auch der Wildblumen ein. Die Welt ist wieder warm, wunderbar warm. Aber das Zittern will nicht aufhörenl

»Nein, nein, nein, nein«, erwische ich mich zu denken. »Das hier ist nur eine weitere deiner polaren Schneeverwehungen. Du kannst hier draußen genauso gut sterben wie auf See. Unterkühlung, du weißt schon ... Warm und trocken, warm und trocken ...«

Ich bin wieder wach. Meine Beine fühlen sich gummiartig an. Ich zwinge sie, dennoch zu funktionieren.

Ich habe keine Ahnung, wohin ich gehe. Aber wohin es auch sein mag: Ich höre mich selbst sagen, dass es doch schade wäre, jetzt aufzuhören. Es scheint nicht zu regnen, aber der Wind schneidet mich fast in zwei Hälften. Also muss ich mich beim Gehen mit doppelter Kraft gegen ihn stemmen. Was bedeutet, dass ich nicht gut navigieren, geschweige denn einen Ort finden kann, an dem ich ein heißes Bad, eine Tasse Tee und eine Woche Ruhe bekomme. Deshalb laufe ich gegen irgendetwas, das mich umhaut. Es sieht aus wie ein Drahtzaun, so einer, wie man ihn nutzt, um Schafe davon abzuhalten, in der Gegend herumzustromern. Ich bewerte das als gutes Zeichen. »Hilfe!«, rufe ich mit winzig kleiner Stimme. Und plötzlich schaut das Gesicht einer Frau von oben auf mich herab. Ihr Gesicht ist breit und leicht verwittert und steckt in der Kapuze eines dunkelgrünen Südwesters. Die sichtbaren Partien ihrer Augenbrauen sind zusammengezogen. Hätte ich die Kraft, würde ich ebenso zurückschauen. Doch ich habe nur einen Gedanken im Kopf, nämlich diesen: »Gavin, deine Situation ist so extrem kompliziert, dass du sie selbst momentan gar nicht durchblicken kannst. Also setze auf den Appell eines Ertrinkenden und mache deine Sache gut.« Entsprechend sage ich: »Ich habe Schiffbruch erlitten. Aber bitte erzählen Sie das niemandem. Ich werde Ihnen später alles erklären.«

»Okay«, sagt die Frau. »Dann begeben Sie sich jetzt besser in diese Schubkarre hier.« Sie hilft mir in das Ding, das ich nicht als Schubkarre identifizieren kann, aber entsprechend ihrer Versicherung als solche akzeptiere. Ich erinnere mich noch, dass ich mich zurückgelehnt und ein tiefes Glücksgefühl empfunden habe, dabei allerdings zitterte wie ein Pudding bei einem Erdbeben. An diesem Morgen definiere ich das Wort Luxus neu: erst ein Bodenloch und jetzt eine Schubkarre. Danach muss ich eingeschlafen sein.

Einige Zeit später finde ich mich in einem Bett in einem Zimmer wieder. Ich fühle mich, als hätten ein paar mächtige Jungs über Stunden mit Baseballschlägern auf mich eingedroschen und mich sehr geschwächt zurückgelassen. Ich bemerke, dass die Frau in einer Ecke des Raums sitzt und strickt. Draußen scheint es dunkel zu sein. Ich sage: »Das ist sehr nett von Ihnen.« Es hört sich eher wie Krächzen an.

»Hier passiert nicht allzu viel«, winkt sie ab.

»Und niemand weiß Bescheid?«, frage ich.

»Bislang noch nicht«, sagt sie und nimmt ihr Strickzeug runter. »Ohne neugierig sein zu wollen«, sagt sie, »hätten Sie vielleicht eine Art Erklärung für mich?«

Nach meiner Einschätzung dürfte sie mich für einen illegalen Einwanderer halten, der sich eines unorthodoxen Einreisevehikels bedient hat. Ich verstehe, worauf sie hinauswill. Also versuche ich genügend Energie dafür aufzubringen, eine gute Erklärung auszuhecken. Doch bevor ich ein Tuch aus Lügen zusammenklöppeln kann, das vermutlich eh löchrig sein würde und dem es an Überzeugungskraft mangeln könnte, falle ich glücklicherweise wieder in tiefen Schlaf.

Als ich das nächste Mal aufwache, flutet die Sonne durchs Fenster und die Frau sitzt nicht mehr auf dem Stuhl. Nur ihr Strickzeug liegt da noch – ein schwarzes viereckiges Etwas. »Seltsame Farbe für jemanden, der strickt«, denke ich. Ich schiebe meine Beine über die Bettkante und versuche aufzustehen. Meine Knie geben nach, und mein Gesicht landet auf einem Läufer. Ein grauer Läufer. Die Tür öffnet sich, und meine Gastgeberin kommt rein. Als sie mich sieht, gibt sie Geräusche wie ein aufgescheuchtes Huhn von sich und hilft mir dann auf, sodass ich mich aufs Bett setzen kann. Während ich warte, kann ich spüren, wie das Blut zurück in meine Beine fließt. Sie stellt mir eine Menge Fragen darüber, wo ich herkomme und was ich gemacht habe.

Ich tue so, als befinde ich mich noch im Halbschlaf, doch in Wirklichkeit surrt mein Hirn wie ein Mixer, weil die Ereignisse, über die ich zuvor vor lauter Müdigkeit nicht nachdenken konnte, nun auf mich einstürzen. Auf gewisse Weise ist das gut, weil es bedeutet, dass ich jetzt nicht mehr müde bin. Andererseits ist es schlecht, weil ich mich auf der Flucht vor einer Menge Russen befinde und zu viel über einen umfangreichen Whiskydiebstahl weiß. Bevor ich mich also darauf einlasse, irgendjemandem die wahren Hintergründe meiner Situation mitzuteilen, würde ich mich gern an einem warmen und bequemen Ort aufhalten, der vorzugsweise mit bewaffneten Kräften gesichert ist. Also entscheide ich mich dafür, auf die Amnesiekarte zu setzen, und sage: »Wo bin ich?«

»Das hier«, sagt die Frau, »ist Bethlehem.«

Ich bin mir ziemlich sicher, dass sie falsch liegen muss. Der Regen peitscht gegen die Fenster. Es gibt keinerlei Anzeichen von Ochsen, Eseln und israelischen Geschützen. »Ist es das wirklich?«, sage ich.

»Und du? Der Herr hat dich uns wie Jonas aus den Tiefen des Meeres übergeben, aus dem Innern des Biestes wieder ausgespuckt.«

»Nun, wenn Sie das meinen, gnädige Frau«, denke ich. Ich schaue ihr mit dem angemessenen reuevollen Ausdruck in die Augen und sage: »Ich bin mit meinem kleinen Boot gesegelt. Der Wind hat gewechselt. Das Kielschwert ... Ich glaube ...« Meine Stimme versagt. Zum Teil, weil mein Einfallsreichtum in Folge der Hypothermie immer noch geschwächt ist, und zum Teil, weil in den Augen meiner Erlöserin zwei kleine, helle und irre Flammen lodern. Es gibt seltsame Menschen auf Inseln. Und das hier ist eine Insel, wie ich beginne festzustellen. Vielleicht ist es Canna oder ein Teil von Rum.

»Wie war der Name, bevor es zu Bethlehem wurde?«, frage ich.

Sie ignoriert mich und sagt: »Nun, da du wieder bei uns bist, werden wir dem Herrn für deine Erlösung danken. Denn siehe, du wurdest uns zurückgebracht und vor uns ausgespien. Warte hier, während ich den Pastor hole. Er wohnt nur 40 Minuten die Straße runter. Aber er hat kein Telefon. Ich hole ihn.« Und dann rennt sie zur Tür raus.

Ihr Auftreten schient darauf hinzudeuten, dass sie Teil einer Sekte ist. Nach meiner Erfahrung können die Anhänger von Sekten geistig gestört sein, doch ihre Pfarrer sind in aller Regel Menschen mit einem mächtigen, wenn auch seltsam gelenkten Geist.

Ich empfinde nicht den Wunsch, mich einem solchen Geist auszusetzen. Insbesondere nicht einem, der mit dem messerscharfen moralischen Anspruch bewaffnet ist, der unter solchen Pastoren vorherrscht. Also warte ich, bis ich die Eingangstür zuschlagen höre. Dann schlüpfe ich in meine Klamotten, die meine Gastgeberin grob über dem Ofen getrocknet hat, und gehe in den nächsten Raum. Dort befinden sich der Ofen, zwei Stühle und ein Tisch, der von einem schwarzen Plastiktuch bedeckt ist. Auf einem Wandkalender wird die Fischergenossenschaft von Muck beworben. An Muic, wie die Insel hier genannt wird, ist ein kleines Eiland südlich von Rum. Mit Blick auf die Windrichtung und die Zeit, die ich auf See gewesen bin, scheint es angemessen anzunehmen, dass es tatsächlich die Insel Muck ist, auf der ich mich aktuell befinde.

Jetzt beginnt mein Hirn wieder wie eine gut geölte Maschine zu arbeiten. Oder doch zumindest wie eine Maschine. In der Ecke befindet sich ein Telefon. Ich krame Georgies Telefonnummer aus den Tiefen meines Gedächtnisses hervor. Sein Telefon klingelt eine quälend lange Ewigkeit. Gerade, als ich auflegen will, nimmt er ab.

»Bist du auf der GLEANER?«, frage ich.

»Natürlich bin ich das. Aber hör mal. Ich muss mit dir reden. Wir haben da eine Nacht neben so einem Dampfer gelegen, und als Nächstes hörte ich, dass jemand die Fähre mit Whisky im Wert von ein paar Millionen Pfund gestohlen hat. Die Polizei rennt wie wild durch die Gegend und untersucht alle Türgriffe auf DNA oder was auch immer. Und …«, sagt Georgie, jetzt wieder kontrollierter, »jeder verdammte Bulle hat nur deinen Namen auf den Lippen. Also habe ich die GLEANER zu Henry zurückgebracht.«

»Ich kann das erklären«, sage ich und versuche nicht über das nachzudenken, was er gerade gesagt hat. »Hör zu, wo bist du gerade?«

»Colonsay.«

»Wie schnell kannst du nach An Muic kommen?«

»Warum sollte ich nach An Muic kommen wollen?«

»Ich brauche jemanden, der mich abholt.«

»Dein Problem.«

»Sollte man mich verhaften«, sage ich, »gibt es da so einiges, was ich dann als guter Staatsbürger zu erzählen gezwungen bin. Das betrifft illegal angelandeten Heilbutt, den ungelösten Fall der Sprengung von Lord Leominsters Becken mit den Regenbogenforellen auf Jura und drei illegale Destillieranlagen bei Loch Quoich.«

»Aber das ist nicht wahr.«

»Das erzähl mal der Polizei. Sie wird das sicher verstehen.«

Es entsteht eine kurze Pause. Dann sagt er: »Ich hole dich in fünf Stunden am Fischdock ab.«

Die Kukucksuhr über dem Küchenherd verrät mir, dass es 16 Uhr ist.

»Gut«, sage ich. Dann gehe ich zu dem Bett, beseitige alle Spuren meiner Anwesenheit und richte es sorgfältig her. Ich verlasse das Haus durch die Eingangstür und entferne mich so, dass ich keine Fußspuren im Matsch hinterlasse. Meine Retterin ist eine freundliche Frau, aber vielleicht ein bisschen dämlich. Ich hoffe sehr, dass der Pastor und andere Elemente, die er möglicherweise noch im Schlepptau hat, mich als Teil ihrer Einbildung abtun werden. Also steige ich einen grünen rasenbedeckten Hügel hinauf, begebe mich in die Mitte eines Steinhaufens auf dessen Gipfel und warte.

Tatsächlich nähert sich eine halbe Stunde später eine kleine Prozession von fünf Leuten über den abfallenden verschlungenen Pfad dem Haus. Angeführt wird die Gruppe von meiner Retterin. Sie gehen gemeinsam ins Haus hinein. Fünf Minuten später kommen vier Leute wieder aus dem Haus hieraus, schütteln ihren Kopf und machen sich, angeführt von einem großen Mann im dunklen Anzug, auf den Rückweg. Ich sitze in meinem Steinhaufen und schaue aufs Meer. Es ist blau wie der Himmel. Ich fühle mich mies aufgrund meines Verhaltens. Über mir kreischen die Möwen. Ein großer Brachvogel stößt einen langen sprudelnden Schrei aus. Weit im Süden und Osten erhebt sich die Insel Mull staubiggrau in die warme, fast stehende Luft. Es ist wunderschön.

Die Minuten kriechen wie Schnecken dahin. Schließlich summieren sie sich zu einer Stunde. Aus der einen werden zwei. Die Sonne nähert sich dem Horizont mit der Vorsicht eines Arthritiskranken, der ein Bad nehmen will. Während die Schatten immer länger werden, lasse ich mich unter die Skyline sinken und gehe los in Richtung Osten.

Der Boden ist grün und weist Zeugnisse von Schafen auf. Ich pirsche mich vorsichtig an die Hügelkuppen heran und luge erst über sie hinweg, um sicherzustellen, dass ich auf niemanden treffe, der meine Unsichtbarkeit zerstören kann. Es gibt ein paar verstreute Bungalows, in deren Fernstern Lichter zu sehen sind. Einmal muss ich warten, als ein Mann und ein Hund ein paar Schafe von einer Koppel auf eine andere bringen. Die Fernsehgeräte werden angeschaltet. Und auch die Öfen, denn es nicht gerade sehr warm. Ich gehe weiter in Richtung Osten und behalte das Rauschen des Meeres in meinem rechten Ohr. Nach etwa einer Stunde sehe ich unter mir eine Ansammlung von Häusern und einen Kai mit Hummerkörben, die an seinem küstennahen Abschnitt gestapelt sind. Ein paar Boote liegen in der Bucht an Bojen, aber keines am Steg. Ich finde einen Felsen und schaue auf die Uhr. Noch eine Stunde. Ich setze mich und warte.

Einen Teil der Zeit verbringe ich mit Zittern. Einen anderen Teil beschäftige ich mich damit, Angst vor Dingen zu haben. Die Dämmerung schreitet voran. Der Mond steigt aus dem Meer empor und wirft ein gräuliches Licht über den Hang. Keine Menschenseele bewegt sich. Ich beginne, klar zu denken. Wenn Georgie auftaucht – falls er auftauchen würde –, würde ich ihn dazu bewegen, mich zu einer Polizeiwache zu fahren. Dort würde ich ganz genau erklären, was passiert ist. Bis dahin ist ja wirklich alles ganz klar. Die Polizei würde mit ein oder zwei Baggern über Callay herfallen, Clearance aus dem Bett holen, den Kapitän retten und den Whisky entdecken. Und die bösen Jungs würden für eine ganze Weile hinter Gittern verschwinden und dann rehabilitiert daraus hervorgehen.

Die Kälte fährt mir in die Knochen. Meine Gedanken bekommen einen bitteren Beigeschmack. Nach dem Kalender der alten Frau sind inzwischen drei Tage vergangen. Die bösen Jungs werden schon an Bord ihres Schiffes sein und haben womöglich auch den Whisky schon umgeladen. Wenn die Polizei kommt, werden sie vermutlich nur noch ein großes Loch in der Erde finden. Und Clearance wird erklären, dass es sich dabei um eine bauliche Maßnahme handelt, die zur Verteidigung der Insel gegen erhöhte

Wasserstände infolge der globalen Erwärmung durchgeführt wird. Und was ist eigentlich mit diesem Gavin Chance passiert? Wenn irgend jemand weiß, was mit dem gestohlenen Whisky passiert ist, dann wird er es sein. Und wenn die Polizei einen guten Job macht, dann werden sie herausfinden, dass es Gavin Chance war, der die bösen Jungs über die Vorgänge unterrichtet und alarmiert hat. Zu dem Zeitpunkt wird das Leben von Gavin Chance, das derzeit niemandem außer ihm selbst von Bedeutung war, keinen Pfifferling mehr für irgendjemanden wert sein. Violentin ist ein sentimentaler Mensch. Aber er ist auch ein Profi.

Der Wind hat sich beruhigt. Die See ist glatt genug für einen zweiten Mond, der unter der himmlisch hell leuchtenden Scheibe am Firmament im Wasser schwimmt. Ein schöner Anblick, falls man in der Stimmung ist, solche Dinge zu genießen. Ich bin es nicht.

Weit draußen auf See blinkt ein rotes Licht auf, wird kurz unterbrochen und bleibt dann konstant an. Darüber ist ein weißes Licht zu sehen. Und auf der linken Seite taucht ein grünes auf. Ich schaue auf meine Uhr, hole tief Luft, trete hinter meinem Felsen hervor, stopfe meine Hände in die Taschen und beginne, zum Kai hinunter zu schlendern.

Der Pfad geht in einen Weg über und wird dann zur Asphaltstraße. Durch eine Katzenklappe hindurch höre ich einen Fernseher und rieche Backofenpommes. Ein Hund bellt, und eine Stimme befiehlt ihm, damit aufzuhören. Ich gehe weiter, hinunter auf eine Art große Betonbühne, Zeugin des Umstandes, dass jemand an EU-Mittel herangekommen war, um damit einen neuen Fähranleger zu bauen. Die Lichter befinden sich jetzt noch etwa eine halbe Seemeile vom Ende des Kais entfernt, während ich an einem Berg von Krabbenreusen vorbeikomme. Ein kleines Boot tuckert um die Ecke der Landzunge. Es ist langsam unterwegs, scheint etwas hinter sich herzuschleppen. Ich kann die dunklen Umrisse von drei Köpfen im Boot erkennen. Sie scheinen von etwas begeistert zu sein, und ich habe das ungute Gefühl, dass ich weiß, wovon.

Ich nehme einen der Garnelenkörbe hoch, lade ihn auf meine Schulter und gehe den Kai runter. Verändere deine Silhouette, Gavin, mach einen auf Fischer. Und tu alles dafür, dass dieser Auftritt gelingt. Denn offenbar haben sie das Wrack der Drascombe gefunden und bergen es gerade. Früher oder später werden sie herausfinden, dass Morag, deine Gastgeberin, keine Irre, sondern ein Engel der Barmherzigkeit ist, die auf schockierende Weise von einem Schiffbrüchigen betrogen worden ist, den sie vor dem Tod durch Zittern gerettet hatte.

Ich kann sehen, wie die schwarzen Umrisse des Bootes mit den Lichtern jetzt schnell größer werden. Es ist ein Trawler mit einem Radar am Steuerhaus und etwas, das träge an der Antenne flattert. Es könnte eine Flagge sein, aber ich weiß, dass es sich um ein paar Damenstrumpfhosen handelt. Georgie hat sie als Souvenir und Erinnerung an einen seiner seltenen Siege auf dem Feld der Liebe gehisst. Es ist die GLEANER.

Sie liegt schon beinahe längsseits. Zum ersten Mal seit Tagen wird mir warm ums Herz. Die Schraube dreht hart rückwärts, die Seite taucht auf. An Deck erhebt sich eine Gestalt und fummelt an der Spring herum. Ich sage: »Georgie.«

Die Gestalt hat immer noch mit der Leine zu kämpfen und sagt: »Fuck. Nimm die Leine!«

Die Reling des Bootes ist dem Kai jetzt bis auf 30 Zentimeter nahegekommen. Aus dem Augenwinkel sehe ich, dass der Schlepper der Drascombe jetzt den Hafen durchquert. Ich sage: »Nein, keine Leine.«

»Was?«, fragt Georgie.

Ich könnte es erklären. Wir könnten die gesamte Situation und ihre Teilaspekte in nachhaltiger Art und Weise ausdiskutieren, Schlussfolgerungen ziehen, Wahrscheinlichkeiten und mögliche dramatische Auswirkungen beleuchten und alles sortieren. Doch dafür fehlt die Zeit. Ich sage also: »Wir legen ab.« Ich steige über die Reling aufs Boot, gehe direkt ins Steuerhaus und erhasche auf Georgies Zahn einen Schimmer vom Mondlicht. Sein Mund steht sperrangelweit auf. Ich bin wieder im glorreichen Gestank von verbranntem Fett, Diesel und Benson & Hedges angekommen, der mir Sicherheit und ein heimeliges Gefühl vermittelt. Ich drücke den Gashebel bis zum Anschlag durch, drehe das Steuer hart nach Steuerbord. Das Heck kommt rum und haut gegen den Anleger, aber das ist mir egal. Der Bug zeigt jetzt auf den Horizont, der weit voraus sanft und schön im Mondlicht ruht.

»Okay«, sagt Georgie, »willste mir mal freundlicherweise erzählen, um was zur Hölle es dieses Mal geht?«

Ich sage ihm, dass auch ich mich sehr freue, ihn wiederzusehen. Dann schalte ich das AIS aus. Zumindest hätte ich es getan, wenn Georgie das nicht schon vor mir erledigt hätte, weil wir kein Gerät brauchen, das der Welt erzählt, wer und wo du bist, und möglicherweise Menschen davon abhält, sich um ihre eigenen Angelegenheiten zu kümmern. Ich steuere das Boot grob in die Richtung von Knoydart.

Ich sage: »Bring mich … nach … äh …« Plötzlich merke ich, dass ich keine Ahnung habe, wo ich eigentlich hinwill. Abgesehen davon, dass es sich um einen möglichst privaten und schwer bewachten Zufluchtsort handeln sollte, an dem es auch ein Bett und sehr viel Essen geben sollte. »Glasgow«, sage ich.

»Wat?«

Meine Gehirngänge scheinen wie von Salz verkrustet. Ich sage: »Okay, okay, dann borg mir dein Telefon.«

»Hier ist kein Empfang«, sagt Georgie.

»Dann bring mich irgendwo entlang des Clyde an Land. Aber nicht durch den Crinan Canal.« Auf dem Kurs müssen wir zwar ums Mull of Kintyre herumfahren und einige Meilen mehr in Kauf nehmen, doch der Kanal ist meist sehr voll und könnte uns viel Zeit kosten. Und die Leute würden reden …

»Du meine Güte!«, sagt Georgie.

»Denk einfach ans Geld«, sage ich und spiele damit einen hohen Trumpf aus, denn die Passage durch den Crinan Canal würde gut und gern 300 £ verschlingen. Mein loyaler Crewkamerad sperrt den Mund auf, sagt aber nichts. Ich sehe, dass ich die Oberhand gewonnen habe. Plötzlich kann ich meine Augen nicht mehr offenhalten. Ich taumle von der Brücke in die schreckliche Kabine mit ihren klebrig braunen Bettdecken auf den schmierigen Kojen mit ihrer abgeblätterten Farbe. Dann schlafe ich ein.

8

Während der Nacht, so denke ich, hat uns Georgie um Ardnamurchan herum, durch den Sund des Mull und um das Ende von Kintyre gefahren. Denn am folgenden Tag halte ich gegen Mittag einen Becher mit wässrigem Nescafé in meinen Händen und sehe, wie die großen weißen Windmühlen bei Largs am Firth of Clyde hinter Great Cumbrae verschwinden, während der rotäugige Georgie mir näherbringt, was er so vom Leben, dem Universum und mir hält. Viel ist es nicht. Wir drosseln die Geschwindigkeit. Während die Nacht anbricht, steuere ich die GLEANER den Clyde hinunter und zu einem Kai, der in früheren Zeiten einmal ein Anleger für mächtige Schiffe des britischen Empire gewesen ist. Heute steht da nur noch ein Wellblechschuppen mit der Aufschrift »MCMURTRIES BOOTS-SAMMELSURIUM – DAS GANZE JAHR ÜBER GEÖFFNET«.

Hier gehen wir längsseits.

»Wohin willst du?«, fragt Georgie.

»Zu Abigail Stuart«, sage ich.

»Ah, okay«, sagt Georgie, »sag ihr einen Gruß von mir.«

Ich gehe an Land. Im dreckigen Fenster des Büros im Schuppen taucht Larry McMurtries blasses Mondgesicht auf. Ich winke, und das Gesicht verschwindet so plötzlich, als hätte jemand die Beine darunter weggehauen. Was so ziemlich der Wahrheit entspricht, obwohl es nicht jemand, sondern etwas war. Dieses Etwas ist Whisky oder Wodka oder was auch immer heute auf der Karte des Boozecutters weiter unten an der Straße steht. Ich quetsche mich Richtung Tür, stecke den Kopf ins Büro und sage Larry, dass wir eine Weile bleiben werden. Dann nehme ich den Bus, fahre zehn Stationen und gehe noch ein paar Straßen weiter zu einem Mietshaus, das von seinen Bauherren vor ein paar Jahren gründlich aufpoliert worden ist. Ich drücke auf einen der Klingelknöpfe. Die Stimme einer Frau sagt: »Wer ist da?«

»Gavin.«

»Ah«, sagt die Stimme. »Der Verlorene. Das gemästete Kalb kehrt wimmernd in seinen Stall zurück. Oder auch nicht.« Doch der Öffner summt. Ich drücke die Tür auf, steige die sich windende Treppe bis ganz nach oben hoch und werde oben im offenen Türrahmen von Abigail erwartet. Sie ist klein, dunkel und schaut mich mit feindseligem Blick an. Sie steht dort völlig unbeweglich. Für einen Moment denke ich, dass sie mich nicht reinlassen wird. Sie sagt: »Ich habe keinen Whisky.« Ihre Augen sind hart und braun. Was bedeutet, dass sie schlechte Laune hat.

Ich sage: »Ich habe auch keinen.«

»Seit wann?«

»Seit sechs Monaten.«

Mir fällt auf, dass offensichtlich eine Menge Menschen von mir denken, dass ich permanent Whisky intus habe. Ich lache.

»Schön, dass du so glücklich bist«, sagt sie und sieht gar nicht glücklich aus. Sie lässt mich vorbei in die Wohnung. Ich merke, dass sie an meinem Windschatten schnuppert. Als ich sie das letzte Mal gesehen habe, habe ich eine Auswahl von *The Sound of Music* zum Besten gegeben. Besser gesagt, mein Drink hat das gesungen und mich dabei als Stimme benutzt. Ich habe Verständnis für ihren Standpunkt.

Die Wohnung ist hell und minimalistisch eingerichtet. Auf einem kahlen Tisch aus Bergahorn steht ein Laptop, an den großen Fenstern hängen Bambusjalousien. Wir gehen in ihre wirklich sehr hübsche Küche. Sie setzt einen Kessel mit Teewasser auf und bemisst mit kleinen makellosen Bewegungen ihrer praktisch veranlagten Hände den Tee für eine Kanne. Wie schön sie ist. Dann erwische ich mich merkwürdigerweise bei dem Gedanken, dass sie nicht so schön ist wie Tamara. Was dumm ist, denn Abigail ist ein netter Mensch, während Tamara eine Schlägertussie und die Braut eines Gangsters ist.

»Du bis also los davon«, sagt sie und schaut mich dabei so an, dass ich das Grün in ihren Augen sehen kann, was immer dann auftaucht, wenn sie freundlich gestimmt ist. Also meistens.

»Ja«, sage ich.

Sie durchschreitet den Raum mit zwei Schritten und umarmt mich. Es ist nach den vielen Tagen, in denen ich nur von Menschen umgeben war, die Gavin Chance gegenüber feindselig gestimmt waren, eine sehr ermutigende enge Ganzkörperumarmung. Dann küsst sie mich auf die Lippen und sagt: »Ich nehme an, dass du bleiben möchtest?«

»Einen oder zwei Tage«, bestätige ich.

Sie seufzt, aber ich sehe, dass es ein Böser-Junge-braucht-Pflege-Seufzer ist. Sie ist eine wirklich liebenswürdige Frau, diese Abigail, viel zu gut für mich. »Und vor wem versteckst du dich dieses Mal?«

Ich versuche schockiert zu wirken, merke aber, dass es nicht funktioniert. »Verstecken? Ich bin einfach gerade in Glasgow und habe gedacht, dass ich mal reinschaue.«

»Probleme mit dem Selbstwertgefühl«, sagt sie, während sie das Teewasser in die Kanne gießt.

»Vielleicht«, sage ich, »das Leben war schon mal leichter.«

»Ich habe von mir selbst gesprochen«, sagt sie. »Der Grund dafür, dass ich dir einen Tee koche und dir mein Sofa anbiete, obwohl du dich ganze sechs Monate nicht mehr bei mir gemeldet hast.« Ich könnte jetzt sagen, dass ich ihre Nummer verloren habe, doch das wäre eine Lüge. »Egal, ich habe dich vermisst«, sagt sie.

Eine Weile lang sprechen wir über dies und das. Sie ist eine Art Anwältin. Und sie war mit einem Anwalt verheiratet, bis der mit seiner Sekretärin durchgebrannt ist und Abigail mit einer Aversion gegen Beziehungen zurückgelassen hat. Sie hat sich darauf eingelassen, Zeit mit mir zu verbringen, weil sie behauptet hat, dass das, was sie mit mir hat, nicht wirklich einen Beziehungsstatus erreicht hat. Jetzt, so erzählt sie, schreibt sie ein Buch. »Du kommst auch darin vor«, sagt sie.

»Das werden sie nie glauben«, sage ich.

»Es ist Science-Fiction«, sagt sie in einer Art, der man nicht ganz entnehmen kann, ob das der Wahrheit entspricht oder sie das nur sagt, damit man die Klappe hält. »Ich habe bereits einen Verlag.«

»Ich werde klagen.«

»Nun«, sagt sie mit einem gespielten Anflug von Schüchternheit, »wenn du eine Anwältin brauchst, dann weißt du ja, wo du eine findest.« Das Telefon klingelt. Sie nimmt ab und sagt: »Hallo?« Dann lauscht sie einen Moment, bevor sie die Stirn runzelt und mir den Hörer reicht: »Für dich.« Ich kann nicht anders, als zu bemerken, dass ihre Augen jetzt wieder braun sind. Es kann sein, dass sie noch etwas sagt. Aber das höre ich nicht, denn mein Herz hämmert wie wild in meiner Brust. Ich weiß ja kaum selbst, dass ich hier bin. Wer also sollte es außer mir wissen? Wer zur Hölle ist da dran? Dann denke ich: Georgie! Georgie wird irgendjemandem Abigails Namen gegeben haben. Und wer immer das ist, der wird ihre Nummer herausgesucht haben.

Die Stimme klingt geleckt, als käme sie von jemandem, der stets einen wichtigtuerischen Schlips trägt. »Gavin«, sagt die Stimme, »Ich bin so froh, dass ich dich gefunden habe.«

»Wer spricht?«, frage ich.

»Charles Baker«, sagt die Stimme und legt eine Pause ein.

»Charles?«, heuchle ich, »wie schön von dir zu hören. Worum dreht es sich?«

»Whisky.«

»Whisky?«, sage ich. Das ist ein in jeder Hinsicht mieses Wort für mieses Zeug. Andererseits ist Charles Baker nicht unbedingt einer von den guten Jungs. Er tritt auf wie ein netter Freund, das stimmt, aber man weiß nie genau, wie desinteressiert diese Freundlichkeit in Wirklichkeit ist. Sein Name ist Bäcker, und irgendwie er ist auch einer, allerdings eher bekannt für Kochbücher und nicht fürs einfache Brot.

»Fett versicherter Whisky«, präzisiert Charles Baker.

»Da verstehe ich nicht ganz, wie ich dir helfen kann«, sage ich.

»Nicht ich bin es, der Hilfe braucht«, sagt er. »Du bist es.«

Mein Herz war vorher schon in die Region meiner Knie gesackt. Jetzt plumpst es in meine Schuhe. Charles ist ein uralter Bekannter. Zuletzt hatte ich ihn bei einem Versicherungseinsatz erlebt. Damals war das gut versicherte Boot eines meiner Kunden, das er einfach nicht verkauft bekam, total zufällig abgebrannt und gesunken. Es war Charles, der damals herausgefunden hatte, dass der Ausbruch des Feuers tatsächlich ein Unfall gewesen war. Allerdings nicht in dem Sinn, wie es sich der Eigentümer erhofft hatte. Das Petroleum in den Bilgen hätte sich eigentlich erst draußen auf See entzünden sollen. Stattdessen hatte die Explosion längsseits am Ponton stattgefunden, wo der Eigner, der den Beschleuniger selbst verteilt hatte, sich zur Beruhigung seiner Nerven eine Zigarette angezündet hatte. Baker hatte die Fakten damals zusammengetragen, indem er zuerst den Ponton untersucht und dann den Eigner am Krankenbett in der Station für Verbrennungsopfer im Argyl-&-Bute-Krankenhaus aufgesucht hatte. Damals war ich von Bakers Schnelligkeit und seiner Sorgfalt beeindruckt gewesen, die offensichtlich nicht dem Zufall geschuldet war.

»All dieser Whisky«, seufzt er.

»Welcher Whisky?«

»Der Islay-Whisky.«

Ich gebe einen Laut von mir, der überrascht klingen soll. »Sorry«, sage ich, »ich kann nicht folgen.«

»Oh, Mann«, sagt er. »Jemand hat mir erzählt, dass du eine Fähre mit dem ganzen Whisky darauf gekapert hast. Offenbar suchen nun alle nach dir, weil sie nicht damit einverstanden sind, dass jemand Fähren auf Inseln fährt und mit dem Drascombe-Langboot vom Boss abhaut. Die Geschichte ist die: Wir haben es auf der Insel Muck gefunden. Da wohnt eine Frau namens Morag, die erzählt, dass sie Jonas aus dem Bauch des Wals gefunden hat. Oder ähnlichen Unsinn. Alle denken, dass sie verrückt ist. Ich allerdings nicht. Weil die Drascombe fehlte und wir sie auf Muck gefunden haben. Ein echt heftiger Törn bei dem Wetter«, sagt Charles mit künstlichem Respekt in der Stimme.

»Und wie hast du mich hier gefunden?«

»Wie heißt es doch so schön? Überprüfe alle bekannten Kontakte! Das habe ich gemacht. Da gibt's aber nicht sehr viele in deinem Leben, weißt du. Was nicht weiter verwunderlich ist, wenn du dich entscheidest, dich an solchen Orten zu verstecken.«

»Für wen arbeitest du denn dieser Tage so? Die Polizei?«

Er gibt eine Art höhnisches Geräusch von sich. »Das sind sehr langweilige Leute«, sagt er. »Meine aktuelle Firma würde ich davon aber ausnehmen.« Ich war selbst einmal Polizist. Das ist lange her. Und es war kein Erfolg. »Ich arbeite mit den Versicherern von zwei Containerladungen voll mit feinstem Islay-Malt. Wir wollen die bergen. Und offen gesagt, haben wir kein Interesse daran, viele Fragen zu stellen, die mit der erwähnten Bergung nichts zu tun haben. Was ich also wirklich von dir will, ist dies: Du suchst das Zeug, findest heraus, wo es ist, und bringst es zurück.«

Ich sage: »Ich habe nicht den blassesten Schimmer, wovon du redest.«

»Oh. Nun, es war schön, mit dir zu plaudern, Gavin. Und nebenbei erwähnt, es gibt noch ein paar andere Leute, die vielleicht Kontakt mit dir aufnehmen werden.«

»Was?«

»Notiere dir meine Nummer.« Ich gebe einen desinteressierten Laut von mir, aber er besteht darauf. Also schreibe ich seine Nummer auf, während ich so tue, als würde ich das nicht machen.

Er legt auf. Ich lasse mich auf einen der minimalistischen Hocker sinken.

»Was ist los?«, fragt Abigail.

»Ich stecke in der Scheiße«, antworte ich, »bis zu den Ohren.«

»Immerhin kannst du noch atmen«, sagt sie mit nicht allzu ausgeprägter Empathie.

»Ja«, denke ich. »Nur, wie lange noch?«

»Abendessen?«, sagt sie.

Ich weiß, dass wir etwas essen, doch meine Gedanken jagen in kleinen Kreisen durch mein Hirn und fahren sich gegenseitig über den Haufen. Wie soll ich eine Ladung Whisky retten, die sich im Besitz eines Hedgefonds-Managers und einer Horde russischer Gangster befindet? Was glaubt Charles Baker, wer ich bin? Superman? Nun, ich habe alles abgestritten. Ich würde hiermit ja gar nicht weitermachen. Das wird er akzeptieren müssen. Es ist vorbei. Es ist an der Zeit, zur Polizei zu gehen und sich welchem auch immer daraus resultierenden Albtraumszenario zu stellen.

»Ich würde zu gern wissen, was du gerade denkst«, sagt Abigail, gießt mir noch ein Glas Wasser ein und schaut mich mit einer gewissen Zärtlichkeit an. Ich schüttle meinen Kopf. Es gibt keinen Grund, sie mit all dem zu beunruhigen.

Das Telefon klingelt erneut. Sie steht auf und nimmt ab. »Wer?«, fragt sie mit hochgezogenen Augenbrauen in meine Richtung. »Yusupov?«

Mein Herz rast schon wieder. Darin ist es in jüngster Zeit zum Experten geworden. Ich beginne ihr zu erklären, dass ich gar nicht anwesend bin. Dann erinnere ich mich an Yusupovs lebhafte Natur und seine Abneigung dagegen, etwas nicht zu bekommen, was er haben will. Ich strecke meine Hand aus.

»Gaviiin«, sagt die sanfte und kultivierte Stimme. Ich kann mir vorstellen, wie er in seinem Lehnstuhl sitzt und das Telefon leichthändig in seinen stumpfen weißen Fingern hält. Die Augen unter den Schlupflidern sind ausdruckslos. So wie es auch die Augen von Prinz Yusupov waren, der Rasputin ermordet hat, weil er ihn (fälschlich, wie ich annehme) als Vorfahren eingestuft hatte. Oder in der Tat wie die Augen von Wladimir Putin. Es sind Augen, die Respekt einfordern. Oder dazu inspirieren, sich ein One-Way-Ticket zu kaufen und an einen extrem entlegenen Ort zu reisen, wo sie dich nicht mehr sehen können. Mir kommt der Planet Neptun in den Sinn.

»Ich sage: »Mister Yusupov?«

»Ich höre, dass es Schwierigkeiten gegeben hat.«

»Wirklich?« Er wird sich nicht mit langen Reden aufhalten, der Yusupov. Ich aber an diesem Abend auch nicht. Ich warte.

»Was hat es mit dieser ganzen Whiskysache auf sich?«, fragt Yusupov.

Nun, ich arbeite nicht mehr für ihn. »Das sollten Sie wissen«, sage ich.

»Tue ich aber nicht«, sagt Yusupov. »Also haben meine Leute einige Mühe gehabt, meinen alten Freund Mister Charles Baker aufzuspüren und ihn für die Wiederbeschaffung der Ladung zu bezahlen. Natürlich weiß ich, dass Sie beide befreundet sind.«

Das war früher einmal teilweise wahr gewesen. Doch edelmütig ist nur, wer auch edel handelt. Ich halte Charles' Verhalten in jüngster Zeit nicht für edelmütig. »Wir sind nicht mehr so sehr befreundet«, sage ich.

»Einmal«, sagt Yusupov grübelnd, »ich habe paar Räubern Stahlwalzwerk weggenommen. War gezwungen Armeeregiment zu mieten, um Ziel zu erreichen. Diese Tage aber vorbei. Letzte Woche habe ich Andy-Warhol-Gemälde für mein Haus in Hampstead gekauft. Und ich verhandle über Kauf von Zeitungsgruppe in Gegend von Bournemouth. Diversifikation ist neues Maschinengewehr.«

»Ha, ha«, sage ich. »Sehr treffend. Nun, um Ihnen etwas zu erzählen, das Sie vermutlich längst wissen: Ihre Frau und Ihre Geliebte Tamara haben mit Violentin ein Schiff mit mir als Steuermann gechartert. Und sie haben in Schottland eine Fähre voll mit

Whisky gekidnappt. Und der Whisky ist verschwunden. Und es sieht so aus, als würden die Strafverfolgungsbehörden denken, dass ich etwas darüber weiß. Also werde ich die Behörde anrufen und alles erzählen, was ich weiß.«

»Tamara?«, hakt er nach.

»Tamara.«

Es ist still in der Leitung. Die Erwähnung des Namens hat offenbar einen empfindlichen Nerv getroffen, falls er überhaupt welche hat. Dann sagt er: »Mit Polizei reden ist keine gute Idee.«

»Was soll ich sonst tun?«

Wieder Stille. Dann seufzt er laut vernehmlich. »Das ist alles sehr schlecht. Fährgesellschaft ist neues Geschäft für mich. Ist nicht hilfreich, wenn erste Ladung wird gestohlen. Ich will, dass dieser Whisky zurück zu Besitzern kommt. Und Charles mir erzählt, dass Sie Mann sind, das zu machen.«

Das scheint sich zu einer zunehmend beliebten Idee zu entwickeln. Ich sage: »Mit dem größten Respekt, Mister Yusupov, ich denke, dass das Ihr Problem ist.«

»Geteiltes Problem, halbes Problem«, sagt Yusupov leichthin. »Und da sind auch Dinge, von denen Sie nicht wissen. Ich liebe sehr Tamara. Nicht so sehr Missis Yusupov. Missis Yusupov hat Schwäche für Violentin. Und wenn ich einen von ihnen wütend mache, dann es wird geben Zorn, Ende von Liebe, große Gewalt und, am schlimmsten, teure Scheidung. Sie also sehen, dass ich kann nicht offen involviert sein. Also traue ich Ihnen. Ihre Methoden sind manchmal extrem. Da denke ich an Monte Carlo. Aber Sie es gut meinen. Und Sie effektiv. Deswegen denke ich, Sie dürfen nicht zur Polizei gehen.«

Ich schaue zurück in Richtung der hellen und einfachen Möbel. An der Wand hängt ein großes abstraktes Gemälde. Abigails Schuhe liegen mit ihren hübschen Hacken und der roten Sohle auf einem Kelim-Teppich. Alles ist makellos und ganz normal. Es gibt keine Schatten, in denen Oligarchen und ihre Schlägertypen sich herumdrücken können. Das macht mir Mut. Ich sage: »Keine Chance.«

»In dem Fall«, sagt Yusupov, »sind Sie Feind, der zu viel weiß. Es gibt keinen Raum für solchen Feind. Ich gebe Ihnen zwölf Stunden, um darüber nachzudenken. Die zwölf Stunden laufen ab sofort, wenn Sie Zwischenzeit zu Polizei gehen. Und glauben Sie mir, ich werde es wissen. Vielleicht denken Sie, dass sie Sie beschützen werden.« An dieser Stelle gibt er einen dieser skeptischen russischen Laute von sich. Irgendetwas auf halbem Weg zwischen Brummen und Grunzen. »Ich kann Ihnen versichern: Das werden sie nicht.«

Ich beginne ihm zu erzählen, dass er alles ganz falsch verstanden hat. Dass ich ein einfacher Mensch mit guten Intentionen bin. Still wie ein Grab, wenn erforderlich. Na ja, den letzten Teil mit dem Grab lasse ich lieber aus. Ich will ihn nicht auf komische Ideen bringen oder an Ideen erinnern, die er vielleicht selbst schon hatte. Aber als ich mit meinem Geplapper fertig bin, merke ich, dass er längst aufgelegt hat.

Ich setze mich hin und lausche der Stille der toten Leitung.

Der helle und schlichte Raum ist plötzlich voller Schatten. Dann realisiere ich, dass Abigail mit mir spricht. »Ist es schlimm?«, fragt sie.

»Wie ich gesagt habe«, seufze ich, »bis zu den Ohren. Du willst ganz sicher nichts damit zu tun haben. Zeig mir, wo das Sofa steht.«

Am nächsten Morgen wache ich bei strömendem Regen auf, der am Fenster runterläuft. Ich habe schlecht geträumt. Für einen Moment liege ich einfach nur da und erinnere mich dann daran, dass die schlechten Träume tatsächlich gar keine Träume waren. Ich wünschte, ich könnte einfach wieder einschlafen. Stattdessen stehe ich auf und mache einen Tee für Abigail. Etwas Earl Grey, etwas Lapsang, ein Stück Zucker. So trinkt sie ihn gern. Dann trage ich den Tee in ihr Zimmer und stelle ihn neben das Bett. Sie rührt den Tee um und sagt: »Komm rein hier. Ich hatte einen wundervollen Traum.« Wenn sie den Traum nicht erwähnt hätte, würde ich das vielleicht sogar tun. Aber wie die Dinge stehen, kommen die Träume und ich gerade nicht so gut miteinander aus. Ich vertröste sie aufs nächste Mal, koche Kaffee, esse etwas Toast und versuche die Entscheidung zu treffen, wohin ich mich als Nächstes wende. Die Polizeioption wirkt plötzlich nicht mehr besonders vielversprechend. Mal abgesehen von den Fäden, die Yusupov gesponnen hat, ist Baker Privatunternehmer. Die Polizei hinzuzuziehen würde seinen Finderlohn gefährden. Und dadurch auch meinen.

Also, gut. Nehmen wir einmal an, ich würde versuchen, die Ladung zurückzuholen. Ob es die Russen wohl geschafft haben, sie auf ihr Schiff umzuladen? Unwahrscheinlich. Wo also ist sie?

In einer idealen Welt würde ich dieses ganze scheußliche Business jetzt einfach hinter mir lassen. Aber diese Welt ist nicht ideal. Sie scheint es von Minute für Minute weniger zu sein. Nun, da ich meine schlechten Träume in Abigails netter anwaltlicher Wohnung hatte, weiß ich, wo ich anfangen werde. Ich brauche jetzt ein anderes Milieu um mich herum. Und wenn es um zwielichtige Erscheinungen geht, dann ist Georgie genau der richtige Mann.

Ich nehme das Telefon in die Hand, wische mit dem zitternden Finger auf dem Display herum und sage Georgie, was ich brauche.

»Wo?«, sagt er.

»Dunoon.«

»Okay.«

Ich höre Abigail in der Dusche. Klein, gepflegt und schön kommt sie zum Tisch. Sie ist eine ehrgeizige Radfahrerin. Einer der Gründe, warum unsere Beziehung keinen dauerhaften Status erreicht hatte, war die Tatsache, dass ich ihr zwar sehr gern beim Fahren zusah, aber sehr viel langsamer war als sie. Ich sage: »Hast du immer noch dieses Fahrrad im Keller?«

»Für dich?«

»Ich hätte gerade Lust auf eine Tour. Würdest du es mir borgen?«

Sie wirft mir einen Anwaltsblick zu. »Nimm es«, sagt sie, »und bring es zurück. Es ist komplett aus Kohlefaser und dem ganzen Zeug.«

»Ich kann es aber nicht sofort zurückbringen.«

»Ich kann warten«, sagt sie mit gespieltem Seufzer und schaut auf ihre Uhr. »Die Arbeit ruft. Ich muss los.« Wir gehen zusammen die Treppe runter, und sie zeigt mir den Weg zum Keller. Das Rad ist groß und schwarz. Man kann es mit einem Finger anheben. Ich ziehe mir die Kapuze meiner Jacke über den Kopf, rolle es zur Vordertür hinaus in den Nieselregen, quetsche es durch eine Reihe geparkter Autos und springe auf.

Ich bin kein geborener Radfahrer. Ich muss zugeben, dass ich ein bisschen wacklig unterwegs bin. Während ich zittrig eine Hauptstraße entlangfahre, sehe ich auf der anderen Straßenseite einen Mann, der mit dem Finger auf mich zu zeigen scheint, gerade, als ich an einem schicken grauen Mercedes vorbeifahre. Als dessen Windschutzscheibe »plop« macht und sich in Milchglas verwandelt, bin ich überrascht. Aber nur ganz kurz.

Während meiner aktiven Whiskyzeit hätte ich nun vermutet, dass es sich um einen Zufall handelte. Heutzutage aber glaube ich nicht mehr an Zufälle. Mein Herz hämmert wie ein Maschinengewehr. Hinter mir ist Sirenengeheul zu hören. Ein Polizeiauto kommt auf zwei Reifen um die Kurve geschossen. Fast hätte ich meine Hand ausgestreckt, um es anzuhalten. Der Mann, der auf mich gezeigt hat, steckt seine Hand in die Manteltasche und schlendert in den Eingang zu einer schmalen Gasse auf seiner Seite der Straße. Ich entscheide mich, die Hand nicht auszustrecken, wende das Rad und nehme einen kleinen Gang auf der entgegengesetzten Seite ins Visier. Der Polizeiwagen rast weiter. Ich bin schon in die Gasse eingebogen. Die entpuppt sich jedoch weniger als Gasse denn als Freitreppe. Ich holpere sie runter. Da ich aber kein Zirkustraining absolviert habe, habe ich keine Ahnung, wie man eine Freitreppe runterfährt. Weshalb sich das Vorderrad verdreht, ich einen Abgang mache und das Fahrrad und ich die Treppe herunterpoltern. Ich stoße mir den Kopf und höre es in meinen Ohren klingen und mein Blut rauschen, achte aber nicht weiter darauf, weil ich nach oben zum Eingang der Gasse starre, mich fieberhaft nach einem Mann mit einem Ding umsehe, das wie ein auf mich zeigender Finger aussieht, tatsächlich aber kein Finger, sondern eine Waffe ist – Yusupov, du Bastard –, mit der gerade jemand auf mich geschossen hat.

Doch da ist kein Mann. Und dann rase ich schon die nächste Straße runter, überhole wütend einen Rushhour-Stau auf der Innenbahn. Ich bahne mir den Weg runter zum Hauptbahnhof und finde einen Zug nach Gourock, in dem zu dieser Tageszeit am Morgen keine Fahrräder erlaubt sind. Doch aus irgendeinem Grund will das gar niemand mit mir diskutieren. Es mag an dem Blut liegen, das mir aus den Haaren rinnt. Ich steige also mit meinem Fahrrad ein, und der Zug fährt los. Ich lehne mich in einer Ecke an. Ich keuche, während mir etwas übers Gesicht läuft. Es könnte Blut oder Wasser sein. Vielleicht schluchze ich auch, und das Blut oder das Wasser sind Tränen. Denn es sieht so aus, als sollte ich das Ganze als Warnung interpretieren, dass Yusupov es ernst meint.

Langsam geht mein Atem wieder normal. Die Panik lässt nach. Ich fange an, wieder klar zu denken.

Vielleicht war diese Warnung doch nicht ganz ernst gemeint. Wenn Yusupov Leute umbringen will, dann sterben sie in der Regel auch. Ich bin aber nicht gestorben. Also will Yusupov mich nicht tot sehen. Er wollte mich warnen. Er wollte mich tatsächlich sehr gewarnt sehen.

Der Schrecken lässt langsam nach. Seinen Platz nimmt eine andere Emotion ein. Sie werden schon mitbekommen haben, dass ich in keiner Weise ein Superheld bin. Aber ich bin sehr wohl imstande, stinksauer zu sein. Und Leute, die aus Mercedes-Windschutzscheiben heraus auf mich schießen, während ich kurz nach dem Frühstück vorbeiradle, die machen mich wütender als alles andere. Ganz zu schweigen von Leuten, die mir meine Karriere versauen, weil sie mich zufällig involvieren, als sie das Feuer auf die vermutlich Monaco regierende Familie eröffnen und mich in der Folge auch in die Entführung von mehreren Millionen Pfund teurem Whisky reinziehen. Ich habe mit dem abgeschlossen, was Psychologen einen chaotischen Lebensstil nennen. Ich stehe jetzt auf der anderen Seite des Lebens, treffe meine eigenen Entscheidungen, habe mein Leben fest im Griff. Und dann folgt mir das Chaos ohne eigenen Fehler wieder wie ein Hornissenschwarm. Ich will, dass das aufhört. Und wenn das bedeutet, dass ich den Whisky finden und mich um Yusupov und Violentin kümmern muss, dann ist es so.

Sie werden jetzt den Kopf schütteln und schlussfolgern, dass ich kein geeigneter Gegner für Milliardäre oder gigantische Mörder bin und offensichtlich an einer akuten Adrenalinvergiftung leide. Aber ich versichere Ihnen, dass mir diese Gedanken tatsächlich durch den Kopf gehen. Also steige ich in Gourock aus und fahre rüber zur Dunoonfähre, von deren westlichen Terminal aus ich durch den inzwischen stärkeren gewordenen Nieselregen runter zum Anleger der Holy Loch Marina fahre, an dem die GLEANER schon liegt und auf mich wartet. Von Bord der GLEANER rufe ich Baker an. »Ich habe nachgedacht«, sage ich.

»Darauf wette ich.«

»Du kannst Yusupov sagen, dass ich losziehe und nach der Ladung Ausschau halte«, sage ich.

»Ich wünschte, ich könnte sagen, dass ich diesbezüglich hundertprozentiges Vertrauen in dich setze«, sagt Baker, »aber das tue ich nicht. Dafür habe ich Druckmittel. Und du bist besser überzeugt davon, dass ich mich nicht scheuen werde, sie einzusetzen.«

Ich sage wieder: »Okay.« Was es nicht wirklich ist.

Das sollte ich erklären.

9

Ein paar Jahre, bevor das hier alles geschieht, hatte ich, was man wohl einen Zusammenbruch nennen würde. Sie mögen vielleicht sagen, dass Sie das nicht wirklich überrascht, wenn man bedenkt, was zuvor geschehen war. Ich war einen Monat lang oder so von den Strippenziehern der Schwarzfischerei durch die Irische See gejagt worden. Ich hatte für die Festnahme eines betrügerischen Hauptkommissars gesorgt und wahnsinnig betrunken mit einem außerordentlich unangenehmen Paramilitär Poker gespielt, den ich später mit Sprengstoff in die Luft gejagt habe; Sprengstoff, mit dem er eigentlich mich hatte hochgehen lassen wollen. Am Ende ging ich – absolut pleite – auf Whiskydiät.

Baker war jemand, den ich vage kannte, als ich noch auf dem Pfad der Tugend wandelte. Darüber hinaus hatte ich vor sehr langer Zeit vermutlich einmal sein Leben gerettet. Und er vor nicht ganz so langer Zeit definitiv meines.

Ich habe sein Leben retten können, weil wir zusammen bei der Army gewesen sind, bevor ich zur Polizei gegangen war. Eines Tages war er aus dem RIB gefallen, das er nicht sehr gut steuerte. Das RIB war fortgeweht worden, und er hatte vor der Küste Norwegens im Wasser getrieben. Trockenanzug hin oder her: Das hätte er nicht lange überstanden. Ich hatte das Glück zu sehen, dass er über Bord gegangen war. Nachdem ich ihn eine Weile hatte treiben lassen, damit er über die Fehler seines Handelns nachdenken konnte, hatte ich ihn aus dem Wasser gefischt.

Einige Jahre nach den eben geschilderten Ereignissen und infolge der Vorfälle in Sachen Schwarzfischerei und der Begegnung mit den gemeingefährlichen Iren lebte ich in einer unerfreulichen Marina am Clyde. Mein Zuhause war eines der Boote aus dem Maklergeschäft, ein Modell namens Kingfisher 22, das eher einem Kaninchenstall mit einem Mast glich. In dessen beengtem Raum unter Deck habe ich gehaust und die meiste Zeit mit dem Trinken verbracht. Die Sonne war gerade zum dritten Mal in dem Jahr herausgekommen, und ich hatte mich aus der Koje auf den Ponton gehievt, um mich dort in den Möwendreck zu legen. Dabei hatte ich wie stets eine Flasche in der Hand. Ich lag auf dem Rücken und befand mich in einem Zustand der Erstarrung, als ich schwere Schritte neben meinem Kopf wahrnahm. Als ich nach oben gegen die Sonne blinzelte, nahm ich eine dunkle, aber aufgeräumt wirkende Gestalt wahr. »Herrgott«, sagte der Schattenriss.

Ich teilte ihm mit, dass er auf seine Manieren achten möge, und langte nach der Flasche. Der Schattenriss bückte sich und nahm sie weg. »Es gab einmal eine Zeit«, sagte er, »in der du zu viel getrunken hast. Aber das war kein Glen Stag für, sagen wir, 10 £ die Flasche. Wie tief die Mächtigen doch gefallen sind.«

»Bin niemals allzu mächtig gewesen«, sagte ich als eine Art Erklärung, »würde es dir etwas ausmachen, mir bitte die Flasche zu reichen?« Die Silhouette schwankte ein wenig, und ich schloss daraus, dass sie sich zu mir runter auf den Ponton setzte. Die Flasche landete wieder in meinen Händen – ein warmes und angenehmes Gefühl. »Grundgütiger«, sagte ich, »Charlie Baker, oder?«

»Charles«, sagte die Silhouette, deren Gesicht ich nun voll erkennen konnte. Die Augen darin funkelten demonstrativ, leuchteten dunkel und zynisch. »Was machst du hier?«

Im zweiten Versuch gelang es mir, mich in eine sitzende Position zu bringen. »Ich könnte dich das Gleiche fragen«, sagte ich.

»Die Wasserpumpe hat ein Leck«, sagte er und zeigte auf eine glänzend weiße Oyster, die etwas weiter unten am Steg lag. »Wir warten am Kopfsteg auf den Techniker.«

»Klar, sonst hättest du deinen schönen Gelcoat-Rumpf wohl kaum mit dem Abschaum in diesem Hafen besudelt.«

»Wie wahr. Und was finde ich hier vor?«, sagte Charles, »meinen guten alten Bekannten in einem Zustand, den ich nur als äußerst bedenklich beschreiben kann.«

»Im Zustand eines Alkoholikers«, sagte ich.

»Solange du dich dabei amüsierst«, sagte er.

Nun, das tat ich nicht. Aber das wollte ich ihm natürlich nicht mitteilen. Zu Demonstrationszwecken grinste ich ihn an, während er frisch und strahlend in seinem schicken neuen Ölzeug neben mir saß. Und plötzlich bemerkte ich, dass ich angefangen hatte zu weinen.

Was natürlich beschämend war. Ich hätte nur zu gern damit aufgehört, aber aus irgendeinem Grund hatte ich dafür keine Kraft. Charles sagte gar nichts. Er zog mich auf die Füße und brachte mich über den Ponton in einen Pub, wo er für sich Sprudelwasser und für mich vermutlich einen Whisky bestellte. Das alles erscheint mir heute recht verschwommen. Ich nehme an, dass ich ihm eine ganze Menge über dies und das erzählt habe, obwohl ich mich nicht an Einzelheiten erinnern kann. Woran ich mich allerdings bis heute erinnere, ist, dass er irgendwann an jenem Nachmittag zu mir sagte: »Ich kenne jemanden, der hier um die Ecke einen Platz hat, an dem dir das Leben etwas leichter fallen könnte.«

»Ein Friedhof?«

»Eine Klapsmühle.«

»Ah.« Mein Interesse sank mit Höchstgeschwindigkeit.

»Die einzige dort geltende Regel, und das kannst du dir sicher denken, ist die, dass du dort hingehst, weil du dort hingehen willst. Ich werde ihn jetzt anrufen und bitten, einen Wagen zu uns zu schicken. Er wird hier heute Abend um 18 Uhr auf dich warten und um 19 Uhr wieder wegfahren. Wenn du dich darauf einlässt, wird er vielleicht imstande sein, dir zu helfen, dich selbst aus deinem Zustand zu befreien.«

Himmel, war ich müde. Alles drehte sich. Ich sagte, und das erinnere ich, wenn auch durch den Nebel der Scham, sehr genau: »Und wer wird das bezahlen?«

»Ich mach das.«

»Weil ich dein Leben gerettet habe.«

»Werde erwachsen«, sagte er. »Denn du warst einmal ziemlich gut in dem, was du gemacht hast. Und eines Tages wird dein Telefon klingeln. Der Anruf wird von Trust Outcomes kommen, was meine Firma ist. Dann wirst du die Chance bekommen, einen sehr kleinen Anteil auch selbst wieder gutzumachen.«

»Für wen«, sage ich, »hältst du dich?« Aber da war er schon gegangen.

An jenem Abend kam um 18 Uhr ein Auto in der Marina an und parkte vor dem Büro. Es war ein Ford Fiesta, also nicht die Art von Transportmittel, die man sich als Repräsentant einer Klinik erhoffen würde, die dem großen Gavin Chance etwas Gutes tun würde. Ich machte mich darüber lustig, nahm den letzten Schluck aus der Glen-Stag-Flasche und fischte in meiner Tasche nach dem nächsten Zehner für die nächste Flasche. Zu meiner Beunruhigung entdeckte ich, dass da kein Zehner mehr war. Ich ging den Steg runter und sprach mit Andy, der korpulenten Linda und Jock und Marcel, aber keiner von ihnen konnte mir einen Zehner leihen. Vielleicht wollten sie es auch nicht. Um 18:30 Uhr saß ich auf dem Steg und starrte den Fiesta an. Der Fahrer las ein Buch. Ich wurde ziemlich wütend. »Zur Hölle mit dem«, dachte ich. Um fünf vor sieben entschied ich mich für ein kleines Nickerchen. Ich zog das erste Waschbrett aus der Luke und sah, wie der Fiesta begann zu wenden. Ich kraxelte nach unten, als mir plötzlich der Gestank aus der Kabine, der Bilge und von der schmutzigen Wäsche in die Nase drang. Wie eine Trident-Rakete schoss ich aus der Luke und sprintete den Steg hinunter. Als das Auto gerade vor dem rostigen

Tor ankam, das den Yachthafenausgang schließt, schlug ich auf sein Wagendach. »Ist es zu spät?«

Im Auto saß ein dunkelhäutiger Mann mit quadratischem Kiefer, der nicht besonders stark rasiert war. Er lehnte sich rüber, öffnete die Beifahrertür und sagte: »Es ist nie zu spät, Kumpel. Willkommen an Bord.«

Und dann fuhren wir los.

Ich werde nicht näher darauf eingehen, was sich hinter den geschlossenen Türen von Dr. Martins Einrichtung abspielte. Ich kam nicht trauriger und auch nicht weiser, aber wesentlich nüchterner wieder heraus. Einen Tag nach meiner Entlassung klingelte das Telefon. »Nimm dir ein paar Wochen Zeit«, sagte Charles, »sagen wir, bis Anfang Februar. Dann solltest du auf einen Sprung in London vorbeikommen und mit einem Typen reden. Es geht um einen Job, wie ich schon sagte.«

»Und dann sind wir also quitt?«

»Nicht wirklich«, sagte Charles, »kontinuierliche Kommunikation ist das, was wir brauchen. Meinst du nicht?«

Das meinte ich tatsächlich nicht. Doch bevor ich ihm das mitteilen konnte, hatte er schon aufgelegt. So machte ich mich Anfang Februar also auf, um den Typen zu treffen, der sich als Yusupov entpuppte und einen Skipper für sein Boot suchte, das sich in Palma de Mallorca befand und die Saison in Monte Carlo beenden sollte. So hatte er es jedenfalls gehofft. Der Rest ist mehr oder weniger Geschichte.

Es hatte sich damals schon zu gut angehört, um wahr zu sein. Und genauso hatte es sich auch entwickelt.

In den Bergen hat sich am Kopfende von Holy Loch ein schmutziger Regenschleier festgesetzt, als ich Abigails Fahrrad aufs Deck der GLEANER stemme. Georgie lugt aus dem Steuerhaus heraus. »Und was kommt jetzt?«

»Zurück nach Callasay.«

Die Tür vom Steuerhaus kracht hinter ihm ins Schloss. Die GLEANER scheint in ihrem Inneren zu erschauern, und der Auspuff spuckt eine schrecklich schwarze Rauchwolke in den Himmel. Ich mache die Landleinen los, und das Boot legt ab, vollzieht eine Haarnadelkurve, fährt an einem Kran vorbei, der gerade Holz auf dem Steg stapelt, und richtet seinen Bug auf der offenen See in Richtung Osten. Ich gehe ins Steuerhaus. »Diese Fähre gilt immer noch als vermisst«, sagt Georgie durch den Qualm. »Sie hat sich in Luft aufgelöst.«

»Und die Crew?«

»Das ist die Sache«, sagt Georgie. »Sie sind okay, aber niemand kann mit ihnen in Kontakt treten. So haben sie es über Funk mitgeteilt. Sie scheinen von einem russischen Schiff aufgesammelt worden zu sein. Und das russische Schiff war unterwegs auf Kurs Murmansk. Ich nehme also an, dass sie von dort aus heimfliegen werden.«

Also hatte das Schiff sie gefunden. Oder sie waren mit einem RIB zum Schiff gebracht worden. Das würde sie als Figuren aus dieser Geschichte entfernen, bis etwas Gras über die Sache gewachsen war und die Protagonisten sich selbst weit weg in Sicherheit gebracht haben werden. Ich frage mich nun, ob das Schiff auch den Whisky an Bord hat. Das werden wir herausfinden müssen.

Es gibt jedoch eine ganze Reihe von Rätseln. Charles will den Whisky zurückhaben. Was sehr gut nachvollziehbar ist, weil sein Versicherungskunde sonst mehrere Millionen Pfund wird ausbezahlen müssen. Yusupov behauptet zumindest, dass er den Whisky zurückhaben will, vermutlich, weil er die Öffentlichkeit wieder davon überzeugen will, dass seine Schiffsgesellschaft exzellenter und sicherer Natur ist. Und dass sie definitiv keine Merkmale aufweist, die auf seinen Start ins Leben als gewalttätiger Veruntreuer sowjetischen Staatsvermögens zurückzuführen sind. Was Violentin betrifft, so könnte er Anständigkeit nicht einmal dann erkennen, wenn sie ihm auf einem Reisbett mit Petersilie drum herum serviert werden würde. Man muss also annehmen, dass er inzwischen freiberuflich tätig ist und ebenfalls den Whisky haben will – zumindest den Teil davon, den er nicht persönlich trinkt – um ihn zu verkaufen. Darüber hinaus ist er in Missis Yusupov verknallt und wird ihr gern zeigen wollen, dass er zumindest an der Frontlinie imstande ist, die Dinge besser zu regeln als ihr Ehemann.

Und dann ist da noch Clearance. Er hat das Zeug im Wert von 2.000.000 £ in den Dünen seiner Insel vergraben. Und es wird nicht in der Natur des Mannes liegen, es in naher Zukunft einer Wohltätigkeitsorganisation zu spenden. Ich frage mich, ob sich Clearance wirklich im Klaren darüber ist, mit wem er es da zu tun hat.

Okay, es sind also eine Menge Kräfte am Wirken. Und davon kann ich Georgie und mich nicht ausnehmen. Wenn wir den Whisky finden und, nur mal angenommen, auch in seinen Besitz gelangen können: Wie sollen wir zwei Containerladungen auf die GLEANER bekommen? Immer vorausgesetzt, dass wir physisch überhaupt in der Lage zum Verladen sein werden? Nun – kommt Zeit, kommt Rat.

Der Nachmittag dauert an. Die GLEANER müht sich nun unter Autopilot den Clyde hinunter, der grüne Buckel von Little Cumbrae gleitet an Backbord vorbei. Ich sage zu Georgie: »Was geht auf Callasay vor sich?«

»Das weißt du besser als ich.«

»Ich meine, ob es da irgendwelche Boote gibt?«

»Keine, abgesehen von denen, mit denen der kleine Brutalo Clearance herumspielt. Und was immer sie für die Fischzucht nutzen.«

»Fischzucht?«

»Hast du nicht davon gehört? Die größte Lachsfarm der Hebriden befindet sich am nordöstlichen Zipfel der Insel.«

»Also haben sie ein Schiff.«

»Natürlich. Großes Ding, brandneu, eine Art Katamaran, der sich um alle Farmen in der Richtung kümmert. Als Serviceboot.«

»Na, dann«, sage ich.

Georgie zündet sich die zwölfte Zigarette dieser Reise an. »Stecken wir in Schwierigkeiten?«

»Schwierigkeiten? Wir?«

»Versteh mich nicht falsch«, sagt Georgie, »ich habe nichts gegen ein bisschen Ärger. Aber ist da auch ... äh ...«

»Geld im Spiel?«, vollende ich.

»Genau.«

»Viel Geld«, sage ich, »wenn wir es schaffen, den Whisky dahin zurückzubringen, wo er hingehört.«

»Okay«, sagt er. Soweit es durch den Qualm zu beurteilen ist, sieht sein riesiges pockennarbiges Gesicht nun ein bisschen fröhlicher aus.

Wir rumpeln zurück um das Mull of Kintyre westlich von Islay und durch den grauen Minch, der uns seine Zähne zeigt. Wir trinken faden Nescafé und essen Bohnen von Mother's Pride. Die Nacht bricht an, und wir mühen uns Wache um Wache voran. Als am nächsten Tag die Morgendämmerung anbricht, wird der Horizont von einer tiefliegenden Landlinie unterbrochen. Wir nähern uns Callasay.

Ich richte das Fernglas aufs Land. Keine Regung festzustellen. Aber noch sind wir gut fünf Seemeilen entfernt. Auf diese Distanz ist es nicht möglich, Leute zu erkennen. Ich gehe zum Heck, um das Dingi an den Ladebaum zu hängen. Jetzt runden wir die Landspitze. Mein Herz sinkt bei der Vorahnung von dem, was uns bevorsteht: die halbtote Fähre am Strand, das Haus von Clearance, das mit all seinem Glas und Beton über die Lagune blickt, und Clearance selbst, voller Gier und eine Plage.

Und da kommt auch schon der Strand mit seiner sanften weißen Kurve und den Dünen im Hintergrund in Sicht. Der Sand ist aufgewühlt von den schweren Maschinen, die hier eingesetzt worden sind. Aber Menschen sind nicht in Sicht. Nun, es ist ja noch früh am Morgen.

Der frühe Morgen kann allerdings nicht dafür verantwortlich sein, dass die Fähre aus rund 20.000 Tonnen sperrigem Stahl und mitsamt dem 20-Fuß-Container im Steuerbordbug verschwunden ist.

Das Fenster des Steuerhauses öffnet sich mit einem Knall. Georgie sagt: »Wat is' los?«

Die Frage scheint keiner Antwort zu bedürfen. Ich veranlasse den Ladebaum dazu, das Dingi anzuheben, es auf die Seite zu schwingen und dort runterzulassen. Irgendwo am Rande der Hörbarkeit monologisiert Georgie vor sich hin. »Haben auf Niedrigwasser gewartet«, sagt er. »Sind reingegangen, haben das Leck geschweißt, das Wasser ausgepumpt. Von hier weg kamen sie einfacher als alles andere. Oh, ja, von gesunden Männern mit einer guten Einstellung kann das bewerkstelligt worden sein.«

Ich sage ihm nicht, dass das natürlich machbar gewesen sein könnte. Denn es ist ganz offensichtlich geschehen. Vielleicht genauso, wie Georgie es sich vorstellt. Aber ehrlicherweise interessiert mich das kein Stück. »Was«, denke ich, »wenn sie den Whisky zurück auf die Fähre gebracht und die wieder flottgemacht haben? Was, wenn es nach alledem doch noch zum Rendezvous mit ihrem Schiff gekommen ist? Was soll ich dann Charles sagen? Und was wird Clearance daraus gemacht haben? Er ist nicht der Typ, der sich ein paar Millionen durch die Lappen gehen lässt.«

»Okay«, denke ich, »ich werde ihn fragen. Vielleicht antwortet er auch, und dann gehen wir die Sache von dem Punkt aus an.«

Ich nehme den Festmacher vom Dingi kurz, während Georgie den Anker auf den sandigen Grund fallen lässt. »Kommst du?«, sage ich.

»Nein«, sagt Georgie, und ich kann ihm das nicht wirklich zum Vorwurf machen. Das hier könnte sich zu einem großen Problem entwickeln, aber es ist ganz sicher nicht sein Problem. Ich greife nach einem schweren eisernen Pumpenschwengel und schmeiße ihn ins Dingi. Dann steige ich selbst hinein und beginne damit in Richtung Strand zu rudern.

Der Himmel ist blau, das Wasser klar und blassgrün. Für einen Moment kann ich mir vorstellen, dass ich in den Ferien bin, im Schoß dieser kleinen Jolle sitze, die Möwen kreischen höre und dem Strand entgegenschaukle, um dort auf Entdeckungsreise zu gehen oder ein Picknick zu genießen. Ich ziehe die Ruder ein paar Mal durch. Die kleinen Wellen, die auf den Strand laufen, erzeugen ein leichtes Gurgeln unter dem Bug. Das Heck setzt mit einem sanften Knirschen auf den Sand auf. Ich nehme die Winschkurbel in die Hand, gehe zum Bug und dann mit dem Festmacher den Strand hoch, wo ich ihn an einem Felsen befestige.

Wenn man weiß, wonach man schauen muss, dann kann man leicht erkennen, wo die Fähre gelegen hat. Die Bugrampe hat eine Rille im Sand und der Rumpf eine hängemattenartige Vertiefung im Meeresboden hinterlassen, welche die Flut noch nicht wieder geglättet hat. Über einen Streifen Sand, der von Panzerketten komprimiert worden ist, gehe ich durch die erste Dünenreihe hindurch zu einer Mulde. Ich habe gesehen, wie sich die Baggerschaufeln hier auf und ab bewegt hatten, als Captain Clearance Flint seinen Schatz versteckte. Jetzt aber befindet sich hier ein großer Haufen Sand auf der einen Seite eines riesigen Lochs, das groß genug ist, um mehrere 20-Fuß-Container zu verbergen. Nur enthält das Loch keine Container. Was zum Teufel?

Ich klettere auf die höchste Düne und schaue rüber zum Haus von Clearance. Die leichte Brise raschelt im Mamorgras. Immer noch kein Anzeichen von Leben. Der Damm ist trocken, das Wasser läuft noch ab. Ich gehe wieder runter an den Strand und wähle den Steinweg über die Lagune. Die Boote hängen brav an den Moorings. Ein paar lockenköpfige Gänsesäger treiben sich an den Bojen herum. Alles ist so ziemlich wie bei meinem ersten Besuch. Abgesehen von der totalen Abwesenheit von Menschen.

Das Haus blickt mich mit seinen großen leeren Panoramafenstern an. Eines von ihnen steht offen, ein Vorhang weht aus ihm hervor und flattert im Wind. Ich sehe, dass der Saum zu Fetzen zerfasert ist, als würde das schon tagelang so gehen. Gänsehaut lässt mir die Haare im Nacken zu Berge stehen. Ich gehe zum offenen Fenster, stecke meinen Kopf rein und rufe: »Hallo?«

Keine Antwort. Kein Echo. Ich schiebe das Fenster ganz zur Seite und betrete das Zimmer.

Dort, wo der Regen eingedrungen war, ist der Teppich nass. Der Raum ist kalt und aufgeräumt. Genauso wie das nächste Zimmer, das Esszimmer und auch der Salon. Alles wie aus dem Ei gepellt, obwohl die Feuer erloschen sind und die Asche kalt ist. Der vierte Raum ist nicht so schön ordentlich. Es wirkt wie ein Arbeitszimmer mit einem Computer, einem Tisch und mehreren Bildschirmen, die Clearance vermutlich für seine Deals nutzt. Der stark gepolsterte Drehstuhl liegt umgekippt auf der Seite. Einer der Bildschirme liegt auf dem Fußboden und ein anderer, der an der Wand angebracht ist, weist eine heftige Delle auf, von der aus sich Sprünge wie ein Sternenbild von innen nach außen ziehen. Es wirkt, als wäre ein großes rundes Objekt dagegengeknallt. Ein Kopf beispielsweise. Da ist auch ein Waffenschrank, dessen Tür offen steht und halb herunterhängt. Ich sehe ein paar 12-Kaliber-Flinten und ein 22er-Gewehr mit passender Munition. Außerdem finde ich eine Schachtel mit 375er-Patronen. Daneben eine Halterung für das Gewehr, das sie abfeuert. Doch ihr Platz ist leer.

Ich gehe um den Tisch herum und tippe auf die Tastatur. Der verbliebene Rest vom Bildschirm leuchtet auf. Und mit ihm eine halbfertige E-Mail, die ich schnell überfliege. Sie ist an eine mir unbekannte Person gerichtet und bietet Whisky zum Verkauf an. Sie bricht plötzlich ab, als wäre der Absender unterbrochen worden. Ich tippe auf »Drucken«, höre das Summen des Druckers, schnappe mir das Papier und stopfe es in meine Hemdtasche. Die Kälte, die mir in die Knochen gefahren ist, scheint sich zu verstärken. Ich ziehe mir den Schal vom Hals und wische die Leertaste, die einzelnen Computertasten und den Türgriff ab. Dann gehe ich wieder in den Garten.

Das Haus hatte den Elementen offen gestanden, doch irgendwie fühlt sich die Luft hier draußen reiner an als die im Haus. Die Ställe im Hof sind verschlossen. Ich spähe durch den Schlitz zwischen den stählernen Schiebetüren hindurch in den großen Schuppen. Der Bagger und der Kipper sind ordentlich abgestellt worden. Ich kann noch Sand in der Schaufel und in der Wanne des Kippers erkennen.

Hinter den Schuppen führt eine Straße zwischen sauber verdrahteten Schafweiden bergauf. Ich folge ihr etwa eine halbe Meile, bis ich einen Kamm mit einem trigonometrischen Punkt erreiche. Von hier aus ist es möglich, den größten Teil des Weges um die Insel herum zu überblicken. Immer noch kein Anzeichen für Leben. Im Norden, jenseits der fernen Ringelflechte aus Lachsfarmkäfigen, liegt Bora am Horizont. Bis auf einen Lastkahn bei den Lachskäfigen und ein paar Yachten, die den Minch hinauffahren, sind keine Schiffe zu sehen.

Ich drehe mich um und will schon gehen, als ich einen Kopf hinter einem kleinen Hügel auftauchen sehe. »Hallo!«, rufe ich.

Es ist ein Mann in einer schmutzigen Cordhose mit einem alten grünlichen Mantel, grünen Gummistiefeln und einem Hirtenstab aus Horn. Er bleibt stehen und schaut mich an, während ich ihm entgegeneile. »Hi«, sage ich und gebe den atemlosen Engländer, »ich bin gekommen, um mich hier einmal umzuschauen, wissen Sie. Aber es ist niemand auf der Insel.«

»Aha«, sagt der Mann.

»Abgesehen von Ihnen.«

»Ich bin für die Schafe hier«, sagt der Mann. »Ich lebe auf Bora. Der Boss kann hier keinen Schafhirten halten. Also komme ich von Bora rüber und kümmere mich um die Schafe. Schafe sind das«, sagt er, »was ich mache.«

»Ah«, sage ich, »Schafe. Ich verstehe.« Ich habe das dumme Gefühl, dass ich schon sehr bald Fragen ausgesetzt sein werde. Ich bin aber daran interessiert, den Eindruck eines Gelegenheitsgastes zu erwecken. »Ich bin mit dem Boot vorbeigekommen und habe gemerkt, dass er selbst nicht da ist. Aber da waren ja noch zwei, drei andere Männer hier. Die scheinen aber auch nicht mehr hier zu sein.«

»Nein«, sagt der Schäfer, »Sie sind weg. Sie haben die Insel vorgestern mit einer Fähre verlassen. Nach dem ganzen Ärger.«

»Ärger?«

»Sie haben gesagt, dass sie gekämpft haben. Sie sahen aus, als hätten sie zwölf Runden mit einem Zementmischer absolviert. Und dann sind sie gegangen. Nach Uig. Sie schienen froh darüber zu sein, von hier wegzukommen. Ach, das war doch kein Leben hier für sie so als Fremde und mit all dem. Und dieser Winstanley, der war doch auch kein vernünftiger Boss.«

»Das glaube ich auch nicht«, sage ich. »Aber es wird interessant sein zu sehen, wie er ohne sie klarkommt.«

»Wenn das ihre Auffassung von interessant ist«, sagt der Schafhirte, der offenbar noch nichts davon gehört hat, dass die Inselbewohner der Hebriden im Allgemeinen als die freundlichsten, geselligsten und wohlerzogensten Menschen gelten. Andererseits kann es natürlich sein, dass er oder seine Familie von der Insel verjagt worden sind. Dann ist es vielleicht nicht sein Fehler. »Also, ich kann mich nicht den ganzen Tag unterhalten.« Und dann stampft er einem Schaf hinterher.

Ich gehe wieder runter. Im Verlauf der vergangenen Woche waren zwei Containerladungen mit Whisky und eine mittelgroße Fähre wie vom Erdboden verschwunden. Gleichzeitig hatte ein Kampf stattgefunden. Clearance scheint verdunstet zu sein und seine Faktotums sind auf und davon in Richtung Festland.

Merkwürdig.

Ich gehe weiter bergab, am Haus vorbei und über den Damm zurück zum Strand. Die GLEANER liegt vor Anker und sieht mit ihren rostigen Streifen recht scheußlich, aber irgendwie auch heimelig aus. Während ich die Senke zwischen den Dünen erreiche, stößt mein Fuß an etwas, das im Sonnenlicht glänzt. Ich bücke mich und hebe es auf. Dem Anblick nach ist es eine Messingpatronenhülse, Kaliber 357. Ich rieche daran. Sie wurde erst kürzlich abgefeuert. Binnen der letzten Woche, würde ich sagen. Und nicht bei früheren Schießübungen. Sondern während die Insel von Russen bevölkert war.

Die Gänsehaut kehrt zurück. Weil Sand trocknet und zerrinnt, kann er Abdrücke nur schwer bewahren. Aber nun, da ich mir das einmal näher anschaue, weist die Spur am Hang dieser Düne seltsame Eigenschaften auf. Unter dem Marmorgras sieht ein Streifen so als, als wäre etwas darübergeschleift worden. Ich raffe mich auf und scharre im Sand. Ich stoße auf etwas Glattes und Braunes, kann es umfassen und hochziehen. Es ist der Kolben eines Gewehrs: eine Ruger Nr. 1, um genau zu sein. Ein Hirschgewehr in der Art, wie man es auf einer schottischen Insel erwarten würde.

Jetzt bin ich wirklich beunruhigt. Die Ruger ist eine Ein-Schuss-Waffe. Sie hat kein Magazin. Du hast deinen einen Schuss. Wenn du nachladen musst, aber keine Zeit dafür hast, dann kann das Zielobjekt wegrennen. Oder dich attackieren.

Weiter unten am Hang entdecke ich noch einen Bereich mit aufgewühltem Sand. Als hätte dort jemand mit einem Bagger ein paar Schaufeln Sand rausgeholt und sie wieder fallen lassen. Daraus ist ein Haufen von etwa ein mal zwei Metern entstanden. Ich gehe an der Seite der Düne runter, bücke mich und lasse etwas von dem Sand durch meine Finger rinnen. Es ist einfach nur Sand. Ich tauche mit beiden Händen in den Haufen ein und denke noch, dass ich das eigentlich nicht tun will.

Aber ich mache es trotzdem. Vor meinem geistigen Auge sehe ich einen Mann, der mit einem Gewehr über die Düne rennt und auf jemanden schießt, ihn aber verfehlt und zum Nachladen hektisch am Gewehr herumfummelt. Doch oben in der Düne sehe ich einen weiteren Mann. Er ist riesig, und die Sonne lässt seinen kahl rasierten Schädel glänzen. Seine Hände sind leer, aber sie haben die Größe von Baggerschaufeln.

Meine Fingerspitzen berühren etwas, und ich grabe noch tiefer. Dann schreie ich vermutlich und springe aus dem Stand über einen Meter rückwärts.

Was meine Finger berührt haben, sind andere Finger. Die zwar kalt sind, aber ganz sicher Finger.

10

Natürlich ist es Clearance. Er starrt in den Himmel, kann ihn aber nicht mehr sehen. Er kann auch keine Fragen mehr beantworten. Was er allerdings auch dann nicht tun würde, wenn er noch am Leben wäre.

Er ist nicht mehr als ein paar Tage tot. Und der Sand hat ihn hübsch kühl gehalten. Er hat ein sauberes schwarzes Loch mitten auf der Stirn. Die Brise lässt das Gras rascheln und eine Haarsträhne von ihm hochwehen. Ich versuche Bedauern zu empfinden und schaffe das auch. Er ist keine Zierde der menschlichen Rasse gewesen, das stimmt. Aber sein Körper war erfüllt von einer besonderen Kraft. Jetzt ist er leer.

Ich bedecke ihn wieder mit Sand und gehe schweren Schrittes runter zum Strand. Ich steige ins Dingi und rudere zur GLEANER. »Himmel«, sagt Georgie, »du siehst aus, als hättest du einen Geist gesehen.«

»Genau das Gegenteil«, sage ich, »und jetzt lass uns hier sofort abhauen.«

»Ich habe gedacht«, sagt Georgie, »dass da überall Whisky rumliegt.«

»Nicht mehr.«

»Du hast gesagt, dass es höllisch viel Whisky ist. Wie hätten sie den denn bewegen sollen? Und du hast auch von einem Schiff gesprochen. Von einer Fähre, um Himmels willen. Wo soll die denn jetzt bitteschön sein?«

Das sind komplizierte Fragen. Alles, was ich gerade sehen kann, sind die offenen und versandeten Augen von Clearance, die mich nicht mehr sehen können. Ich kann mich nicht konzentrieren. Nur um irgendetwas zu sagen, sage ich: »Lass uns zur Lachsfarm rumfahren. Hol den Anker ein, ja?«

Er sieht mich mit einem Blick an, der mir vermittelt, dass er noch viele weitere Fragen hat und den Anker erst danach aufholen wird. Dann sieht er etwas in meinem Gesicht, das seine Meinung ändert. Ich gehe ans Steuer zum Gashebel und warte, bis die Ankerwinde ihre Arbeit getan hat.

Es ist jetzt fast 13 Uhr mittags. Ich strecke einen Finger aus und drücke auf die Einschalttaste des Radios. Die Nachrichten beginnen gerade. Am Ende der zehn Minuten gibt es immer etwas aus der Rubrik Vermischtes. »Die Polizei und die Küstenwache«, sagt eine Stimme mit leicht amüsiertem Unterton, »suchen weiter nach einer schottischen Fähre, die vor vier Tagen mit einer Ladung Whisky verschwunden ist. Noch immer gibt weder eine Spur von der Fähre noch von ihrer Ladung. Die Entführer wurden als Ausländer beschrieben. Chief Superintendent Harry Harris von der für die Highlands und Inseln zuständigen Polizeibehörde soll Folgendes gesagt haben: ›Eines ist ganz sicher: Es sind keine gewalttätigen Muslime.‹«

In meinen letzten Tagen im Bleib-noch-ein-bisschen-Heim, wie wir Insassen es nannten, kam Charles mich besuchen. Wir saßen in einem kühlen Raum, der von grauem Licht durchs Fenster geflutet wurde. Er schob ein Paket Zigaretten zu mir rüber, das ich wieder zurückschob, weil ich im Gegensatz zu allen anderen Hausbewohnern nicht rauchte. Ich empfand aber seine Geste als ermutigend, denn sie vermittelte mir, dass er nicht so hundertprozentig unfehlbar war, wie er mir gern weismachen wollte. Wir plauderten ein wenig inhaltsloses Zeug, und ich wartete mit meiner neuen geistigen Klarheit darauf, dass er zum Punkt kommen würde.

»Nun«, sagte er schließlich, »was hast du vor, wenn du ...« Er wollte »wieder nach Hause kommst« sagen, merkte dann aber, dass das meiner Lebenslage nicht entsprach, weil ich gar kein wirkliches Zuhause hatte, »... hier rauskommst?«.

»Schau dich für mich nach einer lukrativen Erwerbsstätigkeit um«, sagte ich, jetzt vielleicht ein wenig unsicher, weil ich tatsächlich nicht genau wusste, wie mein Neuanfang aussehen sollte.

»Ich möchte gern, dass du für mich arbeitest«, sagte er, »ich meine, für uns.«

Mich durchströmte ein warmes Gefühl der Dankbarkeit, was vermutlich genau sein Ziel war. Ich unterdrückte es und sagte: »Und was soll ich machen?«

»Ach, das, was du sonst auch machst.« Ich war drauf und dran, ihm zu erklären, dass ein drittklassiger Yachtmakler im Fall einer Prüfung des Führungszeugnisses nur wenige Möglichkeiten hätte, als er sagte: »Es gibt da demnächst einen Skipperjob, der deinen Fähigkeiten entspricht.«

»Aha«, sagte ich, immer noch ein wenig wachsam. »Und worum geht es dabei?«

Das war der Moment, in dem er mir von dem Yusupov-Job erzählte und ich ihn so misstrauisch ansah, wie es mir ein paar Wochen absoluter Aufrichtigkeit in den Gruppengesprächen jetzt noch möglich machten. Als er mit der Beschreibung des Jobs fertig war, kam er zur Bezahlung.

Plötzlich verschwanden meine Skrupel, und das warme Gefühl kehrte zurück. Ich dankte ihm. »Ja, ja, ja«, sagte Charles und wischte meinen Gefühlsausbruch fort. »Und ich bin sicher, dass da noch andere Sachen folgen.«

Ich hatte das Gefühl, dass ich gerade irgendwo angebissen hatte und der Haken dabei war, sich zu verfangen.

»Es geht lediglich darum«, sagte er, »dass ein Teil dessen, was wir tun, mit der Untersuchung von, also, ja, Verlusten und solchen Sachen zu tun hat.«

»Verluste?«, fragte ich, während meine Euphorie ein wenig verflog, ich aber im Kern immer noch Freude verspürte.

»Versicherungsverluste«, sagte er. »Zeug, das verloren geht. Manchmal in Bereichen, in die du, sagen wir, Einsicht hast.«

»Also, ja«, sagte ich ziemlich übererregt, »ich helfe gern bei allem, was mir möglich ist.«

»Bist du sicher? Manche der Leute, mit denen wir zu tun haben, sind nicht gerade besonders nett.«

»Genau wie ich.«

Er lächelte und hatte dabei etwas von einem Krokodil. »Komm, komm«, sagte er, »die Sache ist nur die, dass wir die Dinge manchmal gern für uns behalten. Ohne die Gesetzeshüter an Land hinzuzuziehen, weil sie nur jede Menge Fragen stellen und dabei viel, na ja, heiße Luft und wenig Licht erzeugen. Wir sind an Lösungen interessiert, nicht am Gesetz.«

»Oh, Licht ist das alles Entscheidende!«, sagte die Euphorie, die sich meiner Stimme bemächtigt hatte. »Heiße Luft ist ungesund.«

»Daran werde ich denken«, sagte er.

Und nun befinde ich mich also an Bord der GLEANER, denke an ebendieses Gespräch und steuere raus aufs Meer. Im Interesse der Lichterzeugung hatte ich eine ermordete Leiche wieder begraben und auch nicht vor, der Polizei davon zu berichten. Ich prüfe mich auf die Euphorie von damals, kann aber keinen Fingerhut davon finden.

»Wohin jetzt?«, fragt Georgie, der die Tür des Steuerhauses zuwirft und nach seinen Bensons greift.

Ich sage: »Zuerst nach Callay. Kennst du irgendjemanden in Uig?«

»Jo.«

»Das ist kein großer Ort, oder?«

»Ne.«

»Könntest du sie möglicherweise anrufen und fragen, ob sie gestern oder vorgestern ein paar Letten durch den Ort haben ziehen sehen?«

Er zündet seine Zigarette an, bläst mir eine üble Qualmwolke entgegen und sagt: »Was für eine dämliche Idee.«

»Warum?«

»Die Leute verlassen dort die Fähre, steigen in den Bus und sind weg.«

»Clearance hatte ein paar Letten bei sich«, sage ich, weil zähe Beharrlichkeit die einzige Art ist, mit Georgie umzugehen. »Mit denen muss ich sprechen.«

»Nun, das wird sicher nichts, indem du mit Uig telefonierst.«

»Versuch's.«

Er seufzt schwer. Sein riesiger Finger fuhrwerkt auf dem Handy herum. »Fiona?«, sagt er. Jemand sagt ihm, dass er Fiona ist. Oder vielleicht auch nicht. Er redet so oder so weiter. »Ich habe hier einen Typen, der gern wüsste, ob du irgendwelche Letten in Uig gesehen hast.« Es entsteht eine Pause, in der er meine Einfältigkeit mit hochgezogenen Augenbrauen quittiert. Dann rasseln die Augenbrauen runter. »Was?«, sagt er. Die Stimme am anderen Ende der Leitung scheint etwas zu erklären. »Du willst mich veralbern«, sagt er, nachdem die Stimme aufgehört hat zu reden. »Bleib dran.« Er deckt die Sprechmuschel mit der Hand ab und sagt: »Sie hatten zwei fremde Typen da. Beide waren so besoffen, dass der Busfahrer sich geweigert hat, sie mitzunehmen. Und Fiona, die das Seaview führt, sagte der Polizei, dass sie die beiden über Nacht beherbergen könnte, wenn die beiden bezahlen können. Sie ist mit Big Calum verheiratet, der die Letten in größeren Mengen zum mit Frühstück verspeisen könnte. Offenbar waren sie imstande zu zahlen. Sie sind immer noch da, diese Letten. Sie haben einen Job auf der Baustelle eines Hauses, das ein Bankmanager aus Glasgow baut.«

»Ich will mit ihnen sprechen«, sage ich, »oder zumindest mit einem von ihnen.«

Georgie gibt die Nachricht weiter, und jemand wird ans Telefon gerufen. Dann reicht Georgie mir sein Telefon. Am anderen Ende erklingt eine gedämpfte Stimme: »Wer ist?«, sagt sie.

»Wir haben uns auf der Insel getroffen. Ich bin einer, der keine Russen mag.« Ich höre, wie er scharf einatmet. »Aber«, sage ich, »ich werde Sie verfolgen und einsperren lassen, wenn Sie mir nicht ein paar Fragen beantworten. Wo haben Sie Mister Winstanley zuletzt gesehen?«

»Er war mit Russen. Wir haben Insel sehr schnell verlassen, während die gearbeitet.«

»Da ist ein Schiff angekommen. Nicht das am Strand, sondern ein anderes. Was war das für eine Art von Schiff?«

»Schiff wie für Fischfarm.«

Also liegen wir richtig. Obwohl nur der Himmel weiß, wohin sie danach gefahren sind.

»Der Name des Schiffes?«

»Das ich nicht weiß.« In seiner Stimme klingt Angst mit. Irgendetwas stimmt nicht. Ich sage: »Warum haben Sie die Insel verlassen?«

»Müde von Arbeit.«

»Hören Sie«, sage ich, bereit für ein paar leere Drohungen. »Ich kann die Polizei zu Ihnen rüberschicken. Die werden Ihr Gepäck durchsuchen und dabei Dinge finden, die Mister Winstanley gehören. Und dann werden Sie auf der Baustelle gefeuert und wandern ins Gefängnis. Schottische Gefängnisse sind keine lauschigen Orte. Oder Sie können mir den wahren Grund dafür nennen, warum sie die Insel verlassen haben.«

»Kampf«, sagt der Lette.

»Was für eine Art von Kampf?«

»Mit Russen. Boss uns gesagt, wir runtergehen und russische Leute stoppen, nehmen Flaschen weg. Wir gehen, aber Russen sehr böse Männer mit Gewehren. Wir nichts zu tun haben wollen mit Gewehren. Also wir weg.«

»Und der Boss?«

»Der Boss nicht wollte, dass Russen nehmen Whisky weg. Sie zum Haus gekommen und mit ihm gekämpft.« Ich denke an den eingedellten Computermonitor. »Dann er runter gehen zu Strand mit Gewehr. Wir wegfahren mit Land Rover und Boot genommen nach Bora zu Fähre. Danach keiner wissen, was passiert.«

Gut, das könnte wahr sein oder auch nicht. Wie auch immer es abgelaufen ist, klingt diese Version halbwegs überzeugend. »Und was ist mit dem Schiff passiert, das auf den Strand gefahren wurde?«

»Jemand gekommen und Loch geschweißt. Dann Schiff von Strand weg und auf Meer gefahren.«

»Wann?«

»Vor zwei oder drei Tagen. Weiß nicht.«

»Wie geht es für Sie jetzt weiter?«

»Nicht so gut fühlen. Viel Whisky. Wenn wir besser, nach Hause, glaube ich. Lettland.«

Alles, was ich noch tun kann, ist, ihnen eine gute Reise zu wünschen. Was immer das auf Lettisch heißen mag. Ich beende das Gespräch.

»Also?«, fragt Georgie.

»Sie haben eins von den Booten der Fischfarm genommen«, sage ich, »sie haben die Fähre vom Strand wegbekommen und sie irgendwo hingebracht. Nur Gott weiß, wohin. Sie könnten die Löcher über den Zeitraum von zwei, drei Ebben zugeschweißt und die Fähre bei Hochwasser vom Strand bekommen haben.«

»Wie das? Das waren doch keine Seemänner.«

»Wer immer das Boot der Fischfarm gefahren hat, der wird ihnen dabei geholfen haben.«

»Dann hat sich die Fähre also in Luft aufgelöst. Und mit ihr fünf Russen und zwei riesige Container mit Whisky. Nicht schlecht«, sagt Georgie bewundernd.

»Und inzwischen werden sie die Fähre versenkt haben.«

»Niemals. Zu teuer.«

»Aber ja nicht verwertbar.«

Danach herrscht Ruhe. Offenbar gibt es dazu nichts mehr zu sagen. Also holen wir den Anker hoch und rauschen über ein Revier, durch das ich erst kürzlich mit der Drascombe navigiert bin. Dann steuern wir um das nördliche Ende der Insel herum nach Westen und folgen dem Kanal, dessen rote Tonnen an mir vorbeigezogen waren, als ich merkte, dass ich kein Schwert mehr hatte. In Richtung Osten ist kein Land in Sicht. Ich kann kaum glauben, dass ich das getan hatte, bis ich mich an die Details erinnere, die mich erschauern lassen.

»Da drüben«, sagt Georgie.

Wir schauen in eine große Bucht, deren Ansicht von Dutzenden runder Käfige verschandelt wird. An ihrem seewärtigen Ende befindet sich auf halbem Wege zwischen einer Boje und einem Kahn ein schwarzes Objekt, in dem sich das Futter für die Käfige befindet und von computergesteuerten Maschinen zugeliefert wird. Vor dieser riesigen Fütterungstonne mit Aufbau befindet sich ein Ponton. Georgie legt mit der GLEANER längsseits an, und wir machen sie fest. Ein blasses Gesicht blickt uns aus einem der Fenster im Aufbau auf der Tonne entgegen. Ich schwinge mich über die Reling und klettere die Stufen zum Kontrollraum hinauf.

Das Gesicht im Fenster gehört zu einem Mann in den Zwanzigern. Er sieht aus, als wäre er aus einer Art weißem Käse geschnitzt worden, der dick mit Blauschimmel marmoriert ist. Bei genauerer Betrachtung stellt sich der Schimmel allerdings als Tattoos heraus. »Ja?«, fragt er.

»Das Boot, das diese Farm hier bedient«, sage ich, »der Katamaran. Wohin fährt der?«

Jenseits seiner weißen Masse schwimmt geisterhaft der Lachs auf einer Armada von Computerbildschirmen in einem Nieselregen aus grünen Flocken, die seine Nahrung darstellen. »Ich bin beschäftigt«, sagt der Mann aus Käse.

»Alles, was ich brauche, ist der Name des Bootes und den nächsten Anlaufhafen«, sage ich.

»Wofür?«

»Die Fragen stelle ich«, sage ich und versuche es so offiziell wie möglich klingen zu lassen.

»Und Sie sind?«

»Polizei.«

Er kneift die Augen zusammen, mit denen er vermutlich schon viele verdächtig kriminelle Elemente gesehen hat.

»Wo ist Ihr Ausweis?«

Okay, da hat er mich. Ich sage: »Hören Sie zu, Kleiner, ich frage Sie das kein zweites Mal.«

»Wer nichts zu verbergen hat, der hat auch nichts zu fürchten, richtig?«, sagt er, »verpissen Sie sich.«

Ich beobachte ihn jetzt genauer und stelle ein leichtes Zittern fest. Die Piercings seiner Augenbrauen vibrieren ein wenig. Im Aschenbecher brennt eine Zigarette. Dem Gestank in dem Raum nach zu urteilen, ist es die 60. an diesem Tag. »Hören Sie jetzt gut zu: Ich kann diesen Ort in Stücke schlagen und alle Ihre dreckigen kleinen Verstecke finden. Oder Sie erzählen mir jetzt, was ich wissen will.«

Seine Augen flackern durch den Raum. »Hauen Sie ab«, sagt er, »hauen Sie ab, fuck off, fuck off, fuck off.« Sie sind kein Polizist. Sie sind irgendein Verbrecher.«

»Der nächste Anlaufhafen?«

»Außerdem ist Big Paul Murray der Skipper. Und der mag es nicht, wenn Leute wissen, was er treibt. Er ist auf seinem normalen Törn unterwegs. Und das ist verdammt noch einmal alles, was ich sagen werde.«

Ich beginne zu verstehen. »Jemand hat Ihnen gesagt, dass man Sie an die Fische verfüttert, wenn Sie in dieser Angelegenheit etwas ausplaudern«, rate ich, »großer Typ, Ausländer, kahler Schädel?«

Seine Augen weiten sich vor Angst.

»Fahren Sie also nach Norden? Einfach nicken oder Kopf schütteln.«

Nicken.

»Wunderbar«, sage ich, »wir waren nie hier.« Ich gehe wieder an Bord der GLEANER. Während ich die Leinen losmache, erscheint wieder das käsebleiche Gesicht mit der blauschimmeligen Marmorierung am Fenster.

Zurück im Steuerhaus sage ich: »Ist Ian McMurtrie noch bei der Küstenwache?«

»In Rente.«

»Okay. Dann lassen wir ihn in die AIS-Aufzeichnungen schauen und sehen, wer in der vergangenen Woche wo war.«

»Zumindest die, die es nicht ausgeschaltet hatten.«

»Ein Boot von der Fischzucht müsste es eingeschaltet haben.«

»Weiß nicht«, sagt Georgie. Aber er richtet die Bugspitze der GLEANER nach Norden, und ich gehe unter Deck, um etwas dringend benötigten Schlaf nachzuholen.

Als ich aufwache, sehe ich die Zacken der Berge von Harris über den kurzen grauen Wellen. Ein paar Stunden später befinden wir uns querab des Leuchtturms von Arnish Point an der Mündung von Stornoway. Die graue Stadt ist über die Hügel voraus ausgebreitet.

Als sich der Hafen auf der anderen Seite von Goat Island öffnet, sagt Georgie: »Was ist das?«

Ich greife zum Fernglas, stelle es scharf und erlebe ein Sturzflutgefühl in der Magengrube. Ein mittelgroßes Schiff liegt längsseits an der Pier Nummer 3. Eine RoRo-Fähre mit einem schwarzen Schornstein und einem rot-gelben Logo darauf, das ich in den vergangenen Tagen auf unangenehme Weise nur allzu gut kennengelernt hatte. Es ist tatsächlich die Fähre, die Violentin in Port Askaig gekapert und vor Callasay auf Grund gefahren hat. Die Fähre, die – daran erinnere ich mich jetzt leider wieder – überall auf der Brücke meine Fingerabdrücke trägt, dafür aber keinen Whisky. Stattdessen eine Menge leerer Patronenhülsen und einen zerschossenen Maschinenraum und ähnliche Zeugnisse, die dazu angetan sind, die Neugierde der Polizei zu wecken.

Während ich sie anstarre, kommt ein Polizeiwachtmeister von unten aufs Deck und richtet seinen Blick auf die GLEANER. Er wird dort postiert worden sein, um das Schiff zu bewachen. »Georgie«, sage ich leise, »ich denke, wir fahren wieder raus auf See.«

»Jesus«, sagt Georgie ungeduldig, »was denn nun?«

Ich kann es kaum ertragen zu antworten. Ich lasse das Steuer durch die Finger gleiten, und die Bugspitze der GLEANER schwenkt um. Vor uns wird im Südwesten der Blick auf den grauen Horizont frei. Als wir außer Sicht von jeglichem Punkt des Landes bis auf die oberen Abhänge von Skye und Harris sind, nehme ich den Gang raus, setze mich in den dick gepolsterten Stuhl und denke nach.

Charles will den Whisky wiederhaben. Yusupov will den Whisky wiederhaben. Die Fährgesellschaft hat ihre Fähre wieder, allerdings in einem Zustand, der teure Reparaturen notwendig machen wird. Und mit einem Image, um das es etwa so schlecht bestellt sein dürfte wie um den zerlöcherten Rumpf selbst. Und zur Krönung des oben geschilderten Scherbenhaufens ist Clearance tot. Ich persönlich hätte gern mein Leben zurück, sehe dafür aber keine Chance.

Der kalte Wind heult in den Ladebäumen. Die See ist grau und trostlos. Die Wellen, die aus dem Nordwesten kommen, tragen kleine weiße Schaumkronen. Wenn man in Schottland lebt, kann man in der Hoffnung auf Erhellung des Gemüts nicht aufs Wetter setzen. Heute allerdings ist diese Hoffnungslosigkeit ein Geisteszustand, der meinerseits einen unangemessenen Grad an Optimismus nahelegt.

An diesem Punkt klingelt mein Telefon.

Ich schaue mit einiger Nervosität auf den Bildschirm, kann die Nummer aber nicht einordnen. Wie ein Ertrinkender, der nach einem Strohhalm greift, nehme ich den Anruf trotzdem an.

»Hallo?«, sagt eine Stimme.

»Wer ist dran?«

»Ist da Gaviin?« Das Gefecht beginnt ohne Umschweife. Keiner will etwas preisgeben.

»Und wenn es so wäre?«

»Hier ist Tamara.«

»Zur Hölle«, denke ich, »das fehlt uns gerade noch.« »Worum geht's?«, sage ich.

»Ich stecke in großen Schwierigkeiten«, sagt sie.

Na, dann sind wir ja schon zwei. Und die andere Geschichte, die wir gemeinsam haben, ist die, dass meine Schwierigkeiten von ihr verursacht worden sind. Wie auch ihre durch mich. »Tut mir leid, das zu hören«, sage ich.

»Bitte komm und hilf mir«, sagt sie.

Ich sage: »Eins nach dem anderen. Ich muss die Dinge finden, die ihr gestohlen habt.«

»Den Whisky?«, sagt sie, »der ist hier.«

»Wo?«

»Das weiß ich nicht«, sagt sie. »Es gibt Haus bei Wasser. Berge überall um uns herum.«

»Ah«, sage ich. Das engt die Auswahl auf etwa 1.000 mögliche Orte ein. »Keine anderen Hinweise?«

»Man traut mir nicht«, sagt Tamara. »Liebe kann sein sehr kompliziert. Mister Yusupov liebt mich. Missis Yusupov, glaube ich, nicht so sehr. Aber sie liebt Violentin. Und Problem ist …« An dieser Stelle klingt ihre Stimme rau und vertraulich. »Gavin, ich liebe dich.«

»Jesus«, sage ich und lasse das Telefon fallen. »Woher«, sage ich, nachdem ich es wieder aufgehoben habe, »kommt das denn jetzt?«

»Du warst so stark und so cool auf Fähre«, sagt Tamara. »Und auch freundlich. Du haben Schiff auf Strand gebracht. Du hast deinen Traum und dein Pflichtgefühl. Du weißt, was du zu tun hast. Was ist, deinem Schicksal zu folgen.«

Das alles ist sehr bewegend, und ich muss zugeben, dass vor meinen dusseligen Augen ein Bild von ihrem perfekten Gesicht, den Augen mit dem leichten Tartareneinschlag und der wunderschönen Haut über den perfekten Wangenknochen erscheint. Dann rufe ich mir ins Gedächtnis, dass in diesen attraktiv geneigten Augen aber auch die Härte von Diamanten funkelte. Insbesondere dann, als sie mich über das Maschinengewehr hinweg angesehen hatte. Darüber hinaus war sie am Nachmittag unserer Ankunft auf Callasay mit Clearance in ein Schlafzimmer verschwunden. Mein Gehirn schaltet sich wieder ein. Könnte es sein, dass es diesem Anruf möglicherweise ein wenig an Aufrichtigkeit fehlt?

Nun, ein guter Schachzug muss erwidert werden. Ich sage: »Aber wo bist du?« Denn wo immer sie ist – genau dort würde auch der Whisky sein.

»Ich habe dir gesagt, dass ich das nicht weiß. Bitte«, sagt sie mit einer Stimme wie ein Hauch von Parfüm. »Ich küsse dich.«

»Ich dich auch, natürlich«, sage ich. »Sobald du herausgefunden hast, wo du bist, ruf mich wieder an.« Sie legt auf. Da fahren wir nun also mitten durch den Minch, schwirren im kalten und grauen Meer umher. Das einzig verfügbare Parfüm ist das Aroma der Garnelen, die auf dem letzten Fangtörn der GLEANER von Georgies Schleppnetz zerstückelt worden sind. Neu ist, dass es jetzt einen Hinweis gibt. Mit einiger Mühe könnte daraus sogar eine Spur werden. Die Panik lässt nach. »Bring uns«, sage ich zu Georgie, »zurück nach Stornoway.«

Georgie wirft mir seinen unbeeindruckten Blick zu. »Entscheide dich endlich«, brummt er. Wenn er will, kann Georgie dieser Tage recht unangenehm werden. Aber wir nehmen wieder Kurs auf Stornoway.

Zum ersten Mal hatte ich Ian McMurtrie getroffen, als ich noch Polizist war und er bei der Küstenwache. Mir ist es seitdem gelungen, den Polizisten in mir auszulöschen. Doch Ian ist der lebende Beweis dafür, dass, wer einmal Küstenwache war, immer Küstenwache ist. Wir legen die GLEANER an der Mündung von Loch

Grimshader windgeschützt vor Anker und gehen mit dem Dingi an Land. McMurtries Haus ist in farblosen Putz gekleidet und steht auf einem kleinen nackten Hügel. Ein paar Sträucher kämpfen vor der Tür gegen die doppelte Gefahr: durch die konstanten Winde und den fanatischen Ordnungssinn ihres Eigentümers. Das Haus selbst hat einen heftig geschrubbten Linoleumboden. Auf einem Kaffeetisch sind Schiffsmagazine so akkurat arrangiert wie in einer teuren Zahnarztpraxis. Auf dem Teetablett stehen Tassen, deren Henkel alle im gleichen Winkel zu den Löffeln ausgerichtet sind.

Wir trinken Tee, essen jeder zwei Haferkekse, beglückwünschen die leuchtend rosafarbene Missis McMurtrie zu ihrem wirklich ausgezeichneten Geschmack und ihrem Teint und lassen uns in das hineinführen, was Ian gern seinen Operationsaal nennt. Von hier aus hat man freien Blick über die Bucht und die dahinterliegenden Ausläufer von Stornoway. Im Raum befinden sich ein Tisch mit einem Computerbildschirm, mehrere Funkgeräte und ein großes Messingteleskop auf einem Ständer. Ich bewundere das Teleskop. »Okay«, sagt Ian, »es gab Zeiten, in denen du da durchgeschaut hast und das Vergnügen hattest, darüber zu spekulieren, welches Schiff du in der Ferne siehst. Das aber gehört der Vergangenheit an. Wir nutzen es kaum noch. Seht, es ist ganz staubig vom Nichtgebrauch.« Der Schaft des Teleskops strahlt mit einer beinahe unerträglichen Brillanz, also entscheide ich mich, das eher im übertragenen Sinn zu verstehen. »Heute geht alles über AIS«, sagt er.

»Interessant«, sage ich.

»Und welchem Umstand«, sagt Ian, dessen Höflichkeit von einer Intuition verdrängt wird, die so scharf ist wie sein Auge für Schiffe, »verdanken wir das Vergnügen dieses Besuchs?«

Georgie und ich fangen gleichzeitig an zu sprechen. Es ist Georgie, der wieder verstummt. »Ich glaube«, sage ich, »dass ein bestimmtes Schiff eine Ladung an Bord hat, für das es nicht … gemacht ist. Ich frage mich, ob es möglich wäre, die AIS-Spuren der, sagen wir, letzten zehn Tage oder so zu sehen.«

»Das ist leicht möglich«, sagt Ian, »ist Kriminalität im Spiel?«

»Sehr unwahrscheinlich«, sage ich und bitte den kalt in seiner Düne liegenden Clearance still um Vergebung. »Es handelt sich nur um eine Anomalität, das ist alles.« Ian starrt in die graue Leere vor seinem Fenster. Er sagt: »Manchmal kann es eine gute Idee sein, die Polizei über Anomalien bezüglich von Ladungen zu informieren.«

»Ich würde sie zu diesem Zeitpunkt nicht behelligen wollen«, sage ich, beherrscht von dem Gefühl, als würde ich auf millimeterdünnem Eis stehen. Es herrscht eine Stille, wie von presbyterianischer Rechtschaffenheit geprägt. Dann sagt er: »Zehn Tage, meint ihr?«

Ich hole tief Luft und spüre das Eis unter meinen Füßen dicker werden. »Wenn wir uns zum Anfang Callay und Callasay ansehen könnten?«

Ian nickt. Es ist das kernige Nicken eines Modellbahnenthusiasten, der gerade gebeten worden ist, eine für den Laien knifflige Weichenumstellung zu demonstrieren, die für Kenner einen einfachen Alltagsjob darstellt. Er setzt sich in den großen Stuhl vor dem Bildschirm und tippt auf dem Keyboard. Wir stehen hinter ihm und sehen ihm über die Schulter. Da sind Callay und Callasay, Navionics-Gelb auf Navionics-Blau. »Vor zehn Tagen«, murmelt er, schiebt den Cursor auf einer Skala auf dem Bildschirm nach unten, spult Stunde um Stunde vorwärts. Auf dem Minch bewegen sich die Dreiecke auf und ab. Nichts stoppt in Callasay. Am fünften Tag vor dem heutigen löst sich ein kleiner Bootsumriss vom Südwestzipfel Callays – »die Fischfarm«, sagt Ian –, bewegt sich an der Westküste von Calassay runter und um die Kurve in die Bucht hinein. Dort bleibt er und bewegt sich nur noch wenig.

»Was für ein Schiff ist das?«, fragt Georgie.

Ian klickt mit dem Mauspfeil auf das Dreieck. »NORSK SUPPLIER«, sagt er und vergrößert das Bild.

Es ist kein getarntes Schiff. Ganz und gar nicht. Wie es Georgie gesagt hat: Die NORSK SUPPLIER ist ein großes Serviceschiff für

Fischfarmen, ein Katamaran von etwa 200 Tonnen. Er sieht kraftvoll genug aus, um eine Fähre von einem Strand zu ziehen. Er hat einen Kran auf seinem Achterdeck und den typisch geringen Tiefgang eines Katamarans, sodass er mühelos auf einen Strand hinauffahren und dort ein paar Whiskycontainer aufnehmen kann.

»Interessant«, sage ich, vor allem, um nicht in lauten Jubel auszubrechen. »Und wohin ist er danach gefahren?«

Ian drückt weitere Tasten. Die Geschwindigkeit auf dem Bildschirm nimmt überspitztes Charlie-Chaplin-Tempo an. Der kleine Bootsschatten absolviert eine 190-Grad-Wende und schwirrt über den Minch. Er rundet die Südspitze von Skye, biegt nach links in den Sleat-Sund ab und zuckelt durch einen Meeresarm ins Landesinnere. Dort hängt er eine Weile herum, absolviert eine weitere 190-Grad-Wende, fegt nach Mallaig runter und zottelt wieder nach Callay. »Kinlocherrol«, erläutert Ian. »Es gibt zwar reichlich Fischkäfige in Errol, aber keine, die so weit in den Loch hinein reichen. Da hatten sie sie früher mal. Doch dann verschlechterte sich die Wasserqualität, und die Fische starben. Ich frage mich, wieso er bis zum Ende reingefahren ist.«

Ich schaue Georgie an. Und Georgie schaut mich an. Ian schaut uns an, wie wir uns gegenseitig anschauen. Ich habe eine ziemlich gute Vorstellung davon, warum die NORSK SUPPLIER vielleicht Freunde am Ende des Lochs besucht haben könnte. »Wem gehört die Fischfarm auf Callay?«, frage ich.

»Sea Ventures«, sagt Ian, »großer Laden.«

Ich nicke. Jeder an der Westküste kennt Sea Ventures. Das Unternehmen gehört Norwegern, und es gibt den starken Verdacht, dass ihre Farmen nicht an der Westküste liegen, weil die Landschaft so reizvoll oder das Wasser so sauber ist, sondern weil die schottische Regierung im verzweifelten Bemühen um die Arbeitsplätze ihrer Wähler bei schmutzigen, aber profitablen Praktiken, die in Norwegen nicht toleriert werden, beide Augen zudrückt. Sea Ventures weist das alles natürlich weit von sich, und es ist schwer, sie zu fassen zu bekommen, weil es ein privates Unternehmen ist. Sie sind nicht so etwas geschäftsschädigendem wie etwa einer Überprüfung der Aktionäre ausgesetzt.

»Danke«, sage ich, »ich bin wirklich sehr dankbar.«

»Keine Ursache, keine Ursache«, sagt Ian. »Es war mir ein Vergnügen zu helfen.« Er bringt uns zur Tür. »Und jetzt viel Glück«, sagt er. Wir gehen schon den Pfad hinunter, als er uns hinterherruft: »Ach, da ist etwas, das ihr für mich tun könnt. Sollten bei euren Reisen ein oder zwei Whiskyflaschen euren Weg kreuzen, dann stellt sie mir doch vor die Tür, ja?«

Ich beobachte sein Gesicht, das vom Morgenlicht aufgehellt wird. Es wirkt sanft und unschuldig wie das einer Marmorstatue. »Natürlich«, sage ich. Und dann marschieren wir runter zur Mole. Bei jedem Schritt spüre ich den grellen Scheinwerfer, den Ian gerade auf uns gerichtet hat. Wie die Polizei. Und auch eine ganze Reihe von Leuten mit weniger wohltätigen Absichten. In meiner Vorstellung strahlt uns dieser Scheinwerfer in nicht wünschenswerter Weise an, während wir mit der GLEANER auf der Jagd nach gestohlenem Whisky durch Loch Errol rasen.

Unangenehm.

Während uns Georgie wieder auf die offene See bringt, gehe ich die Nachrichten auf meinem Anrufbeantworter durch. Nur eine erscheint unter den gegebenen Umständen annähernd interessant. Und ist es tatsächlich auch bei näherer Betrachtung. Vor lauter Begeisterung halte ich die Luft an; es ist die Antwort auf ein Gebet und lässt mich – als ich sie ein zweites Mal abhöre – die ersten Sauerstoffatome dafür nutzen, Lobgesänge auszustoßen.

Von Zeit zu Zeit ist Gavin Chance Yachting beim Coaching auf den Booten von Kunden im Einsatz, damit die ihre Fähigkeiten erweitern können. Jemand hatte davon gehört und auf dem Anrufbeantworter eine Nachricht in hoher und leidender Stimme hinterlassen und um Privatunterricht gebeten. Möglichst bald. Der

Anrufer sitzt auf seinem Boot an einem Ponton vor der bonbonfarbenen Wohnsiedlung, mit der die Yachthafenspekulanten das Hinterland von Dunberg verschandelt haben. Er zittert hörbar bei dem Gedanken daran, seinen Törn auf dem mächtigen Gewässer des Firth of Lorne ohne diverse Führerscheine fortzusetzen, weil die Brise dort gerade höchst bedrohliche 3 Windstärken erreicht hat. Im Handumdrehen versichere ich ihm, dass Hilfe naht und wir binnen 24 Stunden bei ihm sein und ihm ein gutes Anbordcoaching angedeihen lassen können.

Ich gehe in die Kombüse und fülle sauberes Wasser in den schmierigen Kessel. Jetzt ist mir mit Blick auf die Polizei eine Woche Anonymität sicher. Darüber hinaus habe ich die perfekte Tarnung dafür, meine Nase in Orte zu stecken, in die unverdächtigerweise auch nur ein Fahrtenboot seine Nase stecken kann. Wie beispielsweise Kinlocherrol.

Als ich Georgie seinen faden Lieblings-Nescafé mit vier Stück Zucker bringe, sagt er: »Und wohin fahren wir jetzt?«

»Zurück in die Normalität«, sage ich. »Du gehst dir eine Deckshand suchen und fängst Garnelen. Und ich gebe Segelunterricht.«

11

Also geht es weiter nach Oban. Er setzt mich dort am Kai ab und legt wieder ab. Von der Bushaltestelle aus beobachte ich, wie die schmutzige schwarze GLEANER in Richtung der blauen Hügel von Mull über die Bucht tuckert.

Dann kommt der Bus.

Ich setze mich und versuche unerkannt zu bleiben, was mir bis Dunberg gelingt, wo ich zwischen den Reihen glänzender Boote mit eingezogenem Kopf den Ponton runtergehe. In den vergangenen Tagen habe ich einen Trawler, eine Fähre und eine Drascombe gefahren. Außerdem bin ich im Umfeld eines Mordes zum Mittäter bei einem bewaffneten Raubüberfall und bei Piraterie geworden. Jetzt ist die Zeit gekommen, dass alles beiseitezuschieben und wieder zum Segler zu werden. Ich habe meine Rigger-Stiefel durch ein Paar grüne Wellingtons ersetzt. Aus dem achteren Stauraum der GLEANER habe ich mir einen Satz rotes Ölzeug im typischen Yacht-Look geborgt, auch wenn der ein wenig von Teer und Antifouling beeinträchtigt wird. Ich bin Gavin Chance, Segellehrer, und es ist anzunehmen, dass mir die Glücksritter auf der Suche nach der Wahrheit schon bald aus der Hand fressen werden. Denn besitze ich nicht all die Befähigungsnachweise der Royal Yachting Association, dieser fröhlichen Amphibientruppe, deren Schirmherrin Prinzessin Anne höchstselbst ist? Und sind es nicht diejenigen, die meine Dienste herbeiriefen, die sich nach diesem mystischen Titel des Yachtmasters sehnen, jenem Schlüssel zu den Ozeanen der

Welt? Titel sind eine tolle Sache und können Menschen in höchst überraschender Weise blind machen für die nackte Wahrheit.

Das Boot ist ein weißer seegängiger Caravan der üblichen Art. Die Crew besteht aus einem bulligen Typen namens Ian, der erzählt, dass er es von seinem Jahresbonus gekauft hat, weil er immer schon segeln wollte, seiner Frau Kim und einem Mann namens Rodney, der offenbar in letzter Minute dazugekommen war. Ian ist einer von diesen rosahäutigen Typen, die vom Duft des großen Geldes umweht werden. Sicher sehr selbstbewusst im Auftreten, wenn er im Umfeld seiner Immobilienwelt agiert. Seine Frau scheint keinen Beruf zu haben, solange man nicht die Zubereitung einer unbestimmten Anzahl von Tassen Tee dazuzählt. Ian sagt, dass es ihre Idee war, mich an Bord zu holen, weil sie eine eher nervöse Seglerin sei, während er das Meer im Blut habe, weil – man hätte es vorhersagen können – sein Großvater in Southend gelebt hatte. Freund Rodney ist eine magere, eher kleine und einsilbige Person mit graumeliertem Haar und viel Talent, ständig über Dinge zu stolpern. Ian hat entschieden, ihn Rodders zu nennen, und Rodders scheint dagegen keine Einwände zu haben, obwohl er so wenig spricht, dass schwer zu sagen ist, was oder ob ihm überhaupt etwas durch den Kopf geht. Ian sagt: »Wir haben gedacht, dass es nicht fair ist, Sie nur mit Kim und mir an Bord zu haben. Dann rief Rodders an, um zu fragen, ob er kurzfristig dazukommen und natürlich auch etwas beisteuern kann. Er ist der Freund eines Freundes und will sein Können aufpolieren. Also dachten wir, gut, das ist eine saubere Sache, da müssen wir nicht lange drüber nachdenken, richtig?«

Ich beobachte Rodders dabei, wie er mit seinem neuen Seestiefel in der Vorleine hängenbleibt, und sinniere darüber, dass die Arbeit an seinen Fähigkeiten voraussichtlich eher mehr Zeit in Anspruch nehmen wird. »Okay«, sage ich, »legen wir ab?«

»Wir sind bereit«, sagt Ian mit nervösem Lächeln im breiten roten Gesicht.

»Dann lasst mich was sehen«, sage ich.

Ich sitze in der Cockpit-Ecke und beobachte nur. Ian macht die Achterleine los, Rodders die Vorleine. Erst als Ian den Vorwärtsgang schon eingelegt hat, merkt er, dass die Springe noch nicht los sind. Es gibt ein wenig Geschrei, das damit endet, dass die Springe an Bord kommen, aber Rodders noch auf dem Ponton steht. »Sorry«, sagt Ian, der schon leicht schwitzt. »Ich bin ein bisschen nervös, weil du zuschaust und all das.«

»Entspann dich«, sage ich. »Bring sie längsseits, sodass er nach den Relingstützen greifen kann, und wir sind weg hier.«

Also bringt er das Boot längsseits, und Rodders kommt an Bord – ohne sich an den Relingstützen festzuhalten. Dabei bleibt sein hinterer Fuß an der Deckskante hängen, und er geht mit einem Knall zu Boden. »Sorry, Rodders«, sagt Ian wieder.

Rodders bringt ein Lächeln zustande und wischt etwas Blut weg, das aus seiner Nase sickert.

»Okay, los geht's. Lasst uns ein paar Segel hochziehen. Was sagt die Tide? Auflaufend, sagt ihr? Aber in welche Richtung läuft der Tidenstrom? Wisst ihr nicht? Okay, gut, dann schlagt es nach. Aha, noch vier Stunden auflaufendes Wasser. Welcher Kurs wird uns davon am meisten profitieren lassen?«

»Nord?«, fragt Kim, die uns ein Tablett mit Tee durch den Niedergang hochreicht. »Ist nur eine Vermutung.«

»Genau.«

Ian schafft es, uns ohne Kollision mit einem der beiden Molenköpfe aus dem Hafen zu bringen. Im zweiten Versuch kommen die Segel hoch. Wir lassen den Südzipfel von Lismore Island an Steuerbord liegen und fahren den Sound of Mull hoch. Meine Schüler haben definitiv eine ganze Menge zu lernen. Aber – so sagt eine freundlichere innere Stimme, die ich oft gehört hatte, als mein Leben noch nicht voller russischer Bastarde war – jeder muss irgendwann einmal irgendwo anfangen.

Für meine Zwecke eignet sich die KIMIAN (der Bootsname, der sich, wie mir Ian freundlicherweise erklärt, aus seinem und dem

Namen seiner Frau zusammensetzt) ideal. Es stellt sich sehr schnell heraus, dass alles, was der KIMIAN im Segelbereich fehlt, in der Bordbar mehr als wettgemacht wurde. Als wir am großen Salontisch für das Debriefing zur Farce und Tragödie am Ponton von Tobermory zusammensitzen, versuche ich ihnen einige Erklärungen und Anweisungen zu vermitteln. Was sich als schwierige Angelegenheit entpuppt. Kim und die Männer haben ihre Steaks beim Dinner mit fünf Flaschen Wein runtergespült, und meine Erläuterungen zum Schraubenverhalten des Propellers und den damit verbundenen Phänomenen verhallen. Nach einer verwirrenden Viertelstunde verkündet Ian, dass man ins Mishnish ziehen wolle, was Tobermorys beliebteste Seglerkneipe ist, und ich gern mitkommen könne. Ich lehne dankend ab, und weg sind sie.

Man hat mir die Kabine im Vorschiff zugeteilt, was sehr komfortabel ist und (noch nützlicher) dafür sorgt, dass niemand reinschauen kann. Ich schlafe schnell ein, werde aber vom plumpen Getrampel übers Dock infolge der Sperrstunde wieder aufgeweckt. Ian hilft Kim an Bord, dann stolpert Rodders über die Kontrollleine der Vorsegelrollreffanlage und fällt flach aufs Gesicht ins Cockpit. Ich habe schon Sorge, dass sie bis in die frühen Morgenstunden mit der Sauferei weitermachen. Doch die Seeluft tut das Ihre. Zehn Minuten später klingt das Boot wie ein Kontrabass, in dem drei Holzfäller hausen. Mit entspanntem Gemüt schlafe ich wieder ein. Meine Pläne für das Fortkommen nach Norden beinhalten ein gewisses Quantum an diskreten nächtlichen Bewegungen, und es ist gut zu wissen, dass einige wirkungsvolle Betäubungsmittel im Spiel sind, die potenziell neugierige Zuschauer im Griff haben.

Am nächsten Morgen herrscht drückende Stille am Frühstückstisch, die nur von Kims Gezirpe unterbrochen wird, als sie weiteren Kaffee anbietet. Und von Ians Geknurre, der sein Porridge verweigert. Der Tag hat sich irgendwie zum Highland entwickelt, ist erfüllt von warmem Nieselregen und einer leichten Brise aus Südsüdwest. Für uns bedeutet das gute Nachrichten. Also bringe ich sie alle wieder auf Trab, als die Tide zu unseren Gunsten kippt, beaufsichtige ein etwas weniger chaotisches Losmachen der Landleinen als am Vortag und schaue zu, als Ian mit dem Boot rückwärts vom Dock ablegt. Er übersteuert, korrigiert zu stark, gibt zu viel Gas, bekommt aber den Bug schließlich in seewärtige Richtung, wo das Fischrestaurant hinter Minish Point liegt. »Ziehen wir die Segel hoch«, schlage ich vor.

Die Segel gehen hoch. Kim steuert das Boot mit etwas Motorkraft ziemlich effektiv in den Wind, während die Männer am Großfall ackern und keuchen und von ihrem Standort am Mastfuß unnötige Kommandos nach hinten in Richtung Cockpit bellen. Rodders kommt nach achtern, lässt aber die Dirk zu früh los, was zu einer kleinen Beule inmitten der Borsten auf seinem Kopf führt. Dann lockert er den festen Griff an der Kontrollleine für die Rollreffanlage des Vorsegels zu schnell. Sie rauscht ihm durch die Hand und verursacht heftige Verbrennungen an seinen Fingern. Während Kim nach unten springt, um Arnika zu holen, merke ich mit ruhiger Stimme an, dass es gut wäre, das Vorsegel ein wenig langsamer kommen zu lassen. Rodders fixiert mich mit Augen, die gleichzeitig blutunterlaufen sind und diamanthart glitzern. »Ich werde darüber nachdenken«, sagt er.

»Es hat damit zu tun, den eigenen Erfahrungshorizont zu erweitern«, sage ich.

»Ja«, sagt er und öffnet seine Handfläche für das Arnika, während ich mich selbst tadle. Ein guter Lehrer sollte sich nicht über seine Schüler lustig machen.

Wir nehmen das Großsegel dicht, trimmen die Genua und rauschen in den Sund hinein. Ardnamurchan erscheint im diffusen Grau als langer grün-schwarzer Schatten. Wir ändern den Kurs nach Backbord. Das Boot krängt leicht und zerteilt die Wirbel und Buckel, die auf der schwarzen See von der Flut erzeugt werden. Bald schon liegt der Leuchtturm von Ardnamurchan querab. Wir gleiten weiter nordwärts, wobei uns Tide und Wind unterstützen.

Die Nordküste der Halbinsel fällt am Loch Moidart ab. Ich schicke Ian und Rodders zum Setzen des Fahrtenspinnakers aufs Vordeck. Im zweiten Versuch bekommen sie ihn richtig herum hoch.

Im scharfen Galopp segeln wir weiter nordwärts, haben das graue Nichts zum Ziel, das Mallaig verschluckt, und die lange Wasserallee, die zwischen Skye und dem Festland hindurchführt. Jeder versucht sich mal am Steuer. Am Nachmittag kommen wir im Loch Nevis an, was etwa eine Seemeile entfernt vom Fähranleger in Inverie liegt. Hier nehmen wir die Segel runter, fahren rückwärts, lassen den Anker fallen, ziehen ihn wieder hoch, lassen ihn erneut fallen und drehen Kreis um Kreis, bis die Segelgesellschaft Anzeichen von Ermüdung zeigt. Ich behalte meine Kapuze auf. Da sind Leute an den Ufern von Inverie, die nicht viel anderes zu tun haben, als vorbeifahrende Boote mit Blicken durchs Fernglas zu beglücken. »Okay«, sage ich, »hast du die Peilung genommen, Ian?«

Ian blinzelt in Richtung der Ecke eines weißen Hauses am Ufer, die er mit einem Felsen weiter im Landesinneren in Deckung gebracht hat. »So sicher wie der Felsen von Gibraltar«, sagt Ian. »Können wir jetzt einen Drink nehmen?« Doch Kim hat schon wieder ein Tablett mit Tee gebracht, und so kommen wir darum herum. Alternativ kommt ein Extraschuss Whisky dazu.

Kurze Zeit danach geschieht etwas Merkwürdiges.

Nach ein paar Schlucken Whisky wird die Truppe für eine Kneipe am Ufer sensibilisiert und beschließt, ihr einen Besuch abzustatten. Der Tender ist ein etwa 2,50 Meter langes Schlauchboot, das kopfüber auf dem Vordeck liegt. Rodders marschiert aufs Vordeck und stolpert dabei über die Genuaschot. Er greift nach einem freien Fall am Mast, klippt es an den Palstek am Ende des Festmachers vom Schlauchboot, legt das Fall auf eine der Winschen am Mast und beginnt zu kurbeln. Das Schlauchboot hebt sich vom Deck. Er schiebt es außenbords und bringt es ungeschickt zu Wasser, löst den Festmacher vom Fall und knotet ihn schnell an eines der Wanten. Es war eine eher mäßige und tölpelhafte Vorstellung. Aber plötzlich scheint ihn das zu ermüden. Aus der Tiefe meiner Kapuze sehe ich ihn zum Cockpit hinüberschauen, wo wir ein wenig Quatsch miteinander reden. Als er denkt, dass ihn niemand sieht, schnappt er sich das freie Ende des Falls und legt es wieder auf eine Klampe, indem er einige schnelle Achten dreht und das Ganze gekonnt mit einem Kopfschlag sichert. Dabei ist nicht mehr die Spur seines sonst so plumpen Verhaltens zu erkennen. Tatsächlich kann ich erkennen, dass er das schon Tausende Male gemacht hat.

Irgendetwas stimmt nicht.

Als er das Dingi nach achtern zieht, fällt er wieder über die Vorsegelleine. Aber ist es nur meiner Einbildung geschuldet, oder hat er sie zuvor tatsächlich ein bisschen angelupft und sich entschieden, noch eine kleine Vorstellung seiner Tölpelhaftigkeit zu geben?

Ian und Kim scheinen nichts außerhalb der Normalität zu bemerken. Sie jubeln fröhlich, als das Dingi achtern ankommt, wobei der Außenborder nur knapp dem Schicksal entgeht, über Bord und ins Wasser zu fallen. Sie stapeln sich ins Boot und düsen ab in Richtung Pub. Ich gebe vor, arbeiten zu müssen. Man hat mir erklärt, wo ich die Ausrüstung für Bohnen auf Toast finden kann. Ich schaue noch zu, wie sie in Richtung Fähranleger rauschen, und gehe unter Deck.

Ich kriege diese sauberen Achtknoten mit dem perfekten Kopfschlag nicht aus meinem Kopf. Ich bin kein geborener Schnüffler. Aber andererseits bin ich zu gar nichts geboren, wenn man es genauer bedenkt. In diesem Fall allerdings wird ein wenig Schnüffelei unerlässlich sein. So ist es nun einmal.

Rodders ist in eine der beiden Doppelkabinen nach achtern verbannt worden. Ich nähere mich ihr vorsichtig, um nur ja nichts durcheinanderzubringen. Seine Besitztümer sind mit einer Art militärischer Präzision angeordnet. Das hätte man sich angesichts seines Haarschnitts schon denken können. Der Schlafsack ist neben dem Kopfkissen aufgerollt. Seine Kleidung ist im Regal an der Bordwand gestapelt. Dann steht da noch eine Kulturtasche, die einen Rasierer, eine Zahnbürste und einen überflüssigen Kamm enthält. Und dann ist da noch eine flache Herrenhandtasche. Vorsichtig ziehe ich den Reißverschluss auf und finde ein paar Kontoauszüge, die an einen Rodney Fanshawe mit einer Adresse in der Walker Street in Edinburgh adressiert sind. Dazu einen Crewausbildungsnachweis der RYA (= Royal Yachting Association) , der allen ausgestellt wird, die auf einem Boot sitzen können, ohne ins Wasser zu fallen. Die Kontoauszüge zeugen von einem gesunden, aber keinesfalls überwältigendem Guthaben. Das Crewzertifikat wurde vor einem Jahr ausgestellt.

Plötzlich überkommt mich Scham darüber, wie tief ich gesunken bin. Der Kopfschlag könnte leicht etwas sein, was er bei seinem Segelkurs gelernt hat. Vielleicht ist er einer von diesen Leuten, die lieber eine einzige Sache richtig lernen als viele in nur akzeptabler Weise. In den Bars und Kneipen zwischen Gatehouse of Fleet und Berwick up Tweed würden sie ihn als den Kopfschlag-Roddy kennen …

Ich ziehe den Reißverschluss der Tasche wieder zu, klariere seine Koje und kehre in meine Kabine zurück. Ich fühle mich schon besser. Dann bemerke ich, dass ich mein Telefon in der Hand habe, und verbinde es mit dem WLAN des Schiffes (Ian ist ein begeisterter Anhänger technischer Spielereien) und googel Roddy Fanshawe, um etwas über sein Leben herauszufinden. Nichts. Dann rufe ich Charles an. »Wie kommst du voran?«, fragt er.

»Ich mache Fortschritte.« Wie sehr, das erzähle ich ihm nicht; es ist ja nie gut, einen Kunden zu enttäuschen. »Hast du jemals von jemandem gehört, der Roddy Fanshawe heißt?«

»Nein«, sagt er, »ist das sein richtiger Name?«

Die Frage habe ich mir auch schon gestellt. Ian und Kim kennen ihn als Rodders. Doch sie scheinen mir keine Menschen zu sein, die jenseits der in Immobilienagenturen geforderten und eher niedrigen Plünderungsrate zu großen Täuschungsmanövern fähig sind. »Ich habe mich nur gewundert«, sage ich.

»Und sonst so?«

»Ich lasse es dich wissen, wenn es neue Entwicklungen gibt.«

»Ich kann es kaum erwarten. Lass die Sache nicht kalt werden, ja?«

»Natürlich nicht.« Ich beende das Gespräch. Kalt werdende Angelegenheiten erinnern mich an Clearances Finger in der Düne. Es ist insgesamt eine Menge Kälte in diesem Spiel. Die Fähre, die motorlos umhertrieb und jetzt längsseits in Stornoway liegt. Ich selbst, als ich über die Felsen von An Muic kletterte. Das Gefühl von Violentins Gewehrlauf in meinen Rippen; und die Augen von Tamara. Ich mache mir Bohnen auf Toast, trinke eine Tasse Tee und denke, »okay, das mag alles kalt sein, aber nicht so kalt, wie die morgige Nacht sein wird.« Wenn ich Glück habe. Denn das eine, was wir morgen Abend nicht gebrauchen können, das ist Hitze.

Sie kommen um 22 Uhr, also früher als am Vorabend, aus dem Pub zurück. Aber es ist offensichtlich, dass sie keine Zeit verschwendet haben. Kim wirkt übermütig und scheint zu viel zu lachen. Rodders ist so ausdruckslos wie immer. Ian jedoch macht einen mürrischen und unzufriedenen Eindruck. Er gießt sich einen großen braunen Drink ein und sagt: »Gavin, komm ins Cockpit. Ich will, dass du mir ein paar Sterne zeigst.«

»Oh«, sagt Kim.

Ich sage: »Wollen wir das alle zusammen machen?«

»Der Unterricht ist für heute beendet«, sagt Rodders. »Die Klingel hat schon geläutet. Dingdong. Ich bewege mich nicht mehr.«

Also klettern Ian und ich ins Cockpit. Ich weise ihn auf die Venus in Anwesenheit des Mars hin. Und auf den Nordstern, der sich bislang offenbar der Aufmerksamkeit unseres Skippers entzogen hat. Nach dem Polarstern hört er sogar auf, so zu tun, als würde er wirklich schauen, und konzentriert sich darauf, mit finsterem Blick seine Füße zu mustern. Schließlich sagt er: »Was für ein kleiner Scheißkerl.«

Das überrascht mich. »Was?«

»Er ist scharf auf Kim.«

»Ganz sicher nicht«, sage ich. Bei drei Leuten an Bord kann es schnell zu Disharmonien kommen. Insbesondere dann, wenn ein Crewmitglied sich der Paranoia hingibt, was Immobilienleute nach meiner Erfahrung in aller Regel gern tun. Und das nicht zu Unrecht. »Glaub mir«, sagt er mit vorgeschobener Unterlippe. »Der kleine Sack. Hat sich selbst eingeladen.« Er nimmt einen großen Schluck Whisky. »Und dann schleicht er Kimmy hinterher.«

»Dann sag ihm, dass er damit aufhören soll«, sage ich. »Du bist der Skipper, und du entscheidest über das Miteinander an Bord.«

»Ist das irgendeine Art von Crewpsychologie, die Teil der Yachtmaster-Prüfung ist?«, sagt er und widmet nun mir einen Teil der Feindseligkeit, die er gegenüber Rodders hegt.

»Nein, nein«, sage ich, obwohl mir die Idee nun, da er sie erwähnt, gar nicht mal so übel erscheint. »Das hier ist nur etwas zwischen dir und mir.«

»Also«, sagt er. »Mal ganz unter uns: Ich würde ihm das deshalb nicht sagen, weil ich nicht will, dass er mir die Nase einschlägt, weil ich ihn durchschaue. Er ist ein gewalttätiger kleiner Mistkerl. Er war mal bei der Army. Spezialeinheit.« Er leert sein Glas.

Der Himmel ist jetzt wie so oft in Schottland wolkenverhangen. Die Sterne sind nicht mehr zu sehen. »Morgen früh wird sich das alles anders anfühlen«, sage ich. Nüchtern. »Es geht doch nichts über einen neuen Tag, um die Dinge anders anzugehen. Die Vorhersage ist gut.« Was stimmt, wenn man unvorhersehbare heftige Regenschauer und schwere Windböen mag. »Also«, sage ich herzlich, »Zeit, schlafen zu gehen, richtig? Wir haben morgen früh viel zu tun. Wir haben uns einen angenehmen Auftakt beschert. Jetzt wird es Zeit, ein paar Jobs zu erledigen.«

Er denkt, dass ich über die Yachtmaster-Prüfung spreche. Tatsächlich aber spreche ich mit mir selbst. Ich gehe zu meiner Kabine im Vorschiff und krabble in meinen Schlafsack. Ich denke noch, dass ich sie streiten höre und Kim ihnen sagt, dass sie damit aufhören sollen. Dann krachen die Kabinentüren zu und das Geschnarche beginnt erneut. Vielleicht trage ich auch ein wenig dazu bei.

Der Morgen bricht mit einem gewaltigen Gewitterregen an. Ich bleibe noch einen Moment oder zwei in meiner Koje liegen, lausche dem Starkregen, der wie Kugeln auf die Luke über meinem Kopf prasselt. Dann hört der Regen wie vorhergesagt auf. Über der Luke leuchtet es jetzt in einem Madonnen-artigen Blau. Eine Windböe kreischt im Rigg. Kurzum: ein neuer Tag in der hebridischen Riviera. Ich stolpere in den Salon, in dem noch ein Hauch von altem Whisky in der Luft hängt. Das Abwaschbecken steht voll mit dreckigen Gläsern. In den hinteren Kabinen regt sich nichts. Ich empfinde einen Moment der Selbstzufriedenheit über die Klarheit in meinem Kopf, zünde das Gas an, setze den Wasserkocher auf und schleiche mich hinaus an Deck. Die Berge erheben sich von den Rändern des Lochs wie Buckel von riesigen Tieren. Echte Tiere gibt es dort auch. Eine Delfinschule bewegt sich zwischen uns und den Fischfarmen am südlichen Ufer hin und her. Weitere menschliche Anzeichen sind nicht zu sehen. Alles scheint ruhig und gelassen.

Der Kessel pfeift. Ich gehe runter und mache Kaffee. Es ist 8 Uhr morgens – Zeit für meine Schüler, dem Ganzen hier Interesse entgegenzubringen.

Einer nach dem anderen kriechen sie hervor. Ian sagt Rodders in einer Weise Guten Morgen, die darauf schließen lässt, dass die Spannung am gestrigen Abend nicht allein dem Whisky geschuldet war. Dieses Mal befassen wir uns mit der Tide in Sekundärhäfen. Was einen mühsamen Berechnungsprozess erfordert. Richtig ausgeführt kann er aber darüber Auskunft geben, zu welcher Zeit dem müden Seemann genügend Wasser dafür zur Verfügung steht, um mit seinem Boot längsseits zu gehen und es in Pub-Nähe festzumachen. Diese Truppe hier ist definitiv begeistert von Pubs. Ansonsten lassen zweitrangige Häfen sie eher kalt. Die Männer runzeln die Stirn, schauen finster drein und konkurrieren miteinander wie Hunde im Kampf um den gleichen Knochen.

Es wird schlimmer, als Kim ihr iPhone hervorzieht und mithilfe von Navionics die Summen ermittelt. Ich sage ihr, dass sie schummelt. Und sie sagt, dass sie mit dem Betrügen sehr glücklich ist. An dieser Stelle schaut Ian auf. Auch Rodders schaut auf. Ich denke schon, dass jetzt wieder alles von vorn anfängt. Dieses Mal dann tatsächlich mit gebrochener Nase endend. Also lasse ich sie den Anker aufholen und Stromdreiecke in der Loch-Mündung üben. Als sie offenbar ein wenig von ihrem Lebenswillen wiedergefunden haben, bitte ich sie um die Prognose für eine passende Gezeitenhöhe zur Überquerung der kniffligen Bank von Loch Beag, die sich 15 Seemeilen landeinwärts befindet, um anschließend ihre Schlussfolgerungen mit dem Boot zu testen.

Das tun sie mit einem gewissen Willen, der zu einem wenigstens nicht total verheerenden Ergebnis führt. Zumindest, was meine Zwecke angeht.

Denn am Rande von Loch Beag ... steht das Haus, dem das Boot von der Fischfarm einen Besuch abgestattet hat.

12

Loch Errol ist eine steile Angelegenheit. Die Berge ragen auf beiden Seiten des Lochs direkt aus dem Wasser knapp 1.000 Meter in die Höhe. Die Wetterlage ist jetzt stabil, und die Dunkelheit scheint die Hänge hinunterzufließen. Der Bug unseres Bootes zerteilt die Wasseroberfläche, während wir durch die Schatten der zusammenfließenden Ausläufer gleiten. Die Kunden sind verstummt wie auch ich, weil ich alle meine Konzentration für das Zittern benötige. Zum Teil ist es von der Kälte verursacht, mehrheitlich jedoch hat es damit zu tun, was ich für den späteren Abend geplant habe.

Wir schrammen mit 30 oder vielleicht auch 50 Zentimeter Tiefgang unter dem Kiel über die Sandbank, was Ian zufriedenstimmt, obwohl Rodders sagt, dass er gewusst hat, dass wir klarkommen werden. Was Ian wiederum verärgert. Wir rollen das Vorsegel ein, schießen in den Wind und ankern in der Mitte einer Art kreisrunden Lagune aus schwarzem Glas mit einem Durchmesser von etwa einer halben Seemeile. Ein Fluss drängt sich in den Loch. Die Berghänge sind von Bäumen besetzt. Es sind aber nicht die typisch schottischen Tannen und Birken, sondern adelige Bäume, die wie Eukalypten und Rhododendren aussehen. Wobei Letztere eine eher anspruchsvollere Art als jene zu sein scheinen, die durch vernachlässigte Lodges an Schottlands Westküste langsam verdrängt werden. In der Nähe der Flussmündung führt eine große Slipbahn aus Beton ins Wasser. Das einzige Anzeichen für Leben sind ein paar Kinder, die an einem steinigen Strand vor einer hohen Mauer spielen. Die Mauer hat ein Tor. Durch mein Fernglas sieht es aus wie frisch lackiert. Hinter der Mauer sind zwischen den Bäumen einige gerade Linien zu erkennen, die vermutlich das Dach eines Hauses darstellen. Das Geschrei der Kinder dringt hell und fröhlich zu uns hinüber. Alles wirkt ganz normal. Ein großes Haus, vermutlich für die Ferien gemietet. Harmlos. Aber es war ebendieses große Haus, wo die AIS-Spur des Bootes von der Fischfarm ohne ersichtlichen Grund eine Pause eingelegt hatte. Und auch Tamara hat von einem großen Haus berichtet, in dem sie sich mit dem Whisky befindet.

Das Tor öffnet sich. Jemand muss die Kinder hereingerufen haben, denn sie huschen den Strand hinauf und sind gleich darauf verschwunden. Mir fällt auf, dass die Scharniere des Tores nicht quietschen. Jetzt hat sich Stille über den Loch gelegt.

»Nun«, sagt Ian, »Zeit, die Bar zu öffnen.«

Kim reagiert mit Begeisterung, und es wird eifrig mit Gin und Tonic und Zitronen herumhantiert. Ich bemerke, dass Rodders die Gin-Flasche in Händen hält und seinem Kapitän und Kim große Mengen davon ins Glas gießt. Sein eigenes Glas ist als letztes an der Reihe. Ich bin überrascht, dass er die Flasche in dessen Richtung kaum bewegt und es schnell mit Tonic auffüllt. Vielleicht hat er sich dazu entschlossen, mal einen Abend auszusetzen. Natürlich ist er am heutigen Tag wieder ganz der alte Tollpatsch gewesen.

Trotzdem kann ich seine sauberen Knoten noch immer nicht vergessen.

»Komm schon«, sage ich mir selbst. »Welche Art von Arglist hätte dazu führen sollen, einen Betrüger zu Ian und Kim aufs Boot zu setzen? Lächerlich!« Nur um sicherzugehen, warte ich, bis er sein Glas ausgetrunken hat, nehme es ihm aus der Hand und – hodihodiho, ganz der fröhliche Segellehrer – schütte ihm drei Inch Gin und ein Inch Tonic ein und schaue ihm dabei zu, wie er es über seine Mandeln gleiten lässt. Er scheint es zu mögen. Meine Verdächtigungen, die sich niemals wirklich zu einem ernsthaften Verdacht erhärtet hatten, verflüchtigen sich wieder. Ich schiebe das Schlauchboot auf die Seite, so erkläre ich es den anderen, um die Vorderluke zu putzen. Dann genießen wir alle gemeinsam Kims köstliches Dinner. Vom Wein erwärmt, versteigt sich die Crew beinahe zu der Enid-Blyton-Feststellung, dass Essen unter freiem Himmel einfach immer besser schmeckt. Dann sitzen wir im Cockpit beisammen, während ich meinen berühmten Vortrag über das Wetter, seinen Mechanismus und die Vorhersagen halte. Am Ufer bewegt sich nichts außer ein paar Millionen Mücken. Da wir uns mehr als sechs Meter vom Strand entfernt befinden, sind wir immun. Ich frage die Kunden nach den Gründen für das Wetter. Gemessen an der Tatsache, dass sie halb besoffen sind, schlagen sie sich ziemlich gut. Gegen 22 Uhr entscheiden wir, dass es zu nass ist, um noch weiter im Cockpit zu verweilen. Also gehen wir schlafen. Und schon bald beginnt das Schnarchfest von Neuem.

Ich selbst fühle mich körperlich mehr als fit. Das hat mit der Anspannung zu tun. Ich ziehe mir ein Shirt über, nehme meine Schuhe in die Hand und schleiche mich auf Zehenspitzen an den Türen der Schnarcher vorbei an Deck und ins Cockpit. Hier nehme ich die Vorleine des Dingis von der Klampe, schleiche lautlos die Stufen des ausklappbaren Hecks runter (»Dafür danke ich euch, ihr seefahrendes Wohnwagen-Volk«, denke ich, als ich die Badeplattform erreiche), klettere ins Dingi und lasse es mit der Tide forttreiben.

Die Nacht ist dunkel wie ein nasser Samtbeutel. Ich lasse mich von der Tide außerhalb der Hörweite des Bootes treiben, knie mich dann vorn ins Boot und paddle in Richtung Strand. Der Plastikboden setzt mit sanftem Knirschen auf dem Sand auf. Ich nehme den Festmacher, ziehe das Dingi hoch und binde die Leine über der Hochwassermarke an einen Stein. Die Mücken sind schrecklich. Ich klatsche einige Schwärme fort, knöpfe mir mein Hemd bis zum obersten Knopf zu und bewege mich in Richtung der Mauer, die ich zuvor gesehen habe. Dahinter erkenne ich ein schwaches Glimmen, als würden beleuchtete Fenster den Nieselregen erhellen.

Das Tor ist verschlossen. Vorsichtig ziehe ich am Riegel. Wie schon vorher ist auch jetzt kein Quietschen zu hören. Offenbar ist das Schloss entgegen dem üblichen Verhalten in den Highlands in jüngerer Zeit geölt worden. Auch als ich das Tor aufdrücke, sind die Scharniere erstaunlich still. Ich trete hindurch.

Soweit ich das in Dunkelheit, Regen und Mückenschwärmen sehen kann, befinde ich mich auf einer Rasenfläche. Das Grün erstreckt sich bis zu einer dunklen Masse – dem Haus. In einigen Fenstern brennt hinter den Vorhängen Licht. Auf der rechten Seite des Hauses befinden sich die Schuppen und die breite, bullige Slipbahn, die in den See führt. Es ist dunkel da unten. Mir gefällt die Vorstellung von Dunkelheit. Ich überquere den Rasen seitwärts bis zu etwas, das ein Schotterweg zu sein scheint, der einmal rund ums Haus führt. Ich vermeide diesen Weg und gehe neben ihm auf dem Rasen entlang, um keine Knirschgeräusche zu erzeugen. Ich gehe auf etwas zu, dessen Umrisse ich nun als den großen Schuppen erkenne, der am Anfang der Slipbahn steht. Seine Schiebetür steht gut einen Meter weit offen. Ich leuchte mit der Taschenlampe meines Telefons hinein und erkenne ein paar kleine Behälter. Ich lausche, höre aber nichts als das Gesumme der Mückenflügel in meinen Ohren und meinen eigenen Herzschlag. Behutsam quetsche ich mich durch die Tür, ziehe an der Verschlussklappe des ersten Containers und schaue hinein: Pappkartons in wohlbekannten Abmessungen. Als ich an einem wackel, höre ich das verführerische gute alte Klirren.

Volltreffer.

Es ist mir unangenehm, davon zu berichten, dass ich in diesem Moment einen intensiven Geschmack von Salbei in meinem Mund verspüre. Ich schlucke ihn schnell wieder runter. Es ist nicht der passende Zeitpunkt, um beim Anblick von Whisky ins Sabbern zu kommen. Tatsächlich ist es eher an der Zeit, höllisch schnell zum Boot zurückzukehren, Charles und Mister Yusupov Bescheid zu geben und wahrscheinlich der Polizei, dass ich meinen Job erledigt habe und das Corpus Delicti, oder wie immer man es bezeichnen möchte, hier in Kinlocherrol auf die Durchsuchung wartet. Tatsächlich könnte ich das auch genau jetzt und hier erledigen. Ich schaue auf mein Telefon.

Kein Empfang.

Okay, dann eben zurück zum Boot.

Ich gehe wieder zurück zum Rasen und in Richtung Haus. Einige der Fenster werfen einen goldenen Schein in den Nieselregen. Ich frage mich, wer da wohl im Haus ist. Das frage ich mich wirklich intensiv. Ich bemerke, dass ich mich nicht mehr länger in Richtung Tor bewege, sondern zur Hausecke hin. Behutsam betrete ich den Kies, um nur ja keinen Lärm zu verursachen, obwohl die Mücken jetzt so schlimm sind, dass ich anfange, die Kontrolle über meine Bewegungen zu verlieren. Ich steige auf eine Bank und hieve mich zu einem Fenster hoch. Es gibt mir den Blick auf den schmalen Streifen eines Esszimmers frei. Die Wände sind mit knorriger brauner Kiefer verkleidet und entsprechend dem regionalen Brauch von Hirschgeweihen besetzt. Das erste Gesicht, das ich sehe, ist Violentins, der, die Arme auf dem Tisch, einfach so dasitzt, in seiner rechten Hand ein Glas Whisky haltend. Die Person ihm gegenüber sitzt mit dem Rücken zu mir, doch hinter Violentins Kopf hängt ein Spiegel. Das Spiegelbild zeigt einen kleinen Mann mit öligem schwarzem und zurückgekämmtem Haar und großporiger gräulicher Haut, die wie bei einem Bergmann von schwarzen Flecken übersät ist. Den habe ich noch nie gesehen. Aber etwas an Violentins Verhalten sagt mir, dass der kleine Mann derjenige ist, der hier das Sagen hat.

Plötzlich höre ich hinter mir auf dem Kiesweg ein Knirschen. Mein Herz setzt fast aus. Ich fahre genau rechtzeitig herum, dass mir der nahende D-Zug mitten ins Gesicht rast. Soweit ich mich erinnern kann, wird mein Kopf von etwas mit überdimensionalen Ausmaßen getroffen. Doch was immer es ist, das mich erwischt, trifft nur mein Ohr und nicht – wie vermutlich beabsichtigt – meinen

Nacken. Die Lichter gehen nicht aus. Ich schlage mit dem Gesicht nach vorn auf den Kies auf, bin aber imstande, mich über die Auffahrt wegzurollen, bis ich nasses Gras an meinen Wangen spüre. Im trüben Lichtschein des Fensters sehe ich eine Männergestalt wie eine dunkle Masse in geduckter Haltung und mit bedrohlicher Ausstrahlung auf mich zukommen. Mir wird klar, dass er so etwas nicht zum ersten Mal macht.

Ich beginne mich auf dem Rasen rückwärts zu bewegen. Erst rollend, dann komme ich auf die Füße. Ich höre schnelle Schritte hinter mir und blicke mich gerade um, als mich etwas von hinten an den Knien packt und wieder zu Boden wirft. Ein Fuß. Der Besitzer des Fußes versetzt mir einen scharfen und schrecklich treffsicheren Tritt in die rechte Niere. Dann legt er mir von hinten einen erstaunlich nassen Arm um den Hals und drückt mit der anderen Hand auf meinen Kopf. Ich denke, dass er mir den Hals brechen wird. Und merke, dass ich dagegen absolut nichts tun kann. Ich liege mit dem Gesicht nach unten im nassen Gras, während der Druck zunimmt, und vermute nicht ohne Schrecken, dass ich sterben werde. Zugegeben: Das hatte ich mir immer anders vorgestellt.

Ich spüre, wie etwas in meinem Nacken zerbersten will. Plötzlich höre ich ein Geräusch wie beim Fallen einer Kokosnuss auf einen Felsen. Der Druck lässt nach. Und wer immer mich attackiert hat, gibt jetzt ein gurgelndes Geräusch von sich und erschlafft. Dann zieht mich jemand übers Gras weg und lässt mich wieder aufs Gesicht fallen. Ich komme auf alle viere hoch und sage: »Was …?«

»Sei ruhig«, zischt eine Frauenstimme. »Du bist so dumm, mitten in Nacht zu diesem Ort gehen.«

Ich sage: »Wer zur Hölle sind Sie?«

»Er erkennt mich nicht«, sagt die Stimme. »Ich sage ihm, dass ich ihn liebe, und rette sein Leben, und er erkennt mich nicht einmal.«

»Tamara?«

»Natürlich. Und jetzt müssen wir gehen.«

Das ist doch alles nicht normal. Mein Hals fühlt sich an, als wäre ich gehängt worden. Zusätzlich herrscht in meinen Ohren ein fieses Summen. Ich ziehe mein Telefon raus und leuchte mit dem Lichtkegel auf meinen Angreifer, der mit dem Gesicht nach unten ausgestreckt auf dem Rasen liegt. Es ist Rodders. Oder besser: Es war Rodders. Tamara hat ihm mit einem Schürhaken den Kopf eingeschlagen. Ich erkenne eine Furche in den graumelierten Haaren, die sein Scheitel sein könnte, wenn man denn in diesem Jahr Scheitel als Spalt im Schädel als modisches Accessoire tragen würde.

Ich überprüfe, was noch von meinem Verstand übrig geblieben ist und ob ich überrascht sein sollte. Ich denke an den geschickt gebundenen Kopfschlag, den Gin für Nichtgenießer. Und entscheide, dass es keine Überraschung ist. Aber nur, weil mich eigentlich gar nichts mehr überraschen kann. Inklusive meiner eigenen Dummheit.

»Er arbeiten für Schwein Gruskin. Ich glaube, ich ihn gekillt«, sagt sie. »Ist guter Job für dich.«

»Stimmt«, sage ich. Der Rasen dreht sich um meinen Kopf. Es scheint, als kommen keinerlei Geräusche aus Richtung Haus. Ich mache einen Schritt in etwas, das ich fälschlicherweise für eine Richtung halte. Die Rotation des Rasens beschleunigt sich. »Ich muss irgendwie weggetreten sein.«

»Da ich komme«, sagt Tamara und greift mit stählernen Fingern nach meinem Oberarm.

»Hör zu …«

»Nein«, sagt Tamara. »Ich habe dich kommen sehen. Ich benutzte Nachtsichtgerät. Ich denke, er gekommen, mich zu retten. Also du kommst an Land mit kleinem Boot. Und dann beobachte ich kleinen Bastard. Er verlassen Yachtboot, schwimmt und folgt dir. Dann greifen Hals. Ich rette dein Leben.«

Da steckte viel Wahrheit drin.

»Und jetzt«, sagt sie, »ich muss mit dir gehen. Sie mich sonst töten.«

»Ja«, sage ich ziemlich verwirrt, »aber das geht nicht.«

»Doch«, sagt Tamara und ich bemerke trotz des zunehmenden Gebrülls in meinen Ohren, dass sie mich über den Rasen runter zum Tor in der Mauer führt. Ich öffne den Mund zum Protestieren, doch es scheint kein Ton herauszukommen. Also setze ich mich. Ich kann hören, wie sie das Boot den Strand runterzieht, anschließend dann auch mich über den Sand zerrt und ins Boot befördert. Dann rudert jemand, und wir klettern am Heckspiegel hoch und ins Cockpit der KIMIAN. Alles tut mir höllisch weh, doch ich weiß, dass ich weit weg sein will von hier. Und ich weiß, dass wir alle wesentlich größere Probleme als nur das Durchfallen durch die Yachtmaster-Prüfung bekommen, wenn ich die anderen Leute auf dem Boot nicht von hier wegbringe, bevor sie Roddy finden.

Also starte ich den Motor, stolpere aufs Vordeck und drücke einen Fuß auf den Knopf für die Ankerwinde. Als der Anker gegen die Bugrolle knallt, taumle ich wieder nach achtern und gebe halbe Fahrt voraus. Im Niedergang erscheint Ian im gestreiften Pyjama und riecht nach schalem Alkohol. »Was ist passiert?«

»Nachtübung«, sage ich, »Reaktion auf einen Notfall. Du hast alles richtig gemacht.«

Es entsteht eine Pause, in der er mir eine Wolke alten Whiskys entgegenbläst und sich fragt, was genau er richtig gemacht haben soll. Dann sagt ihm sein alkoholumnebeltes Hirn, dass er im Zweifel zu seinen Gunsten entscheiden soll, und er stimmt zu: »Särrr gut«, sagt er, ohne Zweifel davon überzeugt, dass er Admiral Lord Nelson persönlich ist. »Mach weiter. Ich leg mich wieder hin. Weck mich, wenn du mich brauchst.«

Ich lasse mich auf den Sitz im Cockpit fallen und starre auf die kleine Pfeilform bei Navionics, die dem blauen Wasser durch den Knick im Kanal und die Enge folgt. Einmal spüre ich, wie der Kiel den Sand berührt. Dabei versucht mein Herz, die Schmerzen am Hals mit einem heftigen Satz noch zu übertrumpfen. Dann sind wir draußen und fahren unter Motor davon. Tamara sitzt neben mir, ihre langen Schenkel sind eng an meine geschmiegt. »Ich habe Pillen«, sagt sie. »Nimm. Und auch Wasser trinken.«

»Das ist sehr lieb«, sage ich irgendwie automatisch. Ich schlucke die Tabletten runter, ohne darüber nachzudenken, was sie enthalten könnten. »Und jetzt erklär mir mal ganz genau, was hier zur Hölle eigentlich los ist.«

»Ja«, sagt Tamara. »Haus ist Haus von Lev Gruskin, ist großer Business-Feind von Mister Yusupov. Es ist wegen Lev Gruskins Geld, dass Valentin Valentinovich Yusupov betrügt. Das sehr schlecht, weil Mister Yusupov sehr nett zu Valentin Valentinovich gewesen. Whisky stehlen ist natürlich dumme Sache. Aber Schiff ist gestohlen von neuer Fährflotte, die gehört Mister Yusupov. Missis Yusupov, die war meine Freundin bis vorgestern, ist böse mit Mister Yusupov, weil er mit mir in Bett geht, obwohl sie keine Berechtigung dazu hat, weil sie geht mit Violentin in Bett, dem Tier. Sie mich fragen, ob ich mit ihr in diese Haus komme. Sie mir nicht gesagt, dass es gehört Lev Gruskin.« An dieser Stelle flucht sie eine Weile auf Russisch. Ich bitte sie nicht um Übersetzung, weil es mich zum einen wenig interessiert und zum anderen die Schmerzen an meinem Hals gerade erst langsam nachlassen. Ich werde von einem weichen Gefühl ergriffen, als würde mein Verstand in warmer Milch gebadet. »Also sie machen Schiff zu Wrack und stehlen seinen Whisky, um seinen Namen zu beschmutzen, damit sein Unternehmen fehlschlägt. Ist alles Teil von Krieg, den sie sich nicht gesagt, sie aber kämpfen. Jetzt«, stößt Tamara zwischen ihren Zähnen hervor, die mehr als zusammengebissen zu sein scheinen, »wird sich das alles ändern.«

»Schön, schön«, sage ich verträumt. Inzwischen haben mich auch die letzten Schmerzen verlassen. Ich motore diesen lieblichen Loch hoch und habe eine wunderschöne Frau an meiner Seite, während mir charmant kalter Regen ins Gesicht klatscht. Eine kleine Stimme in meinem Hinterkopf sagt mir, dass die gänzliche Abwesenheit von Schmerzen bei einem halb gebrochenen Hals nicht normal sein kann. Ebenso wenig wie die fehlende Angst, nachdem einer meiner Crewkameraden mit einem Schürhaken im Kopf auf nassem Rasen gelandet ist. Doch der Effekt übersteigt den jedes Schmerzmittels, das ich jemals eingenommen habe. Es erscheint mir also kleinlich, mich darüber aufzuregen. »Mir geht es fantastisch«, höre ich meine eigene Stimme aus einiger Entfernung sagen.

»Mir auch«, sagt Tamara. »Ist Liebe, glaube ich. Aber andererseits«, sagt sie mit festerer und besonnenerer Stimme, »könnte es auch liegen an heldenhafter Dosis Oxycodon.«

»Oxy was?«

»Hillbilly-Heroin«, erklärt sie. »Ist Wunderdroge für Schmerzen, aber tötet dich schnell. Du jetzt kriegen keine mehr, oder du wirst sein Junkie in doppelter Geschwindigkeit. Was«, sagt sie, »ist das?«

In der Dunkelheit vor uns sind ein rotes und ein grünes Licht zu sehen, gekrönt von einem weißen. »Da kommt ein Schiff den Loch runter«, sage ich. »Ich denke, wir sollten vor Anker gehen.«

Die Brise, oder besser, der Rest davon, weht aus Westen über den See hinunter. Sollte das ein Anzeichen für ein neues Wetterfenster sein, wird der Wind vermutlich über Nacht auf Nord drehen. Navionics zeigt uns an der Nordküste eine Bucht in Lee einer Insel. »Ein großartiger geschützter Ankerplatz«, denke ich, und reiße das Steuer rum, bis wir Kurs auf die Bucht nehmen. Tamara scheint sich über einen anderen Bildschirm zu beugen. »Weißt du, was für ein Schiff ist das?«, fragt sie.

»Nein.« Oder es ist mir egal. Der Grund unter uns fällt ab. Wir befinden uns jetzt im geschützten Gewässer und haben etwa zehn Meter Wassertiefe unter uns. Ich nehme den Gang raus, gehe nach vorn aufs Vordeck und lasse einen Teil der Kette raus. Weder weiß ich wie viel, noch interessiert es mich. Das Boot reagiert, als der Anker Halt findet und an der Ankerwinde zieht. Heute werden wir nirgendwo mehr hinfahren.

Ich zottel wieder nach achtern und gähne. Diese Ankerei ist eine seltsame Sache. Macht einen irgendwie schläfrig. Ich erreiche das

Cockpit im Zustand einer Tonne Kohle, die in einen Keller geschaufelt wird.

»Das Schiff«, sagt Tamara. Ich bin nicht wirklich an Schiffen interessiert. Das Licht vom Plotterbildschirm lässt ihre Wangenknochen leuchten und verleiht ihren Lippen einen enervierenden grünen Farbton. »Sehr appetitlich«, denke ich träge. »Das Schiff ist Fischschiff. Hat Whisky hierhergebracht, nachdem Aufregung sich gelegt.« Sie zeigt auf den Plotterbildschirm.

Sie hat das AIS bei Navionics aktiviert. Ich schaue mit Augen darauf, die kaum noch etwas wahrnehmen. Doch dann sehen sie plötzlich wieder. Weil der kleine Datensatz des Schiffes mir seinen Namen verrät: NORSK SUPPLIER. Ich sage: »Er kommt die Flaschen abholen.«

»Ohne Zweifel.«

»Wohin werden sie fahren?«

Tamara gibt einen verächtlichen Ton von sich. »Niemand vertraut mir«, sagt sie. »Niemand mir etwas sagen. Aber Lev Gruskin hat viele Fabriken für Trinken. Und ich glaube, sie werden es dahinschicken, so er kann diese Getränk nutzen, um andere Getränk Geschmack zu geben, das nicht gut ist.«

Ich schaue sie an. Ich bin wirklich sehr schläfrig, aber zwei Dinge drängen sich mir auf. Eine Tatsache ist, dass diese schöne Frau mir definitiv das Leben gerettet hat. Die andere ist die, dass wenn der Whisky den Schuppen am Ende des Lochs verlassen wird, ich herausfinden muss, wohin er als Nächstes gebracht wird. Das ist der Teil, auf den ich mich nicht freue. Ich sage: »Ich gehe nach unten.«

Sie sagt: »Ich komme mit.«

Ich hätte Einspruch erheben können, tue es aber nicht. Stattdessen taumle ich runter zur Kabine im Vorschiff und falle in meine Koje. Ich spüre, wie sie sich neben mich legt und ihren Körper an meinen presst. Und ich denke noch, dass da vielleicht doch etwas an dem Ich-liebe-dich-Getue dran ist. Dann schlafe ich ein.

Ein paar Jahrhunderte später hackt mir jemand mit einer Axt in den Hals. Es schmerzt wie Hölle, und ich wende mich weg, damit es aufhört. Doch das Umdrehen macht es noch schlimmer, weil die Axt jetzt meinen ganzen Körper attackiert. Das Hacken nimmt kein Ende. Ich öffne ein Auge. Da ist Licht, das mir wie Dolche in den Schädel fährt. Einiges davon scheint durch Massen von blondem Haar. Tamaras Stimme kommt von irgendwo in der Mitte der Haare. »Schiff hat abgelegt«, sagt sie, »ist schon auf See und kommt auf uns zu.«

Ich fluche, nehme die Füße aus der Koje und setze mich auf, während ich mich fühle, als würde mir der Kopf abfallen und übers Deck bis in den Salon kullern. Irgendwie bekomme ich ihn zurück, positioniere ihn wieder auf meinen Schultern und stolpere raus in den Gang. Die Welt wabert in gräulichem Licht um mich herum. Irgendwo hinter mehreren dicken Wolkenschichten hebelt sich die Sonne eher lustlos in den Himmel. Ich starte den Motor. »Willst du was von Heroin?«, fragt Tamara. Ich sage ihr, dass sie nicht so blöd sein soll. Dann denke ich, dass es ja eigentlich der Gedanke ist, der zählt, und sage: »Hast du noch welche von den Pillen?«

»Natürlich«, sagt sie. Ich stolpere übers Deck und drücke den Knopf für die Ankerwinsch. Der Haken rumpelt aus der Tiefe hoch und gleitet über die Bugrolle an seinen Platz. Als ich zurück zum Cockpit gehe, sitzt Tamara dort sittsam wie eine Krankenschwester und hält mir eine Pille und ein Glas Wasser entgegen. Ich schlucke beides runter. Im Salon gibt es etwas Aufregung, bevor Kim ihren Kopf aus dem Niedergang rausstreckt. Ihre Augen sind leicht pinkfarben, und das Make-up der vergangenen Nacht hat sich etwas links vom eigentlichen Zielbereich positioniert. »Was ist denn hier los?«, fragt sie. Ihre Augen bleiben an Tamara hängen. Sie blinzelt und fokussiert neu: »Wer ist das?«

»Äh, das ist Tamara«, sage ich. Ich kann die Wirkung der Pille schon spüren, was hilfreich ist. »Wir haben ein paar nächtliche Übungseinheiten gemacht …«

»Darauf wette ich«, sagt Kim, die Tamaras Schönheit und ihre Verwirrung registriert.

»Wir dachten, dass sie besser mit an Bord kommt. Rodders hat sich entschieden, uns zu verlassen. Und wir wollten euch nicht aufwecken.«

»Oh«, sagt sie mit einem enttäuschten Gesichtsausdruck, der dann Verärgerung weicht. »Ian hat ihn von Bord befördert. Richtig?«

»Das fragst du ihn besser selbst«, sage ich. »Der Kapitän hat das letzte Wort.«

»Er wird es bestreiten.«

Womit sie vermutlich recht hat. Ich sage: »Haben wir eine Chance auf Kaffee?«

Für Kim repräsentieren Heißgetränke eine zuverlässige Konstante. Sie greift die Idee auf, nimmt sie sich zu Herzen, nickt das zackige und begeisterte Nicken einer Mitarbeiterin des Women's Royal Naval Service, stürzt nach unten, und schon bald ist das Klappern des Kessels zu hören.

Tamara sagt: »Und was nun?«

»Wir folgen dem Schiff.«

»Es fährt schnell. Wir fahren langsam.«

»Hast du eine bessere Idee?«

Es ist immer ein Fehler, Tamara eine rhetorische Frage zu stellen. »Ja«, sagt sie. Und verrät sie mir.

13

Tamara zählt zu der Art von Frauen, die jeden zu allem überreden können. Wenn ihre persönliche Attraktivität versagt, dann bringt sie ihre Vertrautheit mit automatischen Schusswaffen ins Spiel. In diesem Fall allerdings spielt keiner der beiden Faktoren eine Rolle bei meiner Entscheidung, die trotzdem nicht ganz frei ist, weil ich immer noch unter dem Einfluss von hochwirksamen Opioiden stehe. Also läuft es folgendermaßen ab:

Das Boot von der Fischfarm kommt mit konstanten 8 Knoten den Loch hochgefahren, seine Lichter leuchten in der Dämmerung rubinrot und smaragdgrün. Es ist ein gedrungener Katamaran mit einem turmartigen Aufbau und einem breiten Brückendeck, auf dem Arbeitskräne stehen. Für ein Boot von der Fischfarm ist das Schiff ziemlich groß. Man sieht ihm jedes Gramm seiner 200 Tonnen an. Für ihn sind die 8 Knoten Bummelei, für uns Vollgas.

Ich drehe am Rad und bringe die KIMIAN auf Kurs, den Loch hoch und schiebe den Gashebel auf Anschlag. Die Flaute der Dämmerung hat – abgesehen von schäumenden Gegurgel unseres Heckwassers – aus der Wasseroberfläche ein schlaffes graues Laken gemacht. Wir sind ein harmloses Fahrtenboot, dass seinem nächsten vergnüglichen Urlaubstag entgegenfährt. Es sei denn, jemand hat das Boot von der Fischfarm alarmiert und darüber unterrichtet, dass ein Mitglied der Gruppe im Haus verschwunden ist und dass einer der freien Mitarbeiter seines Besitzers mit eingeschlagenem Schädel auf dem Rasen liegt. Doch das erscheint unwahrscheinlich.

Fischzuchtbetriebe mögen nicht die öffentlichen Wohltäter sein, als die sie ihre Eigentümer gern ausgeben, doch von ihren Mitarbeitern dürfte erwartet werden, dass sie eine Grenze weit nördlich von Mord ziehen. Den Aktionären würde das nicht gut gefallen, insbesondere dann, wenn sie erwischt werden. Meine Theorie ist also die, dass Big Paul Murray und seine Crew zwar nicht gerade verarscht werden sollen, sie sich aber tendenziell eher nicht an einer niederen Hinterhältigkeit beteiligen würden. Dass sie nun trotzdem hier im Loch angekommen sind, spricht eher dafür, dass sie ihren normalen Tätigkeiten bezüglich der Fischzuchtbetriebe nachgehen.

Also rasen wir den Loch mit Vollspeed von 7 Knoten hoch, während hinter uns das Farmboot 8 Knoten Fahrt macht. Was bedeutet, dass es pro Stunde etwa eine Seemeile auf uns aufholt. Da es noch etwa eine Seemeile von uns entfernt ist, werden wir die rund sieben Seemeilen entfernt liegende Fischzucht etwa gleichzeitig erreichen.

Als ich mit meinem vernebeltem Verstand gerade die Berechnungen beende, kommt Ian an Deck. Der Kaffee lässt ihn ein wenig aufgeräumter wirken, und seine vorherige Neugierde ist nun von tiefem Misstrauen geprägt. »Schau mich an«, sagt er, »was um alles in der Welt läuft hier?«

»Crewwechsel«, sage ich und schaue über die Schulter zurück zum Katamaran.

»Wie meinst du das?« Jetzt sitzt er wieder auf seinem hohen Ross. »Wem gehört denn dieses Boot eigentlich?«

»Dir«, sage ich. »Du bist der Skipper. Daran besteht kein Zweifel. Aber ... also, Rodders, der war eher von der sensiblen Sorte.«

»Sensibel?«

Es ist an der Zeit, auf die zerstörerische Kraft des Alkohols zu setzen. Sie hat auch mich über ein sehr langes Jahr fest im Griff gehabt. Ich weiß, wie hart dieser Griff sein kann. Ich sage: »Darf ich aufrichtig sein?« Er macht, was man wohl als ungeduldige Geste bezeichnen muss. »Du hast ihn gestern Abend beleidigt.«

»Ich?«

»Das mag in deiner Erinnerung vielleicht alles etwas verschwommen sein«, sage ich, »aber du hast ihn so gut wie beschuldigt, mit deiner Frau zu schlafen.«

»Mit Kim?«

Ich widerstehe der Versuchung, ihm zu sagen, dass das tatsächlich ihr Name ist, denn vermutlich weiß er das wohl. »Er ist an Land gegangen«, sage ich. »Nach dem Essen. Ich habe ihn gehen sehen und noch versucht, ihn davon abzuhalten. Aber er ließ sich nicht überreden. Er ist mit dem Beiboot an Land gerudert und wollte es dort am Strand liegenlassen. Also habe ich ihn begleitet, um es wieder zurückzubringen. Offensichtlich kannte er jemanden in dem Haus. Er ist in so was wie einen Land Rover eingestiegen und den Hügel hochgefahren. Merkwürdigerweise traf ich auf Tamara. Sie wollte gern mit segeln gehen, hat gute Zeiten auf Yachten im Schwarzen Meer erlebt und so weiter, verstehst du? Da uns ein Mitsegler fehlte, dachte ich, warum nicht.« Die Geschichte ist schrecklich dünn, aber Tamaras Pille hat mich weit vom realen Leben weggerückt. Ich bin offenbar imstande, den Faden mit einiger Überzeugungskraft zu spinnen.

»Aber ich werde Boot verlassen jederzeit Sie wünschen«, sagt Tamara und schlägt die schönen Augen unter den langen Wimpern nieder. Dabei bemerke ich allerdings, dass sie die Augen erst schließt, nachdem sie Ian einen ausgiebigen Laserblick gewidmet hat.

»Nein«, sagt er. »Nein, nein, nein, nein. Willkommen an Bord. Wir freuen uns, dass Sie hier sind.«

Mir kommt in den Sinn, dass Kim sich vielleicht weniger freut. Aber nun sind die Worte ausgesprochen und können nicht mehr zurückgenommen werden.

»Okay«, sage ich und fahre im Ausbilderton fort. »Berechne mir einen Kurs zur Fischzucht oben am Loch, der die Gezeiten berücksichtigt.«

»Aye, aye«, salutiert er. Dann hockt er sich an den Kartentisch und zeichnet Linien mit kleinen Pfeilen daran, die er zu Dreiecken verbindet, wie er es in den abendlichen Theoriestunden über den ganzen letzten Winter gelernt hat. »Steuere 273 Grad«, sagt er schließlich.

»Aye, aye, Skiiieper«, echot Tamara und dreht das Rad. Und los geht es zur schwimmenden Landebrücke der Fischzucht.

»Also«, sage ich, »es wird dort einigen Verkehr geben. Ich will, dass du uns als Skipper da durchbringst. Und du wirst uns längsseits bringen, von was auch immer ich dir sage, dass wir dort längsseits gehen. Klar?«

»Klar«, sagt Ian. Er schaut nach achtern. Der Katamaran von der Fischfarm kommt jetzt schnell näher. »Er überholt uns«, sagt Ian, »Aber wir haben Wegerecht.«

»Behalte ihn im Auge«, sage ich.

Tamara hält den Kurs, den Ian ihr gegeben hat, und wir kommen der Fischzucht näher. Ich kann schon das Platschen der Lachse erkennen, die hinter den schwarzen Netzen in ihren Käfigen hochspringen. Hinter uns schälen die beiden Rümpfe des Katamarans weiße Schwarten Wasser aus dem See. Er ist jetzt nah. Unangenehm nah. »Was zum Teufel«, frage ich mich, »mache ich hier eigentlich?« Aber da ist immer noch das vom Tamaras Pillen verursachte diffuse Gefühl, dass all das hier eigentlich jemand anderem passiert.

»Ich sag dir was«, lobe ich ein paar Minuten später, »das ist ein Spitzenkurs. Perfekt getroffen. Wir werden jetzt etwas anderes versuchen.«

»Was denn?«

»Setz mich bei der Fütterungsboje der Fischfarm ab. Dann kreuzt du einmal den Loch und kommst wieder zurück und holst mich ab.«

»Du machst Witze.«

Ich zucke mit den Schultern, übernehme das Steuer und drehe es, bis die Bugspitze auf den großen schwarzen Tank zeigt, von dem aus die Schläuche zu den Fischkäfigen verlaufen. Die Hauptaufgabe der Serviceboote besteht darin, diese Tanks mit Fischfutter aufzufüllen, wonach sie sich mit Kurs auf die nächste Fischzucht wieder entfernen. Oder, wie im Fall dieses Schiffs, sich irgendwohin verziehen, wo sie eine größere Menge geklauten Whisky loswerden können.

»Okay«, sage ich und bringe unser Boot hinten um die Fütterungsboje herum und damit außer Sichtweite des Servicebootes. Dann richte ich den Bug unserer Yacht gegen die Fütterungsboje und die Strömung der Tide. »Halte sie hier«, sage ich zu Ian.

»Was?«

»Berühre einfach die Boje mit der Bugspitze«, sage ich. »Ich springe rüber. Ich will sehen, ob du das kannst. Dann kommst du zurück und holst mich wieder ab.«

Sein Gesicht ist rot vor Anstrengung.

»Auf keinen Fall«, sagt er. »Ich habe keine Ahnung, was hier abgeht, aber ich weiß, dass es mir nicht gefällt. Du wirst dafür bezahlt, uns auszubilden.« Er öffnet den Mund, um weiterzusprechen, sagt dann »Uff« und fällt seitlich ins Cockpit. Hinter ihm steht Tamara mit der Winschkurbel in der Hand, die sie ihm soeben in die Niere gestoßen hat.

»Ich gehe«, sagt sie. »Ich telefonieren.«

Ich fange schon an, nein, nein, nein zu sagen, doch was immer sie mir gegeben hat, lässt mir inzwischen die Ohren dröhnen. Mein Hals mag nicht schmerzen, aber er fühlt sich steif wie ein Baumstamm an. Und ich bin mir keinesfalls sicher, dass es mir gelingen wird, auf die Boje zu springen. Nicht einmal, wenn ich will. Und ich habe auch kein Bedürfnis, in die Fluten des Lochs zu stürzen, der hier nach der Fütterungsboje hauptsächlich aus Lachsscheiße besteht.

»Sie freuen sich, mich zu sehen«, sagt Tamara und marschiert mit dem hüftschwingenden Gang eines Models nach unten ins Vorschiff, was mich daran erinnert, dass sie schon in Ordnung ist. »Vorwärts.«

Wir fahren voraus, bis sich der Heckkorb nur noch etwa 20 Zentimeter entfernt von der Boje befindet. In diesem Moment steigt Tamara über auf einen Vorsprung, der einmal rund um die Fütterungsboje führt. Ich nehme den Gang raus und lasse das Boot zurückfallen. »Gut«, sage ich zu Ian, der inzwischen wieder aufrecht steht. »Damit sind wir sie nun los. Schreckliche Nervensäge. Tut mir leid. Da fällt sie durch das halbe Schiff. Sie hat dir hoffentlich nicht wehgetan, oder? Gut. Also. Wir haben uns mit dem Wetter, mit der Navigation und auch ein wenig mit Manövern beschäftigt. Lass uns jetzt mal ein paar Segel hochziehen und auch das Beidrehen und Beiliegen üben.«

Ian stöhnt und krümmt sich leicht. Er hat aufgehört, indigniert dreinzuschauen. Seine Wangen sind jetzt aschfahl, als hätte er Angst. Kim erscheint im Niedergang. »Möchte jemand einen Tee?«

»Erst die Segel hoch«, sage ich. »Dann beidrehen. Dann Tee. Zeig uns mal, wie man das macht, Kim.«

Kim geht nach vorn zum Mast und macht die Leinen klar. Ich behalte das Serviceboot im Auge. Es bewegt sich ruhig in Richtung Fütterungsboje, macht dort fest und schließt eine Art von Rohr an. Ich sehe, wie Tamara auf das Vordeck steigt und etwas zu einem der Crewmitglieder sagt. Als er es endlich schafft, den offenstehenden Mund wieder zu schließen, zeigt er auf das Steuerhaus. Da marschiert sie rein und kommt nicht wieder raus. Ich mache mir Sorgen. Das sind potenziell üble Leute, und ich kann zwei Container an Deck stehen sehen, von denen ich weiß, dass sie voll mit gestohlenem Whisky sind. Ich stelle mir schon vor, wie sie Tamara bewusstlos schlagen und über Bord werfen – ein Gedanke, der mir bei genauerer Überlegung sehr unattraktiv erscheint. Sie mag ein Räuber und eine Kidnapperin sein und sie ist so unaufrichtig wie sie schön ist, da bin ich mir sicher. Aber andererseits hat sie mir das Leben gerettet und mir hervorragende Schmerztabletten gegeben, und das ist schließlich auch etwas wert.

Kim gelingt es perfekt, mit dem Boot beizudrehen. Ian hat sich auf den Sitz im Cockpit gehievt und stöhnt noch ein bisschen. Ich sage: »Du musst auf den überkommenden Baum achten.« Er sieht so aus, als will er eine Diskussion anzetteln, als mein Telefon klingelt. Die Nummer kommt mir nicht bekannt vor. Ich gehe ran. Tamaras Stimme sagt: »Wir müssen gehen zu Fischfarm in Loch Braan. Wo immer die ist.«

»Okay, wir kommen dich holen.«

»Oh, gut«, sagt sie. »Das sehr tröstlich zu wissen.« Die Leitung ist wieder tot.

»Alles klar«, sage ich energisch. »Berechne uns den Kurs nach Loch Braan.«

»Wo ist das?«, fragt Kim.

»Die Karten«, sagt Ian nicht ohne Feindseligkeit in der Stimme, »liegen auf dem Kartentisch.«

»Richtig, da sind sie«, sagt Kim fröhlich. Sie springt nach unten. »Segel hier hoch, und dann ist es der dritte Loch auf der rechten Seite«, sagt sie. »Die Tide wird uns helfen. Noch jemand Tee?« Ich verspüre etwas, das fast schon an Bewunderung für ihre Art grenzt. Sie hat nicht viel mit dem Verhalten eines Seebären gemein und auch keine Vorliebe fürs Ackern bis zum Umfallen. Sie ist aber dennoch effektiv. Also danke ich ihr.

»Was genau ist denn nun mit Rodders passiert?«, fragt sie.

»Er hat da unten im Loch ein paar Freunde getroffen.«

»Das hätte er uns doch erzählen können«, sagt Kim, deren Mundwinkel jetzt nach unten zeigen.

»Das hätte er nicht wirklich«, höre ich mich selbst sagen. Zum Glück ist sie so beschäftigt mit dem Schmollen, dass sie das nicht hört. Inzwischen sind Großsegel und Vorsegel fast dichtgenommen. Das Boot lehnt sich nach Steuerbord und beginnt den Kyle hoch zu gurgeln.

Das Serviceboot hat inzwischen seinen Job an der Fütterungstonne beendet, legt ab und folgt uns. Was für eine Geschichte Tamara Big Paul Murray und dem Rest der Leute an Bord serviert hat, wissen zu diesem Zeitpunkt nur sie und die Typen, aber ich nehme an, dass sie kein gutes Licht auf uns wirft. Also schlage ich Ian, der inzwischen mit dem Quengeln aufgehört hat und es zu genießen scheint, sein Boot zu steuern, behutsam vor, dass er sich mit gutem Abstand freihalten soll. Das Serviceboot passiert uns und verschwindet dann zügig in der Ferne vor uns. Wir folgen mit würdevoller Geschwindigkeit, während ich milde Trainingsanweisungen gebe und Kim und Ian ihnen mit schneidigem Eifer begegnen. Es fühlt sich an wie ein charmanter sanfter Segeltörn. Wenn man dabei so stark unter dem Einfluss wirkungsvoller Opioide steht wie ich es gerade tue, dann ist es beinahe möglich zu vergessen, dass wir einem Vermögen in Form von gestohlenem Whisky nachjagen und dass hinter uns bereits mindestens eine Leiche und ein paar sehr wütende Verbrecher liegen. Beinahe jedenfalls kann ich das verdrängen, wenn auch nicht so ganz. Wir gleiten hinein in die Dämmerung und kommen gegen 20 Uhr zum Ankerplatz im Loch Braan, wo wir den Anker fallen lassen. Es handelt sich um einen wunderschönen Platz, über dem die Ruinen des Schlosses thronen und der aus einer hufeisenförmigen Bucht mit klarem schwarzen Wasser besteht. Die Fischzucht auf der anderen Seite des Lochs ist an der üblichen dichten Ansammlung von Käfigen zu erkennen, und das Serviceboot ist mal wieder mit dem Fummeln an den Schläuchen beschäftigt. Mir soll das nur recht sein. Denn wir sind nicht auf einem von »Beautiful Scotland« organisierten Törn unterwegs; unser Job besteht darin, den Whisky nicht aus den Augen zu lassen. Ich habe Sorge, dass er auf ein anderes Schiff oder auf einen Laster verladen wird und dann unauffindbar im Transportnetz verschwinden könnte. Nun, hier gibt es zur Entladung keine Möglichkeit. Vermutlich muss sich der Katamaran in dieser Gegend wie ein normales Serviceboot verhalten und wird die Container erst an einem Ort abstoßen, an dem eine solche Aktivität möglichst minimale Aufmerksamkeit erregt. Ein Romantiker würde das am Ende einer langen, einspurigen Straße tun. Aber Valentin und Gruskin sind keine Romantiker. Ein lebendiger Hafen dürfte ihren Absichten eher entgegenkommen.

Aber wo? Die Wirkung von Tamaras Pille scheint nachzulassen. Das Brummen in meinem Ohr entwickelt sich zum unangenehmen Fiepen. Ich würde mich gern hinlegen und ein bisschen dösen, was ich aber andererseits gerade nicht will, weil sich hinter der Pille eine Frage in meine Gedanken bohrt, die etwas mit Rodders zu tun hat. Mir ist nur leider momentan noch nicht ganz klar, wie sie lautet.

Ich ziehe mein Telefon raus und rufe Georgie an. Natürlich erreiche ich nur seinen Anrufbeantworter. Dann krabble ich ins Vorschiff und falle in tiefen Schlaf.

Das Klingeln des Telefons weckt mich. Ich brauche zwei Anläufe, um ranzugehen. Die Wirkung der Pille ist nun endgültig vorbei. Ich fühle mich, als hätte mich jemand in eine Betonmischmaschine geworfen. »Was?«, krächze ich.

Tamaras Stimme. »Es geht los«, sagt sie. Im Hintergrund höre ich eine weitere Stimme, die einem Mann gehört, der wie ein Irrer lacht. Die Stimme klingt ganz und gar nicht nüchtern. Ich schiebe die Abdeckung der Luke über mir zur Seite und stecke meinen Kopf raus. Die Dämmerung lässt den Himmel grau erscheinen. Ich sehe das grüne Steuerbordlicht und das weiße im Rundumlicht vom Serviceboot. Dann sehe ich auch das rote Backbordlicht, weil sie die Boje schon verlassen haben und wieder in den Loch einbiegen. Das rote Licht verschwindet. Ich frage: »Wohin fahrt ihr?«

»Sie haben gesagt erst nach Eigg, dann nach Gigha, dann zu Ferrybank. Sie hier veranstalten kleine Saufgelage. Aller außer Big Paul. Big Paul sagen, er wird mich beschützen.«

»Gut«, sage ich und habe keine Ahnung, warum ich das sage. Ferrybank ist ein Containerhafen am Clyde auf mehr als halbem Weg nach Glasgow. Ich habe recht mit meiner Annahme, dass Gruskin eine Vorliebe für belebte Häfen hat. Das ist allerdings nur theoretisch positiv, denn wenn das Serviceboot nicht übernatürlich langsam fahren wird, werden wir niemals mit ihnen Schritt halten können. Dann käme alles auf Georgie an. »Wissen die, was in den Containern ist?«

»Ich glaube nein.«

»Was hast du da drüben gemacht?«

»Sie haben ein bisschen Whisky gefunden. Kleines Gelage. Keine große Party«, sagt sie, »ich bin Jungfrau in Not. Ich ihnen gesagt, schlechte Leute auf Yacht und ich brauche Pause.«

»Das haben sie dir geglaubt?«

»Big Paul schon, ich glaube. Er hat geschlagen Ewan, weil Ewan mich wollte umarmen.« Sie seufzt. »Du weißt, dass ich das nur mache, weil ich liebe dich, Gaviiin?«

»Charmant«, sage ich. »Ich muss los.«

Ich beende das Gespräch skeptisch, verspüre aber auch einen Anflug von Glücksgefühl. Die Vorstellung, dass sie mich liebt, ist absurd. Obwohl (sagt eine kleine Stimme in mir) es der Grund dafür sein könnte, dass sie mir Schmerztabletten verbreicht hatte und freiwillig die Drecksarbeit macht …

Natürlich gibt es andere Gründe, die wahrscheinlicher sind. In der sehr kurzen Zeit, die wir zusammen verbracht haben, hat Gavin sein Bestes gegeben. Es ist aber absolut möglich, dass sie dabei zu der Ansicht gekommen ist, dass ich hoffnungslos inkompetent, zu unbeholfen für jegliche Art von Gewalt und zu derb für alles Feine bin und deswegen ihren Ellenbogeneinsatz an meiner Seite brauche, mit dem sie die Dinge regelt. In Anbetracht der jüngsten Ereignisse hat sie da nicht unrecht.

Ich rufe Georgie an. Immer noch der Anrufbeantworter. Ich hinterlasse ihm eine Nachricht, erkläre, was vor sich geht, und beschreibe den zu erwartenden Kurs des Servicebootes in Richtung Süden. Dann bette ich meinen schmerzenden Schädel aufs Kissen und falle mit meinem steifen Hals wieder in schrecklichen Schlaf.

Als ich aufwache, scheint die Sonne, und aus der Kombüse dringen klappernde Geräusche zu mir herüber. Ich stecke meinen Kopf aus der Vorschiffskabine. Kim lächelt fröhlich in Richtung Kessel, während sie kochendes Wasser über das Kaffeepulver gießt.

»Kaffee?«, fragt sie.

»Natürlich.«

»Hast du gut geschlafen?«

»Wundervoll«, sage ich lügend. »Ich habe einen Plan.«

»Oh, gut«, sagt Kim.

Aus der Achterkajüte ertönt ein Grunzen, das ich ihrem Mann zuordne und das einen heftigen Kater signalisiert.

»Wir fahren nach Süden«, sage ich, »und du führst uns hin.«

»Uns?«

»Ich bin zu der Auffassung gelangt«, sage ich so pompös wie möglich, »dass du und Ian als Ehepaar eine großartige Crew seid und es an der Zeit ist, eure Fähigkeiten auf einem längeren Törn zu testen. Ich werde da sein und euch beobachten. Ich möchte gern, dass einer von euch einen Törnplan bis nach Ferrybank entwirft, das in der Nähe von Glasgow liegt. Das Nachtsegeln wird auch Teil der Passage sein.«

»Oh«, sagt Kim.

»Hey, das wird für keinen von euch beiden ein Problem sein«, beruhige ich sie und nehme einen Becher Kaffee entgegen. »Bereit, wenn ihr es seid.« Ian putzt seine Zähne mit einiger Ruppigkeit und bewegt sich zum Navigationstisch. Ich nehme den Kaffee mit in meine Kabine im Vorschiff und warte darauf, dass das Koffein seine Wirkung tut. Es handelt sich allerdings nach Tamaras persönlicher Behandlung um ziemlich dünnes Zeug. Nachdem er etwa eine halbe Stunde an seinem Bleistift herumgekaut hat, sagt Ian: »Bereit, wenn ihr es seid.« Ich ziehe mir ein Paar Jeans und ein Shirt an und gehe nach achtern.

Der Törnplan ist so, wie er sein soll. Ians Gesicht leuchtet auf, als ich ihm das sage. Dann startet er den Motor und geht aufs Vorschiff. Der Anker kommt hoch. Die Segel bewegen sich in Richtung Himmel. Das Boot krängt. Das Heckwasser klingt wie ein musikalisches Kichern, während wir den See runterfahren, durch den Kyle schießen und wie mit Schwanenflügeln den Sleat-Sund hinabsegeln. Kim erscheint im Bikini, und Ian agiert sichtlich selbstbewusster. Gegen Mitte des Vormittags passieren wir Mallaig. »Lust auf einen Blick auf Eigg?«, frage ich.

»Warum nicht?«, sagt Ian, jetzt ganz Kapitän und Kommandant. Wir nehmen raumschots Kurs auf die walförmige Insel. Vor der Küste ist das Serviceboot auszumachen. Mein Telefon klingelt. »Du bist da!«, schreit Tamara. »Ich bin so glücklich. Mir gefällt es hier nicht.«

»Gibt es ein Problem?«

»Die Männer sind langweilig«, sagt sie. »Und sie trinken nur aus einer Flasche. Ich kann keine Drogen reintun. Ich will wieder zu dir kommen.«

»Keine gute Idee«, sage ich.

Die Crew der KIMIAN entwickelt sich gerade prächtig, und mir ist klar, dass Kim Tamara als Störfaktor empfindet.

»Ich komme«, sagt sie. »Richte Fernglas auf Schiff.«

Das mache ich. Tamara erscheint als kleine Gestalt in Ölzeug und steht am äußersten hinteren Ende des Schiffes. Andere Crewmitglieder befinden sich nicht in ihrer Nähe. Während ich die Szene beobachte, hebt sie die Arme hoch, beugt die Knie, springt ab, taucht sauber ins Meer ein und beginnt in unsere Richtung zu schwimmen.

Das Wasser in diesem Revier würde man nicht gerade als eisig bezeichnen, doch der Versuch, ohne Neoprenanzug eine halbe Meile darin zu schwimmen, ist auch dann keine gute Idee, wenn man ein exzellenter Schwimmer ist. Ihr Geplansche und die vertikale Kopfhaltung lassen erkennen, dass Tamara nicht mal zu den besonders guten Schwimmern zählt. »Du meine Güte«, sage ich, obwohl ich lieber fluchen würde. Dann rufe ich, wie von einer Inspiration erleuchtet: »Da ist euer Mann-über-Bord-Manöver!«

»Wo?«

»Da«, sage ich und zeige in Tamaras Richtung.

»Jesus«, sagt Ian. An dieser Stelle muss ich ihn loben, denn er reagiert sofort, nimmt Kurs auf das Opfer und dreht so bei, dass wir ihr eine Leine zuwerfen können. Ihr Gesicht, bläulich und von Kälte erfüllt, starrt zu uns hoch. Zum ersten Mal sehe ich sie als Verliererin. Ich sage: »Da ist eine Schlinge in der Leine. Lege sie dir um.«

»Nein«, sagt sie, »zu kalt.« Sie klingt schläfrig. Das Boot treibt auf sie zu. Zum Glück herrscht kein hoher Wellengang. Ich stoße einen Fluch aus, greife nach dem Ende der Leine, mache es an einer Relingstütze fest und lasse mich bei meinem alten Freund, dem ausklappbaren Heckspiegel, ins Wasser. Ihr Haar wirkt wie Seetang im Wasser. Der Rest ihres Körpers wabert darunter umher. Ihr Gesicht befindet sich unter Wasser. »Himmel«, denke ich, »sie geht unter.« Ich springe, ohne nachzudenken. Das kalte Wasser raubt mir den Atem. Ich greife dahin, wo sie sein müsste, bekomme ein Bündel Haare zu fassen und ziehe daran. Ihr Körper windet sich. Dann bekomme ich die Bucht der Leine über ihre Schultern und wir werden zum Heck zurückgezogen. Ian winscht sie ins Cockpit, während ich sie von unten hochdrücke. Er sieht blass und besorgt aus. Ich weiß, wie er sich fühlt. »Das perfekte Mann-über-Bord-Manöver«, sage ich. »Ich bin sehr froh, euch sagen zu können, dass ihr diese Prüfung bestanden habt. Und jetzt helft mir, unser Opfer unter Deck zu bringen. Ich habe sie gebeten, eine Unterkühlung vorzutäuschen, und sie hat das gut gemacht, was, Tamara?«

Tamara stöhnt überzeugend. Das ist nicht überraschend, denn sie ist tatsächlich sehr kalt. »Was jetzt?«, frage ich und blicke prüfend auf meine Schützlinge.

»Rettungsdecke?«

»Nein«, sage ich. »Eigentlich ja, aber in schlimmeren Fällen, und das stellen wir uns hier jetzt einfach einmal vor, und so mache ich das in meinem Unterricht öfter, da brauchen wir eine Wärmequelle. Jemand muss sich mit ihr zusammen in den Schlafsack legen.« Ich kann sehen, dass sich Ian gern freiwillig dafür melden würde. Doch seine Furcht vor einer weiteren Meinungsverschiedenheit mit Kim hält ihn davon ab. »Dein Job ist es, den Kurs rund Ardnamurchan und weiter zum Mull of Kintyre fortzusetzen.«

»Ja«, sagt er leicht schmollend. »Das nehme ich an.«

»Gut gemacht«, sage ich und klopfe ihm auf die Schulter. »Und jetzt los.«

Wir schleppen Tamara den Niedergang runter und in die Vorschiffskabine, wo ich ihr die Klamotten ausziehe und sie in meinen Schlafsack bugsiere. Ich sage: »Ist gut jetzt. Du kannst jetzt aufhören.« Sie sagt mit verschwommener Stimme: »Mach Tür zu und komm rein.« Ich lege ihr meine Hand auf den Rücken. Sie ist wirklich sehr kalt. Außerdem sollte ich an dieser Stelle einräumen, dass es sich um einen sehr schönen Rücken handelt, der möglicherweise ein Faktor bei meiner Entscheidung gewesen ist. Also ziehe ich mich ebenfalls aus und lege mich zu ihr in den Schlafsack. »Oh«, sage ich, weil sich ihre Brustwarzen wie Eisspitzen anfühlen. Es ist kein großer Schlafsack, was den Wärmeaustausch zwischen mir und ihr befördert. Nach etwa 20 Minuten scheint ihre Eisstarre etwas nachzulassen. Ich spreche mit ihr, weil ich die vage Vorstellung habe, dass es keine gute Idee ist, wenn sie jetzt einschläft. Das Problem ist nur, dass meine Nacht eben auch von dem einen oder anderen Vorfall unterbrochen worden war. Deswegen schlafe ich nach etwa einer halben Stunde zunehmend oberflächlichen Gequatsches selbst ein.

Ich kann die Bugwelle des Bootes spüren, das sich seinen Weg über die vor uns liegende See nach Ardnamurchan bahnt. Und ich spüre die Wärme des Körpers in meinen Armen. Sie schnarcht in einer Art, die mich ahnen lässt, dass sie nicht mehr in direkter Gefahr ist. Etwas später bemerke ich noch etwas anderes, nämlich dass der Köper in meinen Armen seine Position verändert hat und Bewegungen vollzieht, die sehr wenig mit Unterkühlung zu tun haben. »Das hier kommt nicht aus irgendeiner Erste-Hilfe-

Anleitung«, denke ich noch, und dass ich als Segellehrer Einspruch erheben sollte. Was ich dann allerdings nicht tue. Eins führt zum anderen. Das Leben wird laut. Es entsteht eine Art Gezeitenwelle, und dann liegen wir uns gegenseitig haltend in den Armen: der Segellehrer und die Geliebte seines psychopathischen Arbeitgebers. Während uns die reale Welt wieder einholt, macht sich in meinen Gedanken das Bewusstsein darüber breit, dass ich mich im Strudel von Ereignissen befinde, die weit gefährlicher sind als Unterkühlung.

Ich winde mich aus dem Schlafsack raus, was nicht einfach ist, weil Tamara versucht mich wieder zurückzuziehen. Aber wir fahren unter dem Kommando von jemandem nach Süden, der nicht nur funktional inkompetent, sondern vermutlich auch von Eifersucht geplagt ist. Ich muss im Interesse aller herausfinden, wo wir uns befinden.

Draußen ist es dämmerig. Vor uns blinken rote Tonnen in einer Reihe auf. Die schwerfällige Gestalt am Steuer riecht leicht nach Whisky, und ich erhasche einen Blick auf das Glas in der Hand der kleineren Gestalt an seiner Seite. »Da bist du ja«, sagt Ian. »Hoffe, du hast gut geschlafen. Und all das andere.«

»Danke, gut«, sage ich, »noch nie besser.« Als ich die Worte ausspreche, merke ich, wie wahr sie sind. Die Unannehmlichkeiten an meinem Hals haben sich bis auf ein dumpfes Dröhnen verflüchtigt, mein Kopf ist für meine Verhältnisse sehr klar. »Wie läuft es?«

»Sound of Mull«, sagt Ian nicht ohne Selbstgefälligkeit. »Was du auch auf dem Plotter sehen kannst.«

»Und danach?«

»Sound of Luing, Sound of Jura und so weiter.«

»Aber wir werden bei Oban einen Stopp einlegen«, sagt Kim mit einem ganz neuen Anflug von Härte in ihrer Stimme.

»Hä?«

»Damit du von Bord gehen kannst«, sagt Ian.

»Ich bleibe gern bis Ferrybridge an Bord«, sage ich.

»Das kann gut sein«, sagt Ian in einer Stimme, die er normalerweise vermutlich einsetzt, wenn er Witwen und Waisen mitteilt, dass er ihr Haus entgegen mündlichen Zusagen an den Höchstbietenden verkauft hat. »Aber wir haben darüber gesprochen und sind der Meinung, dass es mit uns nicht so gut funktioniert.«

»Aber ihr macht das doch sehr gut«, sage ich. »Das Mann-über-Bord-Manöver war perfekt. Ich werde euch empfehlen für ...«

»Mal ehrlich«, sagt Kim, und ich habe mich bezüglich der Schärfe in ihrer Stimme nicht getäuscht. »Wir haben jetzt genug von dem Ganzen hier. Du bist an Bord gekommen und hast uns herumkommandiert. Du hast uns in so einen schrecklichen Loch fahren lassen, und aus irgendeinem Grund ist ein Crewmitglied, ein wirklich netter Kerl, an Land gegangen und nicht mehr zurückgekommen. Stattdessen ist dann diese ausländische Schlampe an Bord gekommen. Ich denke, und das gilt auch für Ian, dass hier irgendetwas in Gange ist. Aber es ist unser Boot und nicht deins, so sehr du auch Segelausbilder sein magst. Ich fange allerdings an, daran zu zweifeln, und du kannst sicher sein, dass ich die Behörden darüber informieren werde, wenn wir wieder an Land sind ...«

»Schön«, sage ich und nehme richtigerweise an, dass dieser Vortrag nicht ohne das Angebot von einem Becher Tee für alle endet. »Ich verstehe euren Standpunkt total. Ich habe nur die Bitte, ob ihr mich vielleicht in Achnabuie absetzen könnt? Es wird euch besser gefallen als Oban. Und«, sage ich, während ich den Widerwillen meiner Zuhörer spüren kann, irgendetwas zu tun, dass meine und Tamaras Anwesenheit an Bord verlängern würde, »es ist auch weniger weit dorthin.«

»Okay«, sagt Ian, »dann pack deine Sachen zusammen.«

»Und sag der Schlampe Bescheid«, ergänzt Kim.

Ich gehe unter Deck.

14

Boote sind sehr oft seltsame Orte, mit einer Tendenz, Emotionen wie im Dampfkocher hochkochen zu lassen. Als die Emotionen noch Kims Vorliebe für Rodders beinhalteten und Ian auf eine Chance bei Tamara gehofft hatte, erschien es logisch anzunehmen, dass der Deckel früher oder später hochfliegen würde. Die unerwarteten Crewwechsel haben die Situation nicht besser gemacht. Die Crewwechsel …

Der Geist, der sich in Tamaras Pillen versteckt hatte, war nun verflogen. Mit diesen Crewwechseln stimmt etwas ganz und gar nicht. Ich beobachte die am Horizont vorbeiziehenden Berge und mache mir Gedanken über Rodders. Seine Anwesenheit an Bord ist sicher mehr als ein Zufall gewesen. Wer also hatte das arrangiert? Gruskin? Das wäre nur möglich, wenn er über telepathische Kräfte verfügen würde.

In diesem Moment klingelt mein Telefon. Es ist Georgie. »Was zur Hölle«, sagt er, »geht da vor sich?«

»Folgst du dem Servicekatamarn der Fischfarm?«

»Nein«, sagt er. »Ich denke, es setzt seine Route weiter fort. Ich und Ewan warten hier bei Lochranza wie die Blöden mit unserer Ausrüstung im Wasser. Wir fischen auf dem Grund des Clyde, der ungefähr schon 10.000-mal abgegrast worden ist. Das Fischen mit dem Einkaufswagen im Supermarkt ist super«, sagt er, »aber hier unten noch irgendetwas Lebendiges zu fangen, das kannst du vergessen.«

»Guter Mann, guter Mann«, sage ich, »wenn wir morgen früh nach Campbeltown kommen, kannst du dann Ewan absetzen und uns abholen?«

»Ich habe nichts anderes zu tun«, sagt Georgie. Dann wird er plötzlich misstrauisch: »Was meinst du mit: uns?«

Die Frage scheint nicht wirklich einer Antwort zu bedürfen. »Wir sehen uns morgen um die Mittagszeit«, sage ich, »wir werden sehr schnell durchstarten müssen.«

»Wie immer«, sagt er und legt auf.

Wir erreichen den Anleger von Achnabuie um 14 Uhr, schlagen auf eine Wolke Mücken ein und sehen der Dreifarbenlaterne im Masttopp des braven Schiffs KIMIAN nach, das um die Landzunge herum davonsegelt. Tamara sagt: »Was ist das für ein schrecklicher Ort?«

»Mein Zuhause«, sage ich und führe sie den Anleger hinunter über die verrotteten Pontons zu dem Maklerschiff, an das Sie sich vom Beginn dieser Erzählung vielleicht noch erinnern. Sie erlaubt es ihren Augen, über den durchhängenden Himmel und die schimmeligen Vinylschotten zu wandern und sagt: »Das ist abscheulich.«

»Nichts ist so schön wie Zuhause«, sage ich, »Wodka?«

»Nein«, sagt sie.

»Fühl dich frei zu koksen.«

»Alles Kokain nass geworden«, sagt sie. »Auch Pillen.«

»Ach, je«, sage ich, »eine Tasse Tee?«

Am nächsten Morgen wuchte ich die Batterie vom Boot mit der Schubkarre zum Parkplatz und nutze sie, um meinen uralten Audi zu starten. Auch das beäugt Tamara mit Verachtung. Aber gegen 10 Uhr rütteln wir den Weg entlang, der uns zur asphaltierten Straße bringt. Dann biegen wir nach Süden in die von Nieselregen verhangene Straße nach Campbeltown ab.

Es ist ein kleinerer Fischereihafen, heute etwas vornehmer als in den längst vergangenen Tagen, als es an der Westküste noch genügend Fisch gab, um den sich die Jungs mit ihren Trawlern streiten konnten. Wir stehen am Betonkai und schauen zu, wie die GLEANER um das graue Ende von Eilean Davaar herumkommt und uns über das graue ruhige Wasser entgegentuckert. Aus dem Augenwinkel kann ich sehen, wie Tamara ihre makellose Nase rümpft, als sie unser Transportfahrzeug erblickt, dass aus 60 Prozent Rost und 40 Prozent schwarzer abgeblätterter Farbe besteht. Ihre Gegenwart fängt an, mir einen unangenehmen Einblick darüber zu verschaffen, wie mein Leben von außen betrachtet aussieht.

Georgie hämmert den Bug der GLEANER an den Kai, wuchtet das Heck herum, und wir steigen auf das geschwulstartige Deck. »Wohin geht's?«, fragt Georgie, der sich tief verneigt und dabei mit den Händen eine sarkastische Geste vollführt.

»Ferrybridge«, sage ich.

Tamara sagt: »Geruch ist schlecht.«

»Ich bitte tausendmal um Entschuldigung«, sagt Georgie, »vielleicht würden Madame sich im geräumigen Salon die Treppe herunter zu ihrer Rechten wohler fühlen?«

Tamara schnüffelt, macht ein Gesicht, als wünsche sie sich, das nicht getan zu haben, und begibt sich in Richtung Slum unter Deck. Ich schlendere rüber zum Plotter und schalte das AIS ein. Überall auf dem Bildschirm tauchen kleine farbige Schiffsformen auf. Eine davon ist der Servicekatamaran. Er befindet sich auf der falschen Seite von Kintyre und macht im Vergleich zur 8-Knoten-Maximalgeschwindigkeit der GLEANER 12 Knoten Fahrt. Die rote Linie, die seinen Kurs nachzeichnet, bestätigt die Möglichkeit, dass er tatsächlich Ferrybridge ansteuert. Ich betreibe etwas mentale Arithmetik: Wir könnten kurz vor ihrem Eintreffen dort sein. Was dann geschieht, wird eine Frage der Improvisation sein.

Draußen vor Campbeltown erstrecken sich der Loch-Kilbrannan-Sund und die feindlichen Ufer von Arran, die felsgrau und brackgrün an Steuerbord aufsteigen. Von unten kann ich eine verärgert klingende russische Ansprache hören. Tamara erklärt sich selbst die Unzulänglichkeiten ihrer Unterkunft. Ich gehe nach vorn und ducke mich unters Schutzdeck, um dem kalten Wind auszuweichen. Es ist dunkel und scheußlich hier, stinkt nach altem Fisch und muffigem Diesel, aber es ist ja auch kein Luxusliner. Ich nehme das Telefon und rufe Charles an.

»Yep«, sagt er.

»Ich habe die Ware in Sicht.«

»Gut gemacht«, sagt er und klingt überrascht, was mir wenig schmeichelhaft erscheint.

»Was soll ich machen?«

»Sie in Besitz nehmen.«

»Möchtest du dabei helfen?«

Er seufzt. »Du bist irgendwo in Schottland, richtig?« Ich bestätige das. Er sagt: »Ich bin in Torquay. Geschäftlich.«

»Hast du irgendwelche Mitarbeiter in Glasgow?«

»Nicht wirklich.« Pause. »Hör zu, kannst du das allein regeln?«

»Nun …«

»Großartig«, sagt er. »Ich wusste, dass ich mich auf dich verlassen kann.« Er legt auf. Ich stehe für einen Moment staunend da und frage mich, wie um alles in der Welt ich zwei Container mit Whisky in Besitz nehmen soll. Dann unterbricht der Gestank auf dem Schutzdeck meine Tagträume, und ich gehe wieder nach achtern.

Georgie legt sein Telefon zur Seite. Ich sage: »Wir haben einen Job zu erledigen. Kennst du einen Schwergewichtler in Ferrybridge?«

»Schwergewichtler?«

»Typen, die auf sich selbst achtgeben können.«

Seine Augen ruhen auf mir wie zwei Pfefferminzbonbons. »Könnte sein«, sagt er.

»Ich denke, sie sollten uns am Kai treffen.«

»Aye.«

Ich gehe nach unten. Tamara hat sich in eine Ecke gekauert und starrt ihr Telefon finster an. Das Waschbecken ist voll mit dreckigem

Geschirr und Pfannen. »Ist ekelhaft«, sagt sie und hat irgendwie recht. Dabei würdigt sie mich keines Blickes. Ich lasse etwas rostig aussehendes Wasser ins Becken ein, gebe einen Spritzer von dem nahezu leeren Spülmittel dazu und beginne mit dem Abwasch, mehr um die Zeit zu überbrücken denn in der Hoffnung, in diesem Dreck wirklich etwas bewegen zu können. Während ich an der eine Woche alten Speckschicht schrubbe, wandern meine Gedanken erneut zu Rodders. Jemand hatte ihn definitiv auf der KIMIAN platziert. Ich schleudere den Küchenschwamm fort und finde einen anderen, der beinahe genauso mies ist, und denke weiter über ihn nach. Je intensiver ich es von allen Seiten betrachte, desto weniger gefallen mir die Antworten, die nach und nach aus dem Dunst auftauchen.

Doch immerhin lenkt das meine Gedanken vom Abwasch ab. Ich kratze noch eine letzte Fettschicht ab und beginne, das Porzellan in die dafür vorgesehenen Schapps zu stapeln. Tamara hat sich erhoben und streift unruhig hin und her. Ich stelle den letzten Teller weg, lasse eine Saucenpfanne noch weiter einweichen und sehe, dass sie eine Flasche Whisky in der Hand hält. »Ist gut?«, fragt sie.

Ich könnte ihr nun erzählen, dass, soweit es mich betrifft, kein Whisky gut ist oder jeder Whisky gut ist, was aufs Gleiche hinausläuft. Doch meine Meinung ist nicht von Belang, denn meine Beziehung zu dem Zeug ist beendet. Also halte ich die Klappe. Aus Geselligkeit aber werfe ich einen Blick aufs Etikett. Darauf steht: The Tullichettle. Darunter der übliche Kram über Quellwasser und Malz und die Historie. »Warum nicht?«, sage ich. Und dann: »Wo hast du den gefunden?«

»War auf Boot«, sagt sie und zeigt auf Georgies Pornoheftsammlung und halbleere Dosen mit Bohnen.

Das ist merkwürdig. Normalerweise steht Georgie auf Old Staggie und andere Varianten von industriell hergestelltem Stoff für einen Zehner die Flasche. Der Tullichettle hat das unmissverständliche Aussehen einer 50 £ teuren Flasche. Er hat sich offensichtlich was gegönnt. Ich wische die Bratpfanne aus und lasse die Saucenpfanne weiter einweichen. Das Linoleum unter meinen Füßen ist irgendwo zwischen klebrig und schleimig einzuordnen. Also hole ich den Wischmob raus und beginne mit dem Putzen, bohre ihn auch in alle Ecken und denke dabei an Rodders, der vermutlich eher eine Schwäche für teuren Whiskey hatte. Ich sage: »Dieser Mann, Rodney …«

»Arschloch!«

»Ja. Glaubst du, dass er tot ist?«

Sie öffnet die Flasche und nimmt einen Schluck. »Das hoffe ich doch.« Es klingt wie eine Bemerkung über das Wetter. »So ist es also«, denke ich. Als ich mit dem Wischen fertig bin, höre ich Georgie im Steuerhaus mit starkem Glasgower Akzent sprechen. Er trommelt die Truppe zusammen. Nach meiner Putzaktion und der unruhigen Nacht (ich hatte in Achnabuie die Löcher zu stopfen, durch die es durchgetröpfelt hatte) bin ich müde und lege mich zum Dösen auf eine schmierige gepolsterte Plastikbank.

Es ist schon seltsam, was der Schlaf mit einem anstellen kann. Er ist in der Lage, alle Sorgen und Kümmernisse vergessen zu machen. Doch leider kann er auch das Gegenteil, und so verknüpfen sich plötzlich in meinem Kopf alle diese Sorgen und Kümmernisse miteinander. Es entsteht ein derartig klares Muster, dass ich plötzlich wieder hellwach bin und nicht mehr einschlafen kann, weil ich jetzt weiß, was ich zu tun habe.

Die Nacht bricht über die GLEANER herein, während sie entlang der langen Linie der roten Lichter des Clyde die Fluten auf dem Weg ins Herz von Glasgow zerteilt. Georgie erscheint mir als dunkle, über das Steuer gebeugte Masse. Er sagt nicht viel und wird dafür seine eigenen Gründe haben. Genauso wie ich. An Steuerbordbug rückt jetzt ein weißer Lichterberg ins Bild. Der Plotter sagt, dass es Ferrybridge ist. Ich schaue aufs AIS. Das Serviceboot befindet sich etwa sechs Seemeilen achteraus. Eine halbe Stunde vielleicht. Ich sage: »Wir gehen längsseits.«

»Das ist verdammt noch einmal richtig«, sagt Georgie und dreht am Rad, als würde er es hassen.

Irgendetwas ist mit Georgie passiert. Es scheint fast so, als hätte er einen eigenen Willen entwickelt. Vielleicht ein neuer Führungsstil. Dafür spricht das sich in meinem Fall wiederholende Beispiel: Beobachte Gavin und tue das Gegenteil. Ein Pierende gleitet an uns vorbei. Der Lichterberg entpuppt sich als greller Schein Dutzender Flutlichter, die einen Kai voller unter Portalkränen aufgestapelter Container beleuchten. Drei Küstenmotorschiffe liegen dort längsseits. Das Funkgerät quakt, und Georgie bestätigt: »Halbe Stunde.« Das Funkgerät quakt noch einmal. Georgie schaltet es aus. Er steuert einen leeren Abschnitt des Kais an. »Wir warten, bis das Farmboot reinkommt«, sagt er. »Da sind die Jungs.«

Der Kai kommt schnell näher. An seiner Kante stehen fünf Gestalten. Gegen das Licht wirken sie groß, dunkel und blockig. Die Silhouetten haben die Hände in den Taschen, scheinen aber ihre Füße in der Kälte zu bewegen. »Bereite die Leinen vor«, sage ich zu Georgie.

Er geht an Deck. Ich übernehme das Steuer. Der Kai naht schnell: 50 Meter, 40, 30. Georgie ist oben beim Schutzdeck. Ich schalte in Leerlauf und dann auf achteraus. Ich höre das übliche Knirschen des Getriebes. Die GLEANER stoppt, und ihr Nachstrom verursacht glänzende schwarze Blasen im von den Flutlichtern erleuchteten Wasser. Ich sehe Georgie aufschauen. Er hat eine Leine in der Hand. Ich schalte zurück in den Leerlauf. Wir sind zu weit vom Kai entfernt, als dass er sie rüberwerfen kann. Ich gehe raus aus dem Steuerhaus und nach vorn. Er steht mit dem Rücken zur Reling, die an dieser Stelle ziemlich niedrig ist.

»Fix und fertig.«

»Das Getriebe?«

»Nein, du.«

»Wa?« Georgie ist noch nie die hellste Kerze auf der Torte gewesen.

»Schau dir mal die Jungs da drüben an.«

Er dreht den Kopf, um zum Kai hinüberzuschauen. In meiner Faust halte ich eine eiserne Notpinne, die ich mir zuvor aus dem achterlichen Stauraum geholt habe. Ich richte mich auf, hole aus und schwinge sie hart in Richtung seines Kopfes. Es ist ein schlechter Versuch, aber unter den gegebenen Umständen vermutlich hilfreicher als ein guter, weil die Pinne an der Seite seines Kopfes hochrutscht, anstatt ihm in den Nacken zu knallen, was sein Ende hätte bedeuten können. Nicht, dass mich das bekümmert hätte, denn in den vergangenen Wochen hat sich in meiner Wahrnehmung ein Ding zum nächsten gesellt. Was jetzt dieser Eisenstange ihre Wucht verleiht, ist meine unbändige Wut, die diesem dummen falschen Hund den Schädel einschlagen will. Georgie hat als eine Art Telefonzentrale für jeden fungiert, der wissen wollte, wo ich bin und was ich tue. Er wusste, dass ich Abigail in Glasgow aufsuchen würde. Er wusste vom Segelunterricht und hat es demjenigen erzählt, für den er arbeitet. Deswegen hatten sie Rodders auf dem Boot platziert. Damit er sich um mich kümmern kann, wenn ich der Sache zu nahe komme. Und dann hat er die unglaubliche Dummheit besessen, sich eine Flasche vom feinsten Highlandwhisky zu klauen und sie da rumliegen zu lassen, wo ich sie finden konnte. Dieser verdammt idiotische, verräterische und ignorante Georgie.

Wie sich herausstellt, habe ich ihn nicht umgebracht. Was zu diesem Zeitpunkt eine frustrierende Erkenntnis ist, aber langfristig betrachtet vermutlich eher eine gute. Doch die Stahlpinne hat seinem Ohr heftigen Schaden zugefügt, was höllische Schmerzen verursachen muss, weil er mit seinen Händen danach greift und – da übertreibe ich nicht – brüllend aufheult: »Auahhh!« Ich bücke mich runter, kriege seine Seestiefel bei den Knöcheln zu fassen und ziehe sie ruckartig nach oben. Er fällt über Bord, schlägt mit einem riesigen Platschen wie eine berstende Bombe im Wasser ein und verschwindet. Als er wieder hochkommt, schlägt er um sich und stößt unzusammenhängende Worte aus, die dem Sinn nach ergeben, dass er nicht schwimmen kann. Mein Verlangen danach, ihn umzubringen, hat sich inzwischen gelegt. Also reiße ich den Rettungsring von der Reling und schmeiße ihn auf seinen Kopf. Dann gehe ich nach achtern ins Steuerhaus, lege den Rückwärtsgang ein, vollziehe eine 180-Grad-Drehung und nehme Kurs auf das Molenende, wobei ich das rote Licht an seinem Ende gerade eben an Steuerbord der GLEANER lasse.

Irgendwann werde ich gewahr, dass Tamara neben mir steht. Die Flutlichter erleuchten die glatten Flächen ihres Gesichts. Ihre Augen kann ich nicht sehen. »Was ist passiert?«, fragt sie.

»Ich habe gerade Georgie über Bord geworfen.«

»Oh«, sagt sie, »er doch dein Freund.« Sie setzt gerade so viel Betonung ein, dass es wie eine Frage klingt.

Ich sage: »Freunde machen anderen Leuten nicht möglich, mich dabei zu beobachten, wie ich gestohlenen Whisky jage und mir den Hals breche, wenn ich ihn gefunden habe.« Andererseits hat sie ja recht. Georgie ist mein Freund gewesen. Mein einziger Freund. Außer, man zählt auch Abigail dazu, die ich allerdings nicht sehr freundlich behandelt habe. Mein Diebstahl ihres Fahrrads markiert dabei nur die Spitze des Eisbergs. Natürlich ist da noch Tamara. Was das Thema Freundschaft betrifft: Da ist sie noch im Rennen.

»Wie du hast herausgefunden, was geschehen?«, fragt Tamara.

Ich entscheide, keine weiteren Gedanken an das Thema Freundschaft zu verschwenden, und verstumme. Ich bemerke, dass meine Zähne zusammengepresst sind und ich zischend wie eine Königskobra oder ein Reifen mit einem Loch darin spreche. »Wenn Georgie Whisky trinkt, dann kauft er normalerweise Stoff, den du nicht einmal zum Säubern einer halbwegs respektablen Toilette benutzen würdest. Wie also kommt er zu einer Flasche Old Tullichettle, ganz zufällig eine sehr seltene und teure Marke, und da brauchst du keinen Einspruch zu erheben, denn ich bin eine Autorität auf diesem Gebiet, weil ich, Gott weiß das, reichlich Recherche betrieben habe, also zu einer Flasche genau jenen Whiskys, der sich in diesen Containern befindet, die aktuell gerade in unsere Richtung durch den Clyde fahren? Hä?«

»Wie bitte?«, sagt Tamara.

Nun, das mag für eine Ausländerin ein bisschen kompliziert geklungen haben. »Er ist ein Idiot, und ich bin es auch«, sage ich. Das scheint die ganze Sache sauber auf den Punkt zu bringen.

»Was nun?«

»Wir gehen bei dem Serviceboot an Bord. Wir entladen die Container.«

Das Molenfeuer wirft rotes Licht auf Tamaras zweifelndes Gesicht. »Da bin ich nicht so sicher«, sagt sie.

»Warum nicht?«

»Da sind große Typen auf Boot«, sagt sie. »Vier große Jungs. Und der Big Paul Murray ist noch größer.«

«Okay, dann rufe ich eben die Polizei.«

»Das auch keine gute Idee. Dann wird geben viel zu erklären.«

Ich könnte ihr nun sagen, dass es mir egal ist, wie viele Erklärungen notwendig sein werden, und es mir auch egal ist, wenn wir auf der anderen Seite von Gitterstäben landen, denn die Gitter würden die fiesen Kerle lange genug von uns fernhalten, bis der Gesetzesarm ihrer habhaft geworden ist und sie irgendwohin verfrachtet hat, wo sie niemandem mehr Schaden zufügen können. Entweder in ein anderes Gefängnis oder zurück nach Russland oder wo immer sie hergekommen sind. Aber ich habe genug davon, den Leuten immer alles erklären zu müssen. Also nehme ich mein Telefon und beginne auf die Tasten zu drücken. Was keine schlaue Idee ist, denn das simultane Wählen einer Nummer und Fahren eines Trawlers bringt es mit sich, dass man sein Telefon nicht wirklich gut festhalten kann. Tamara langt zu mir rüber, reißt mir das Telefon aus der Hand und schmeißt es aus dem Fenster des Steuerhauses. »Keine Polizei«, sagt sie kühl wie die Lofoteninseln.

Ich starre sie kalt an. Sie starrt nicht zurück. Sie schaut den Kanal runter auf ein Lichterdreieck mit weißem Topplicht sowie einem grünen und einem roten, die weit auseinanderliegen, als befinden sie sich auf gegenüberliegenden Seiten eines sehr breiten Bootes oder vielleicht auch eines Katamarans. »Das ist Schiff«, sagt Tamara. Sie hat recht. Das ist Schiff. »Was ist Plan?«

Die ehrliche Antwort darauf ist in diesem Moment die, dass der Plan vorsieht, sie dem Telefon hinterherzuwerfen, damit sie so lange umherschwimmt, bis sie es gefunden hat. Doch das diktiert mir nur meine Wut. Abgesehen davon, schwimmen dort schon genügend Körper. Außerdem habe ich Sorge, dass sie mit mir kämpfen und mir eine Gehirnerschütterung oder Schlimmeres verpassen könnte. Also sage ich, jetzt wieder mit der Kobrastimme: »Darling, mir sind jetzt gerade alle Ideen ausgegangen.«

»Ramme Schiff«, sagt sie.

»Was?«

»Reinknallen in Schiff. Ich habe Idee. Vertrau mir.«

»Nein.«

Dann ist sie über mir und reißt das Steuer herum. Sie ist wirklich sehr stark, und außerdem habe ich die Geschwindigkeit des Katamarans falsch eingeschätzt, denn plötzlich kann ich seinen Steuerbordrumpf direkt über der GLEANER auftauchen sehen. Er hängt über uns, und dann folgt ein lauter Knall, sozusagen die Mutter aller Knalle. Wir werden auf unsere Backbordseite gedrückt. Ich rechne damit, dass wir gleich hinüber sind. In einer Art versteinerter Benommenheit warte ich darauf, dass das Wasser übers Dollbord und in die unter uns liegende Steuerbordseite des Steuerhauses donnert und uns auf den tiefen Grund des kalten schwarzen Clyde sinken lässt. Dann dreht sich der Bug des Servicebootes weg, und die GLEANER richtet sich wieder auf. Jetzt allerdings sind im grünen Steuerbordlicht des Farmbootes zwei Gestalten zu erkennen, die mit weißen Schutzhelmen und Blaumännern auf dem Deck des Katamarans stehen. Sie trotten seitlich übers Deck in unsere Richtung auf das Steuerhaus zu. An diesem Punkt verliere ich die Nerven. Mit trotzigem Gebrüll stürme ich aus der Tür des Steuerhauses und koche vor Wut darüber, dass ich – gerade als ich beschlossen hatte, mich nicht mehr herumkommandieren zu lassen – gerammt, ernsthaft gerammt worden bin. Und das von einem Schiff, das dem diebischen, gesetzlosen, gewalttätigen und schwachsinnigen Feind gehört. Und all das gerade einmal fünf Seemeilen von Glasgows Stadtzentrum entfernt.

Ich habe wieder die Notpinne in meiner Hand. Ich nehme sie hoch und schwinge sie in Richtung des ersten Mannes im Blaumann. Er macht einen schnellen Schritt rückwärts. Ich treffe ihn nicht und sage: »Was glaubt ihr eigentlich, gegen wen ihr hier antretet?« Dann schwinge ich die stählerne Pinne erneut, verfehle mein Ziel aber wieder.

»Ach, sei doch still«, sagt Blaumann Nummer eins, während ich schockiert erkenne, dass es sich bei ihm nicht um jemanden handelt, der auf unserem Deck gelandet ist, um sich für einen Fehler seines Kapitäns zu entschuldigen. Es ist vielmehr jemand, der mit seinen Partnern am Kai von Ferrybridge gesprochen hat und von dem man sich schnellstmöglich entfernen sollte. Ich drehe mich um, um wie der Teufel zum Steuerhaus zu rennen und der Situation mit Vollgas zu entgehen. Doch da schaue ich dem zweiten Blaumann entgegen.

»Geh mir aus dem Weg«, sage ich.

Der Blaumann streckt eine Hand aus. Es ist eine große Pranke, deren Druck auf meiner Schulter sich wie der Griff eines Riesenmaulwurfs anfühlt. Mein linker Arm wird taub. »Hey, du, nun komm schon«, sagt Blaumann Nummer zwei. »Sei vernünftig. Du möchtest doch nicht verletzt werden, oder?«

Das ist keine Frage, auf die es zwei Antworten gibt. Ich bin die Sanftmut selbst und erlaube es mir, vorwärtsgeführt zu werden. Während ich gehe, höre ich Tamaras Stimme. »War schrecklich«, sagt sie mit einem Hauch von Schluchzen in ihrer Stimme. Es ist eine hinreißende Darbietung, so lange sie nicht beschlossen hat, tatsächlich die Seiten zu wechseln. »Dieser Mann mich gezwungen, mit ihm gehen auf sein so dreckiges Boot.« Jemand schmeißt mich in einen Container. Hinter mir schlägt eine eiserne Tür zu. Ich höre, wie die Riegel vorgeschoben werden, und bleibe in der tintigen Dunkelheit allein meinen Gedanken überlassen.

So, wie sie kommen.

15

Sie – ich meine, die Gedanken – sind nicht besonders tröstlich. Georgie hat sich von einem alten Freund in einen neuen Feind verwandelt. Es scheint, als würden wir den Kontakt zum Whisky verlieren. Und es ist auch wahrscheinlich, dass wir den neuen Besitzern des Whiskys, namentlich den Partnern von Mister Gruskin, ausgeliefert werden. Und auch wenn wir einen Weg finden würden, Kontakt mit Mister Yusupov aufzunehmen, ist es wenig wahrscheinlich, dass er freundlich auf jemanden herabblicken würde, der entsprechend einigen Berichten nicht nur am Kidnapping seiner Fähre beteiligt gewesen, sondern auch noch die Westküste Schottlands auf und ab gefahren ist und dabei ganz offensichtlich eine Beziehung zu seiner Geliebten unterhalten hat. Wenn nun außerdem noch Tamara die Seiten gewechselt hat, steht mir jede Menge Ärger ins Haus. Der einzige Lichtblick, der jedoch sehr relativ ist, besteht darin, dass ich mit meinem Anruf bei der Polizei keinen Erfolg gehabt habe. Nun, da ich Zeit zum Reflektieren habe, wird mir klar, dass die eine ganze Menge unangenehmer Fragen gestellt hätte.

Ich sitze in einer Pfütze aus etwas, das nach Fisch stinkt. Mein Rücken lehnt an einem stählernen Schott, während ich versuche, die Punkte auf meiner Haben-Seite zusammenzutragen. Ich bin am Leben, wenn man das hier Leben nennen möchte. Und so lange ich lebe, bin ich immer noch der Besitzer von 33 Vierundsechzigstel der GLEANER. Ich krame noch ein wenig weiter in der Tüte mit den

Lichtblicken, doch sie ist leer. Nein, muss ich zwangsweise feststellen, es gibt keine weiteren Gründe zur Freude.

Das Maschinengeräusch verlangsamt sich, als jemand den Motor drosselt. Der leisere Ton dauert etwa zehn Minuten an. Dann erklingt das bekannte Knirschen des Getriebes im Rückwärtsgang (vorsichtig, denkt ein Teil meines Gehirns, vorsichtig, was glaubt ihr, wer die Rechnung auf der Werft bezahlt?). Es folgen ein Schub voraus, Festmachgeräusche und schließlich Stille. Wir liegen längsseits.

Stiefelgeräusch ertönt an Deck, es klingt, als wäre jemand von einer der Leitern am Pier aufs Boot gesprungen. Ich höre Schleifgeräusche. Jemand schiebt die Riegel des Containers zurück. Das Schleifen entwickelt sich zum Stöhnen. Ich sehe einen langsam sich verbreiternden Streifen der vom Flutlicht erhellten Nacht. Vor der silbrigen Dunkelheit im Hintergrund zeichnet sich eine pechschwarze bullige Gestalt ab. Dann fällt Licht auf die Seite ihres Kopfes. Es sieht aus, als wäre etwas Schlimmes mit dem Ohr passiert. Es blutet. Ihre Klamotten glänzen, als wären sie nass. Mit der Gestalt strömt ein starker Geruch von alten Benson & Hedges und frischem Whisky herein.

»Georgie«, sage ich so ruhig wie möglich. »Was willst du von mir?«

Es besteht keine Notwendigkeit, seine Antwort wiederzugeben, die von chirurgischer Logik ist. »Beruhige dich«, sage ich. Er tritt nach mir, trifft mich aber nicht. »Was«, sage ich, »könnte wohl dein Problem sein? Wenn wir mal für den Moment außer Acht lassen, dass du einen Schlag aufs Ohr bekommen und ein kleines Bad genommen hast. Ich habe dir übrigens einen Rettungsring zugeworfen.«

Das Fluchen geht weiter. Dann sagt er: »Gavin, du bist ein Oberwichser.«

Um meine Stimmung aufrechtzuerhalten und nicht unbedingt, weil ich damit nicht einverstanden bin, sage ich: »Das ist ein bisschen hart.«

»Nicht hart genug«, sagt er und will mir erneut einen Tritt verpassen, verfehlt mich aber wieder. »Die Typen da draußen«, sagt er, »die sind nicht gerade gut gelaunt, denn sie sind nass geworden. Und wenn du da jetzt rausgehst, kriegst du die Prügel, die du verdient hast. Das wollte ich dir nur sagen. Ich habe verdammt noch einmal genug.«

»Das verstehe ich total«, sage ich. »Mir geht es genauso.«

»Von dir«, ergänzt er. »Als wir angefangen haben, zusammen zu segeln, warst du durchgehend sternhagelvoll. Was natürlich deine Angelegenheit war und zumindest eine Art von Ausrede dafür, wie du weitergemacht hast. Jetzt bist du zu einem Guttempler mutiert, aber nicht einmal mehr ein verdammtes Lachen wert. Rodney hat dich dann gefickt«, sagt Georgie, »und du versagst immer noch die ganze Zeit.«

»Du hast also diesen kleinen Mörder an Bord der Yacht geschickt, um meinen Sinn für Humor wiederherzustellen?«

»Sei nicht albern«, sagt Georgie, »in dir stecken weder Lachen noch sonst irgendein Sinn. Und schlimmer noch: In dir steckt auch kein Geld. Als mich also jemand gebeten hat, dich im Auge zu behalten, habe ich gedacht, gut, warum nicht.«

»Wer?«

»Jemand, der größer ist, als du es jemals sein wirst. Jemand, der weiß, wie die Dinge in der großen Welt und nicht hier im pippikleinen Schottland laufen.«

»Ah«, sage ich, »Gruskin.«

Er versteift sich. Irgendetwas lässt ihn für ein paar Sekunden erschauern. »Noch nie von dem gehört«, sagt er. Das Leuchten seiner Augen ist verschwunden. Natürlich hatte er von ihm gehört.

»Und du wirst ihm seinen Whisky zurückgeben, und er wird dir viel Geld geben.«

»Wa?«, sagt Georgie, zweifellos überrascht von meinem Scharfsinn.

»Natürlich wird er das«, sage ich. »Nach allen Erkenntnissen ist er ein total vertrauenswürdiger Typ.« Ich warte, bis der Sarkasmus seine Wirkung tut.

Georgie hat die Reflexe eines Brontosaurus. »Vertrauenswürdig?«, sagt er schließlich.

»Sicher kann man ihm vertrauen. Vor allem aber kann man darauf vertrauen, dass er sich um sich selbst kümmert und den Rest der Welt vor die Hunde gehen lässt«, sage ich. »Clearance ist ihm in die Quere gekommen. Clearance liegt jetzt mit einem Loch im Kopf in einer Düne. Ich bin ihm in die Quere gekommen, und er hat mir Rodders auf den Hals gehetzt. Und wenn du ihm in die Quere kommst, was du einfach schon qua Existenz und deines Wissens tun wirst, dann kannst du damit rechnen, dass etwas geschieht, dass dich mucksmäuschenstill werden lässt. So ruhig wie ein Grab.«

Die schwarze Gestalt steht jetzt reglos da. Abgesehen vom Zittern. Ich kann praktisch das Knarren hören, während er nachdenkt.

»Und was«, sage ich nach einer kurzen Zeit des Wartens, »willst du mit mir machen?«

Der Glanz vom Blut an der Seite seines Kopfes schillert im Flutlicht. »Ha«, sagt er, jetzt wieder mit fester Stimme und offenbar wieder vom Schock erholt. »Warten wir es ab.« Er wird jetzt seinerseits jede Sekunde zu Sarkasmus übergehen. Da kommt es schon: »Ich hoffe, dass du es bequem hast?«

»Na ja«, sage ich. »Ein bisschen Licht, eine Heizung und ein Lehnstuhl wären vielleicht …«

»Denn du wirst eine ganze Weile hier drin verbringen«, sagt er, »tatsächlich eher eine längere Zeit.« Was jetzt noch fehlt, sind ein irres Lachen und Orgelmusik. Er dreht sich um und trottet schwerfällig aus dem Container. Als sich die Tür schließt, empfinde ich einen Moment der Enge.

Ich kenne Georgie gut, denn Georgie ist ein Freund gewesen. Und ich habe nicht viele Freunde. Es ist wirklich deprimierend.

Die Dunkelheit fällt über mich herein – eine Dunkelheit, die aber nicht absolut ist.

Wenn Georgies Komplizen Container als Gefängnis nutzen, dann sind es Container, die ein hartes Leben hatten. Das harte Containerleben beinhaltete, dass sie mit anderen Containern oder verschiedensten metallischen Protuberanzen zusammengestoßen sind. Ich bemerke einen blassen Fleck auf Augenhöhe. Ein Loch, vermutlich in der Größe meines Fingernagels, ist von einer solchen Protuberanz in den Container geschlagen worden. Ich erhebe mich aus meiner Pfütze und presse mein Auge auf das Loch. Ich kann die vertikale metallene Spundwand des Kais erkennen, was an sich erst mal nicht besonders interessant ist. Dann klirrt etwas über mir, und es gibt an allen vier Ecken der Decke über mir ein klackendes Geräusch. Der Boden wankt unter meinen Füßen. Die Spundwand beginnt sich an meinen Augen vorbeizubewegen und senkt sich nach unten. Jemand krant den Container auf den Kai. In mir steigt eine warme kleine Welle der Hoffnung auf. Wenn du in einen Container eingesperrt bist, dann ist es besser, in einem Container an Land als auf See zu sitzen.

Das obere Ende des Kais bewegt sich auf meine Augenhöhe. Dort kann ich eine kleine Gruppe Männer stehen sehen. Tamara ist auch da. Ihr Haar glänzt silbrig im Flutlicht. Ihre Lippen bewegen sich, aber ich kann nicht hören, was sie sagt. Sie scheint sich zu streiten. Zwei der Männer nehmen sie am Arm und halten sie fest. Das erscheint mir ermutigend. Sie mag versuchen die Seiten zu wechseln, doch die andere Seite ist offenbar nicht interessiert. Sie tritt gegen ein Schienbein. Einer der Männer zischt ihr etwas zu. Was immer es ist, was er gesagt hat: Es hält sie davon ab, sich weiter zu wehren. Der Container landet mit einem Knall auf dem Kai und versetzt mir dabei einen harten Schlag auf die Augenbraue, was mich mein Interesse an der Außenwelt vergessen lässt. Als ich mich gerade wieder einschalten will, schiebt jemand den Türriegel auf.

In einem eher konservativen Drehbuch würde ich es jetzt mit einem Ablenkungsmanöver versuchen, ihnen in den Unterleib treten und mit jedem Gramm Muskel meines athletischen Körpers in Richtung Holzstapel rennen. Wir sprechen hier allerdings über die Sturmtruppen aus dem Glasgower Stadtteil Gorbals, die schon Granit Abhärtungskurse erteilt haben. Darüber hinaus verfügt mein Körper über nicht mehr viele Gramm Muskeln. Und selbst wenn ich die noch hätte, würde mich niemals irgendjemand mit einem Athleten verwechseln. Also warte ich.

Die Tür öffnet sich. Ich höre osteuropäische Flüche. Etwas Großes fliegt in den Container und trifft mich im Solarplexus. Ich falle rücklings um und schlage mit meinem Kopf gegen die hintere Stahlwand. Ich höre, wie die Tür mit einem Knall wieder zugeworfen und die Riegel vorgeschoben werden. Das Ding, das mich getroffen hat, riecht animalisch, aber angenehm. Es zappelt ein wenig und flucht mit einer mir bekannten Stimme. Als ich wieder Luft bekomme, sage ich: »Tamara?«

Ich kann Hände fühlen, die in der Dunkelheit umhertasten. »Fuck«, sagt ihre Stimme. »Warum haben sie mich hier eingesperrt?«

»Weil sie dir nicht vertrauen«, sage ich. »Genauso wenig wie ich.«

»Sei doch nicht so blöd«, sagt die Stimme aus der Dunkelheit. »Ich lasse sie denken, dass ich auf ihrer Seite bin, damit ich kommen und dir helfen kann und du entkommen kannst und den Whisky holen und ihn zurückbringen zu Mister Yusupov.«

Nun, das würde die Stärke eines durchtrainierten Athleten erfordern, der sich auf jedes Gramm seiner Muskeln verlassen kann. Ich könnte ihr jetzt sagen, dass es so nicht funktionieren wird. Ich mache schon den Mund auf, um ihr die Illusionen zu rauben.

»Aber sie haben mir nicht geglaubt«, sagt sie. »Sie sagen, ich Freundin von Mister Yusupov und ihnen Lügen erzählen, Bastarde.«

»Was aber stimmt, um fair zu sein.«

»Natürlich stimmt das. Trotzdem sie sind Scheißkerle.«

Sie gibt ein Geräusch von sich, das einem Kessel kurz vor dem Kochen ähnelt. »Aber ich habe einen Plan.«

»Der wäre?«

Sie hat mir das sagen oder auch nicht sagen wollen, aber in diesem Moment klickt sich der Kran wieder mit einem Knall in den Container und schwingt ihn hoch in die Luft. Ich lande in der von der Tür entlegensten Ecke auf ihr, wo sich auch die große Pfütze, in der ich zuvor schon gesessen habe, neu gesammelt hat. Tamara fängt wieder an zu fluchen. Ich bitte sie, damit aufzuhören, denn ich lausche.

Der Container scheint den Kai entlangzuwandern. Als ich mein Auge an das Guckloch drücke, sehe ich, dass das tatsächlich der Fall ist. Die Aufbauten des Servicekatamarans passieren direkt vor meinem Auge. Wir bewegen uns auf einen kleinen Kümo zu, den ich schon zuvor bemerkt hatte, als er vor dem Katamaran längsseits am Kai gelegen hatte. Beim Kümo macht der Container eine Pause und beginnt dann zu sinken. Er geht runter, immer weiter runter, und landet mit einem Knall auf dem Deck neben einem Mann, der in die entgegengesetzte Richtung schaut und sich nicht umdreht.

Die Kranklauen lösen sich. Dafür greifen andere. Es entsteht eine Art Stille. Ich sage: »Wir sind jetzt auf einem anderen Schiff.«

»Ja«, sagt Tamara. »Wenn du mir zuhörst, dann sage ich dir, was diese Männer gesagt haben. Sie uns auf dieses Schiff tun. Auch Whisky ist hier. Wir gehen zu Ort, wo Schwein Gruskin kann Container abladen.«

Ich sage ihr nicht, dass ich, wäre ich das Schwein Gruskin, den Container, in dem Tamara und ich sitzen, über Bord werfen würde. Wie so oft ist Tamara mir weit voraus. »Mach dir bitte keine Sorgen«, sagt sie. »Schwein Gruskin weiß, dass ich habe enge Freundschaft mit Mister Yusupov. Und er glaubt, weil ich ihm erzählt, dass du vertrauenswürdiger Handlanger bist. Also er uns wird nicht töten, aber sicherstellen, dass wir an sicherem Ort sind, sodass Mister Yusupov viel Geld bezahlen, uns zurückzubekommen. Du musst verstehen, dass er braucht kein Geld, weil schon er sehr viele Geld hat. Ist Prinzip der Sache.« Sie legt ihre Arme um meinen Hals.

»Ah«, sage ich, »Ja, ich verstehe.«

Was gelogen ist, denn ich verstehe es nicht ganz. Tamara ist wunderbar, und ihr seidenweiches Haar ist alles andere als unerträglich. Aber ich finde es immer noch schwierig, sicher zu sein, auf welcher Seite sie steht.

Neben uns schlägt etwas aufs Deck. Dem Geräusch nach ist es ein weiterer Container. Dann gibt es noch ein Scheppern und das Klicken des Schließmechanismus. Ein dritter Container. »Whisky ist angekommen«, konstatiert Tamara.

Ich schaue wieder durch den Spion, doch da ist nichts zu sehen außer etwas, das die Seitenwand eines weiteren Containers sein könnte. Eine Erschütterung geht durchs Deck. Dann sind Schreie, das Knarren der Winschen und ein Geklapper zu hören, als wären die Mooringleinen auf dem Deck des Kümos gelandet. Es fühlt sich an, als würden wir uns bewegen. Der Ton der Vibration klettert die Skala hoch und bleibt schließlich konstant. Man darf sicher annehmen, dass wir jetzt aufs Meer rausfahren. Obwohl das Wort sicher in diesem Moment und mit Blick auf die Tatsache, dass ich mit einer Frau zweifelhafter Vertrauenswürdigkeit in einem Container auf einem merkwürdigen Schiff eingesperrt bin, das einem feindlichen Oligarchen gehört, vielleicht keine echte Relevanz hat.

Trotzdem lege ich mich auf den Boden des Containers, und Tamara legt ihre Arme um mich. Das ist entweder ein gutes Zeichen oder ein Zeichen dafür, dass sie nicht in der Pfütze liegen will. Ich habe es aufgegeben, das herauszufinden. Die Seite, auf der sie steht – so befinde ich –, ist ihre eigene. Es wird andere Allianzen geben, aber im Augenblick kann ich mich nicht dazu aufraffen, darüber nachzudenken, welche das sein könnten. Dann schlafe ich ein.

Als ich aufwache, ist es noch immer dunkel. Tamara liegt immer noch auf mir und schnarcht mir ins Ohr. Die Dunkelheit ist keine Überraschung, denn wir sind immer noch im Container. Doch mein Guckloch ist jetzt grau und nicht mehr schwarz, woraus ich ableite, dass irgendwo dort draußen die Morgendämmerung eingesetzt hat. Ich bin ein guter Schläfer, aber Stahlplatten sind Stahlplatten, und Tamara benutzt mich immer noch als Matratze. Mir tut alles weh. Leise rolle ich sie von mir runter, krieche an der Seite unseres Gefängnisses unter den Spion und komme auf die Füße. Es ist immer noch nichts zu sehen außer dem längsseits positionierten Container.

Tamara sagt: »Ich bin in Pfütze und hungrig.«

Ich könnte jetzt eine intelligente Bemerkung zum Thema Zimmerservice machen, doch stattdessen kicke ich mit dem Fuß gegen die Tür des Containers. »Essen!«, schreie ich. »Toilette!«

Nichts.

»Lass mich«, sagt Tamara von irgendwo nahe bei der Tür. Dann hämmert sie nach meiner Uhr für volle zwei Minuten gegen die Tür. Niemand kommt. Als sie fertig ist, setze ich mich mit klingenden Ohren hin und versuche, nicht zu sehr über eine unbestimmte Zukunft in einem Container ohne Kantine und Sanitärraum nachzudenken. Die Lage ist düster. Gerade, als ich mich mit dem Elend abfinden will, das zu schrecklich ist, um es sich genauer auszumalen, sind draußen auf dem Deck Schritte zu hören. »Was?«

Mit einer Stimme gleich dem Gurren einer Taube sagt Tamara etwas auf Russisch.

Wieder ertönt draußen die Stimme: »Was?«

Tamara wiederholt sich, dieses Mal lauter. Die Riegel quietschen. Die Tür öffnet sich einen Spalt breit. Ein riesiges Gesicht schaut herein. Es ist unrasiert und auf einem Ohr geschröpft. Als Tamara zum Gesicht spricht, verzieht es sich vor lauter Konzentration. Taub, denke ich. Trotz unserer unangenehmen Nacht sieht Tamara blond und frisch aus. Der Mann schiebt seine Hand wie einen Kranhaken rein, packt Tamara am Nacken und zieht sie raus. Die Tür knallt wieder zu. Ich kann sie quietschen hören. Und dann, um Gottes willen, kichert sie auch noch. Ich habe Tamara nie als kichernden Typ eingestuft. Der Riegel der Tür knarrt, als der Mann ihn wieder einrasten lässt. Es ist aber nur ein kurzes Knarren, zu kurz, um die

Zunge des Riegels wirklich in den Türriegelhalter einrasten zu lassen. Mir wird klar: Was immer Tamara, diese mutige Frau, mit ihm angestellt hat, sie hat unseren Wächter so weit abgelenkt, dass er die Tür nicht richtig zugeschlossen hat. Sie ist tatsächlich immer noch einen winzigen Spalt offen.

Als ich durch diesen Spalt hinausschaue, sehe ich, dass Tamara ihren Arm um den Hals des Mannes gelegt und ihren Kopf an seine riesige Schulter gelehnt hat. Sie knabbert an seinem Ohr und berührt ihn mit ihren eleganten Hüften in sehr eindeutiger Weise. Ich stoße heftig gegen die Tür, aber sie geht nicht auf. Ich fahre mit den Fingern den Spalt entlang. Der Riegel ist tatsächlich nur teilweise runtergedrückt, könnte aber auch mit einem Vorhängeschloss gesichert sein. Ich bücke mich und ziehe den Schnürsenkel aus einem meiner Stiefel. Ich knote eine Schlinge, lasse sie über die Zunge des Riegels gleiten und ziehe heftig daran. Er bewegt sich nicht. Ich ziehe noch einmal und glaube, dass er sich jetzt ein wenig bewegt hat. Noch ein letzter Zug, und die Zunge kommt mit einem knirschenden Geräusch aus dem Riegelhalter, das sogar Tote aufweckt. Aber der Wachmann bewegt sich nicht. Ich kann mir nicht vorstellen, warum das so ist. Tamara hat ihre Arme immer noch um seinen Hals geschlungen und ihn dabei so gedreht, dass er mit dem Rücken zur Tür des Containers steht. Nach den konventionellen Regeln der Kunst würde ich ihm jetzt eins auf die Nuss geben. Doch dann würde ich riskieren, dass ich Tamaras Kopf treffe, der immer noch neben seinem ruht. Davon abgesehen, habe ich gar keine Waffe. Also schleiche ich mich an, packe ihn am Kragen, und reiße ihn rückwärts um. Er landet neben der halboffenen Tür des Containers, Tamara auf ihm. Sie krabbelt davon, allerdings nicht ohne zuvor kurz innezuhalten, um ihm in den Unterleib zu treten. Er krümmt sich und greift nach der getroffenen Stelle. Ich nutze das kurze Intervall seiner Lähmung, um die Containertür hart gegen seinen Kopf zu schlagen. Sie trifft ihn mit einem zufriedenstellenden Scheppern. Er erschlafft. Wir rollen den Körper in den

Container, verriegeln die Tür, kauern uns unter den Überhang eines Oberdecks und fragen uns, was zur Hölle wir jetzt machen sollen.

Das Schiff dampft über die leere graue See. Auf der Backbordseite ist in einiger Entfernung eine graue Küstenlinie zu sehen, hinter der sich Berge verschwommen und von Nebel verhüllt in den Himmel erheben. Es wirkt wie auf einem chinesischen Gemälde. In der Realität aber ist es vermutlich Wales. Neben mir spuckt sich Tamara in die Hand. »Was machst du da?«, frage ich. Sie streckt ihre Finger wieder. Auf ihrer Handinnenfläche liegt ein gefälliges kleines Objekt mit einem durchsichtigen Plastikschwanz. Ich empfinde eine warme Welle der Bewunderung. »Du hast sein Hörgerät verspeist?«

»War so ekelhaft«, sagt sie und spuckt erneut. »Du hast so viel Geräusch gemacht.«

Irgendwo in der Nähe sind Schritte auf einer Treppe zu hören. Der Aufbau hinter uns hat eine Tür. »Rein«, sage ich. Wir gehen rein. Wir befinden uns in einem Gang, der zwischen einer Reihe von Kabinentüren hindurchführt. Vorsichtig öffne ich die erste. Der Raum hat eine Koje ohne Bettzeug und einen Schrank ohne Inhalt, außerdem ein Bullauge, das den Blick aufs Deck freigibt, wo zwei Männer am Container angekommen sind, der über Nacht unser Zuhause gewesen ist. Einer der beiden hat eine Fernbedienung in der Hand. Während ich sie beobachte, schwingt der Ausleger des Ladebaums rum. Der Rahmen landet auf dem Containerdach und hakt sich ein. Der Mann mit der Fernbedienung sagt etwas zu seinem Kumpel, woraufhin beide zu lachen beginnen. Dann drückt er auf den Knopf der Fernbedienung, und der Container erhebt sich in die Luft. Ich merke, wie mein Mund trocken wird. Ich sage: »Ich dachte, du hättest gesagt, dass sie das nicht tun werden.«

»Man kann nicht immer recht haben«, sagt Tamara mit leiser grimmiger Stimme.

Der Container erhebt sich weiter und schwingt dann außenbords. Der Mann mit der Fernbedienung drückt wieder einen Knopf. Ich will schreien, mache es aber nicht. Der Container fällt mit einem riesigen weißen Platschen in die graue See, poppt wieder hoch und treibt achteraus fort. Ich denke an das Spähloch und die schlecht schließende Tür und daran, wie es wohl sein muss, in einer verschlossenen Stahlkiste zu sitzen, die sich so lange mit Wasser füllt, bis das Gewicht des einströmenden Wassers den Auftrieb der eingeschlossenen Luft überbietet und das gesamte Werk auf den Grund der kalten Irischen See sinkt. Der taube Wächter wird es herausfinden. Anstelle von Tamara und mir.

Mir ist sehr, sehr kalt.

Ich sage: »Telefon.«

»Was?«

»Hast du dein Telefon?«

»Männer haben es genommen.«

Jetzt bin ich wütend. Plötzlich bin ich draußen im Gang und reiße Türen auf. Es interessiert mich einen Scheiß, auf wen ich dabei treffe. Die ersten beiden Kabinen sind leer. In der dritten liegt ein Mann in der Koje auf seinem Gesicht und schnarcht. Auf dem Sims neben seinem Bett liegt ein Telefon. Ich durchquere die Kabine mit zwei Schritten und greife danach. Der Mann bewegt sich und sagt: »Was …?« Er beginnt sich umzudrehen. Doch als er die Augen endlich aufmacht, bin ich längst zur Tür heraus. Auf dem Bildschirm steht etwas in Kyrillisch, das aussieht wie eine Warnung, dass die Batterie fast leer ist. Ich wähle Charles' Nummer. Gott sei Dank geht er sofort ran. Ich sage: »Wir haben deinen Whisky. Wir sind querab von Anglesey auf einem Schiff namens KATY JANE. Ruf die Polizei, die Küstenwache. Mann über Bord in einem Container. Der Container sinkt. Wir werden in drei Stunden in der Holyhead Marina sein.«

»Wa …?«, sagt Charles.

»Beeil dich!«, sage ich. Dann ist die Batterie leer.

Ich schmeiße das Telefon in den Müll. Charles weiß, wie man mit Notfällen umgeht. Insbesondere, wenn eine Ladung Whisky involviert ist.

»Was?«, sagt Tamara.

»Sie werden nach ihm suchen«, sage ich. »Vielleicht finden sie ihn.«

Tamara schiebt ihre Unterlippe vor. »Sie hätten uns getötet«, sagt sie. »Warum wir sorgen um einen von denen.«

Es ist nicht der richtige Moment für eine Moralpredigt. Davon abgesehen, bin ich weitgehend der Meinung, dass sie recht hat. Ich sage: »Wir werden dieses Schiff jetzt verlassen.«

»Wie denn?«

Meine Augen suchen das Deck ab. Im Bootskran hängt ein RIB. »Boot«, sage ich.

»Und wie kommen wir zu Boot?«

»Gehen.«

»Diese Leute töten Leute. Sie töten uns.«

»Sie glauben, dass wir schon tot sind.« Und wenn sie doch beschließen, dass wir noch lebendig sind, und versuchen uns umzubringen, dann müssen sie sich beeilen, denn in wenigen Minuten wird dieses Revier vor Polizei und Küstenwache wimmeln.

Die Polizei erwähne ich Tamara gegenüber aus Sorge vor weiteren Beleidigungen nicht. Ich jedenfalls habe genug. Es ist Zeit, wieder ein Normalbürger zu werden und dafür die notwendigen Konsequenzen zu tragen.

Tamara sagt: »Was ist mit Whisky?«

Doch ich bin schon raus und Richtung Tür des Telefonbesitzers unterwegs. Wir stürmen rein. Er ist inzwischen aus dem Bett, zieht sich gerade seine Stiefel an und schaut gerade rechtzeitig auf, um meine Handkante unter sein Kinn zu bekommen. Sein Kopf sackt mit einem hässlichen Knacken zurück, und er scheint benommen. »Gürtel«, sage ich. Tamara zieht seinen Gürtel aus den Schlaufen. Ich lege damit eine Bucht um seinen Hals und verbinde den Rest mit einem der Haltegriffe in der Kabine. Dann fessle ich seine Hände hinter seinem Rücken mit einer der Krawatten, die ich in einer Schublade gefunden habe. Er wird so lange okay sein, wie er auf Zehenspitzen stehen bleibt. »Overalls«, sage ich. In einem Schrank befinden sich mehrere Overalls und ein weißer Schutzhelm. Ich sage zu dem Mann: »Wir werden draußen vor der Tür warten. Wenn ich auch nur einen Pieps von dir höre, dann komme ich rein und töte dich. Kapiert?«

Der Mann gibt einen Ton von sich, der Sprache sein oder auch von der Strangulation herrühren könnte. Mir fehlt die Zeit, das genauer zu ermitteln. »Los«, sage ich. Wir gehen raus auf den Gang. Ich gebe Tamara den Schutzhelm. »Versteck deine Haare darunter«, sage ich.

Sie schaut mich mit ihren großen Augen an, die keinen Ausdruck erkennen lassen, aber irgendwie trotzdem Missbilligung signalisieren. »Du wirklich bist ziemlich geschickt mit Gewalt«, sagt sie.

»Ja.« Wenn ich Zeit zum Reflektieren hätte, dann würde ich vielleicht feststellen, dass ich selbst ein bisschen schockiert darüber bin. Der Einsatz an der Front der Streitkräfte Ihrer Majestät hinterlässt Spuren, die so schwer zu wegzubekommen sind wie Tattoos. »Wir gehen an Deck. Wir werden das RIB nehmen und an die Küste fahren. Geh wie einer aus der Crew und nicht wie ein Model.«

Sie rollt mit den Augen. »Ich werde versuchen«, sagt sie mit einigem Sarkasmus. Sie klimpert mit den Wimpern. »Und du wirst mich beschützen?«

Das beantworte ich nicht. Bislang ist sie es gewesen, die sich um unseren Schutz gekümmert hat.

Draußen vor der Tür peitscht uns der Wind von See entgegen. Ich höre das Trampeln von Tamaras Füßen, während sie etwas dick aufträgt und schrecklich übertrieben wie ein Gorilla über das Deck marschiert. Zum Lachen. Ich denke trotzdem: »tolles Mädchen!« Das RIB befindet sich unter dem Außenflügel der Brücke und kann vom Steuerhaus aus nicht gesehen werden. Die Davits für das RIB sind erstaunlich gut in Schuss. Ich mache eine Leine von einer der Klampen los, gebe sie Tamara und löse auch die anderen. Auf See zu gehen, ohne zu wissen, ob der Motor anspringen wird, entspricht nicht wirklich guter Seemannschaft. Doch den Außenborder zu starten, während sich das Boot noch an Bord befindet, würde zu viel Aufmerksamkeit erregen. Und ich habe gerade nicht das Verlangen danach, das Augenmerk unserer Schiffskameraden auf uns zu lenken. Also greife ich rüber, nehme Tamara die Leine wieder aus der Hand, nehme sie gemeinsam mit der anderen fest in den Griff und sage zu Tamara: »Rein.« Sie steigt ein, ihr Gesicht eine Spur blasser als gewöhnlich. Ich muss aber fairerweise gestehen, dass meins vermutlich auch weniger rosig ist als üblich. Jetzt ist Last auf den Leinen. Ich steige ebenfalls ins RIB und halte die Leinen weiter fest. Das Boot knallt runter in die See. Ich trete einen Schritt zurück, stolpere über meine eigenen Füße und falle auf den Bootsboden, wobei ich die Leinen loslasse. Plötzlich ertönt ein Rauschen, ein Knall, und dann kommt von überall her Wasser. Die Aufholleine des Davits für den Bug ist ausgerauscht, aber die achterliche Leine hat sich verklemmt. Weshalb das RIB nun mit dem Spiegel voran und 12 Knoten Speed vom Schiff durch die See gezerrt wird, während das Wasser übers Heck hineinströmt.

Ich höre Tamara schreien: »Mach was!« Ich liege mit dem Gesicht nach unten auf dem Boden, während mir eisiges Wasser in den Mund strömt, und denke, »ja, natürlich, aber was denn nur?« Dann fängt irgendjemand über uns auf dem Schiff an zu brüllen.

Ich drehe mich um, schaffe es in die Hocke und werde von den Niagarafällen aus Richtung Heck wieder umgerissen. Wäre das Boot kein RIB, dann würde es jetzt sinken. Weil es aber eines ist, benimmt es sich wie ein aufblasbares Paddelboot, das durchs Wasser gezogen wird. An Deck oben wird weiter geschrien. Vielleicht stehen wir auch schon unter Feuer. Tamara lässt ihrerseits unablässig eine russische Schimpfkanonade los. Ich klammere mich am Steuerstand fest, versuche Luft zu holen und frage mich, was ich nun machen soll, als ich etwas unter meiner Hand spüre. Etwas Zylindrisches. Tatsächlich ist es der Griff eines Messers, das in einer

Hülle steckt, die jemand in seemännischer Art für den Notfall am Steuerstand befestigt hat. Das hier ist ein Notfall. Ich greife danach, ziehe das Messer aus der Scheide und tauche dahin, wo die verklemmte Leine noch am Stropp im Heck des RIBs befestigt ist. Da wird sich ein Schäkel mit einer Ausreißleine befinden. Und vielleicht auch eine Schlaufe der Leine, die ich durchschneiden kann, wenn alles andere nicht funktioniert. Ich nehme das Messer, tauche ins gurgelnde Wasser ein und stochere am Ende der Leine herum. Hinter mir schreit Tamara immer noch. Ich ignoriere das, weil ich unter dem Schäkel etwas gefunden habe, das nicht aus Draht ist. Ich säge daran, fühle, wie es nachgibt, aber nur kurz, bevor es wieder klemmt, als würde sich unter dem vertörnten Teil der Leine noch ein Knoten befinden.

Irgendetwas schlägt mir auf die Schulter, hart genug, um den Arm ohne Messer in der Hand zu betäuben. Als ich mich umdrehe, steht ein Mann über mir. Er trägt einen orangefarbenen Overall und hält eine Brechstange in der Hand, mit der er gerade zum zweiten Schlag ausholt. Ohne nachzudenken, ziehe ich die Hand mit dem Messer aus dem Wasser und ramme es in seinen Unterleib. Er gibt ein schreckliches Keuchen von sich und krümmt sich vor Schmerzen. Ich stoße ihn weg, um ihn loszuwerden. Er fällt rückwärts ins Meer, genau in die Lücke zwischen dem Schiff und dem Schlauch des RIBs. Der Spalt vergrößert sich jetzt, weil sich die letzten Fasern des Stropps, die das RIB noch mit der Leine verbunden haben, offenbar aufgelöst haben. Es dringt nun kein Wasser mehr übers Heck ein, und wir treiben fort, während das Schiff in Richtung Süden stampft.

Ich habe gerade einem Fremden erstochen.

Ich beuge mich über die Seite des RIBs, weil mir speiübel ist. Als sich alles etwas beruhigt hat, höre ich eine Stimme. Tamara. »Hör auf mit Spucken«, sagt sie. »Starte Motor.«

»Geh weg«, sage ich. Ich träume von einem Schluck Wasser und davon, das Schreckliche ungeschehen zu machen, was ich gerade getan habe. Weil beides nicht zu haben ist, möchte ich in meinem Elend nicht gestört werden.

»Wenn ich dich aufmerksam machen darf: Schiff auf Weg«, sagt sie.

Ich schaue hoch. Sie hat recht. Das Schiff dampft nicht mehr in Richtung Süden. Es kommt pfeilgerade auf uns zu, sodass ich beide Brückenflügel und den Bug in Form einer furchterregenden Axtklinge erkennen kann, die sich in der schäumenden Bugwelle darauf vorbereitet, uns zu spalten.

Ich stolpere zum Steuerstand. Der Schlüssel steckt in der Zündung. Der Motor heult auf. Dann sehe ich, dass die Notaus-Sicherung an ihrer roten Spiralkordel schlaff herunterhängt. Ruhig, bleib ruhig. Ich schnappe mir das Ende der Kordel, stecke ihr gabelförmiges Endstück unter dem Notaus-Knopf wieder rein und stelle damit den zum Starten notwendigen Kontakt her. Dann drehe ich den Zündschlüssel erneut. Wieder heult der Motor auf, zündet aber immer noch nicht. »Der Choke«, denke ich, ziehe ihn und drehe den Zündschlüssel zum dritten Mal. Noch mehr Motorengejammer. Aber nicht zu viel. Er soll ja nicht absaufen. Ich drücke den Choke wieder rein, drehe den Zündschlüssel noch einmal.

Tamara schreit jetzt, und ich kann ihr das nicht zum Vorwurf machen, denn als ich hochschaue, ist der Bug des Schiffes schon fast über uns. Ich sehe ein Paddel, das im Wasser im Heck des RIBs umhertreibt. Ich nehme es und steche damit fanatisch ins Wasser. Der Überhang des Schiffsbugs nimmt uns jetzt aus der Sichtlinie der Brücke. Sie haben niemanden auf dem Vorschiff postiert. Die große Stahlklinge bohrt sich nach unten. Zuerst denke ich noch, dass sie uns genau mittig treffen wird, doch das Paddeln hat sich ausgezahlt, und der Wind hilft auch. Also werden wir zur Seite geschoben. Aber nicht stark genug.

Das RIB wird auf einen Wasserberg gehoben und von der Bugnase vorwärtsgetrieben. Es gerät in schreckliche Schieflage und neigt sich vom Schiffsbug weg. Die Stahlplatten treffen den Gummischlauch. Das Boot hüpft hoch und bockt über die aufgewühlte Wasseroberfläche.

Wir bewegen uns eher seitwärts als abwärts, und ich weiß, dass wir nicht kentern werden. Ich schaue hoch, um zu prüfen, ob jemand von oben auf uns schießt. Dann wird mir klar, dass es reine Zeitverschwendung ist. Wenn sie schießen, dann können wir dagegen ohnehin relativ wenig tun. Also kümmere ich mich wieder um den Außenborder. Ich drehe den Zündschlüssel auf Anschlag. Eine halbe Sekunde jammert der Motor, dann springt er mit Gebrüll an.

Ich lege den Vorwärtsgang ein und gebe Gas. Wir entfernen uns vom Schiff. Unser Bug steigt hoch, die Lenzer im Heck lassen das Wasser aus der Bilge ablaufen.

Wir fahren einen großen Halbkreis um das Heck des Schiffes und nehmen Kurs auf die schmale grüne Küstenlinie voraus. Tamara setzt ihren Schutzhelm ab und lässt ihr Haar malerisch im Wind fliegen.

Durch das Rauschen unserer Fahrt hindurch schreit sie: »Das war ziemlich gut.«

Ich antworte nicht. Wir haben einem Mann beim Ertrinken zugesehen, einen Mordversuch überlebt, einen weiteren Mann getötet und sind dem eigenen Absaufen um ein paar Zentimeter entgangen. Das würde ich nicht unbedingt als ziemlich gut beschreiben.

Sie sagt noch etwas, aber das ist durch den Motorenlärm hindurch nicht so leicht zu verstehen. Ich drossele die Geschwindigkeit und sage: »Was?«

»Aber jetzt wir haben Whisky verloren.«

»Nicht verloren«, sage ich, »gefunden. Und ihn der Polizei übergeben, die ihn seinem Besitzer zurückgeben wird.«

»Polizei?«, sagt sie.

Es ist an der Zeit, ihr auf Augenhöhe zu begegnen. »Charles wird die Polizei angerufen haben. Die Gerechtigkeit wird ihren Lauf nehmen.«

»Pah«, sagt sie verächtlich. »Gerechtigkeit!«

»Wir befinden uns hier in England«, sage ich, obwohl es natürlich Wales ist. Doch wo auch immer wir sein mögen – mir steht jetzt der Sinn nach einem pompösen Statement.

»Verstehe nicht, warum du das gemacht«, sagt sie kopfschüttelnd, mehr bedauernd als verärgert.

»Es gibt eine Belohnung«, sage ich. Die Aussicht darauf mildert die hinter uns liegenden Schrecken ein wenig. »Darauf haben wir ein Anrecht erworben.«

Ich nahm an, dass sie davon beeindruckt sein wird. Doch sie zuckt nur andeutungsweise mit den Schultern. Eine Geste, die sie nahezu ohne jede Körperregung und ausschließlich mit dem Einsatz ihrer Lippen hinkriegt. »Wie hoch ist Belohnung?«

»20.000 £.«

»Das ist nicht sehr viel.«

»Es ist sehr viel«, sage ich. »Es ist selbst dann noch höllisch viel, wenn man es durch zwei teilt.«

»Ist genug für Dinner mit durchschnittliche Weine«, sagt sie. »Plus Schwein Gruskin wird sein sehr verärgert und wünschen uns zu töten. Und ich bin nicht sicher wie Reaktion von Mister Yusupov.«

»Zur Hölle mit beiden«, sage ich und gebe nochmals den britischen Edelmann. »Wir sind hier in Großbritannien, wo wir der Rechtsstaatlichkeit unterliegen.«

»Du solltest fragen, wer gerade Gesetze macht«, sagt Tamara und verfällt in verdrossenes Schweigen. Ich gebe wieder Gas und peile einen Klumpen am Ufer an, der aussieht, als könnte er Holyhead sein. Das Schiff befindet sich inzwischen etwa fünf Seemeilen achteraus. Von Land schwirrt ein Helikopter in Richtung See. Unser Bug hüpft über die flachen Wellen, und der Motor brummt fröhlich, während er uns mit 20 Knoten voranbringt. Die Angstschwaden in meinem Kopf verziehen sich, und ich habe plötzlich das Gefühl, dass es alles in allem betrachtet wenig Grund zur Sorge gibt.

Was zeigt, falls es dafür überhaupt noch weiterer Beweise bedarf, wie falsch man doch liegen kann.

16

Ich liege richtig: Es ist Holyhead. Wir röhren um den Leuchtturm am Molenende herum und in den Bereich, der einmal die Marina gewesen ist. Im Herzen der Insel Anglesey hat es zu regnen begonnen. Es ist ein dünner und kalter Regen, der sich seinen Weg in geringschätzender Leichtigkeit durch die Löcher und Risse unserer Bekleidung bahnt. Ich mache das RIB an einem halb verfallenen Ponton fest und sage einem dort arbeitenden Typen, dass wir uns auf halbem Weg eines Törns rund Anglesey befinden und hier einen trockenen Platz zum Warten suchen, bis der Regen wieder aufgehört hat. Er sagt, dass das möglicherweise im nächsten Juni der Fall sein wird. Das scheint kein Witz zu sein. Ich lache trotzdem herzlich und ziehe Tamara zum nächsten Ausgang, bevor noch jemand komische Fragen zum Thema Immigration stellen kann. Während wir uns dem Tor nähern, wirft uns ein Polizist in Warnjacke einen kalten Blick zu. Als er des Zustands meiner verdreckten Bekleidung und Tamaras blonden Haars, ihrer Schönheit und ihres Auftritts im Stil eines Rassepferdes gewahr wird, von dem hier in Holyhead nichts zur Normalität gehört, wird aus seinem Blick ein Starren. Er kommt auf uns zu. Mir wird das Herz schwer. Er sieht nicht aus wie ein Polizist, dem man sich anvertrauen kann. Erst in diesem Moment aber sehe ich hinter dem Polizisten noch einen großen Mann mit blondem Kraushaar und einem Regenschirm in der Hand, der ebenfalls auf uns zukommt. Seine Bekleidung eignet sich eher für die exklusiven Cotswolds denn für Anglesey. Er trägt eine Barbour-Jacke und eine teure Cordhose in einem rötlichen Kastanienton. Als er uns sieht, lupft er den Regenschirm ein paar Zentimeter wie zum Willkommensgruß. »Gut gemacht«, sagt er mit einer Stimme, die deutlich wärmer klingt, als es seine Augen sind. »Es scheint, als habt ihr ein ziemliches Epos hinter euch.« Das wiederum klingt eher sarkastisch als sympathisch. Aber vielleicht kann er einfach nur in der Öffentlichkeit keine Emotionen zeigen.

Der Polizist, der die ganze Szene aufmerksam beobachtet hat, entscheidet offenbar, dass Tamara und ich zwar seltsam aussehen mögen, Charles jedoch so britisch wie Roastbeef und Lauch wirkt. Niemand, der Hosen in dieser Farbe trägt und derart laut durch die Gegend blökt, kann etwas anderes sein als ein ehrwürdiger Angehöriger des Offiziersstandes. Außerdem ist es Zeit für sein Abendbrot. Er verzieht sich in Richtung Kantine, kann sich aber offenbar nur mit Mühe vom Salutieren zurückhalten.

»Tamara«, sage ich, »das ist Charles.«

»Oh«, sagt Tamara, zeigt dabei aber nicht das geringste Interesse. »Wo ist das Hotel?«

Charles lächelt sie ausgenommen gönnerhaft an. »Darum habe ich mich gekümmert«, sagt er. »Wenn Sie so gut sein wollen und ins Taxi einsteigen, meine Liebe?«

Sie mustert ihn mit ihren eisblauen Augen. »Ich Gavins Liebe, nicht Ihre«, sagt sie, folgt ihm aber ins Minibus-Taxi, das am Eingang wartet.

Ich finde mich selbst ziemlich gut und sage: »Das ging schnell.«

Seine Augen flackern zwischen mir und Tamara hin und her. Eine seiner gönnerhaften Augenbrauen erhebt sich ein paar Millimeter. Er sagt: »Das kann man wohl auch von dir sagen. Ach, ich verstehe. Na, ein Helikopter macht das Leben ja so viel einfacher.« Er lässt die Schiebetür des Taxis zur Seite gleiten und sagt: »Nach Ihnen, meine, äh, Tamara.«

Wir fahren raus aus Holyhead und durch eine makellose Landschaft, die von Häusern mit viel Kieselrauputz und wenig Charme übersät ist. Schließlich erreichen wir die Mauer zum Park und biegen in ein von zwei Wachhäuschen gesäumtes Tor ein. »Was ist diese Ort?«, sagt Tamara, in deren Kultur Tore mit Wachhäusern eher dafür bestimmt sind, Menschen im Inneren festzuhalten denn sie vom Betreten des Grundstücks abzuhalten.

»Das Plas Irfon Hotel«, sagt Charles. »Ich dachte, dass Sie diesem Haus den Vorzug vor dem Grand Hotel von Holyhead geben würden. Hier haben die Waschbecken keine Risse, und wenn sie Kohl kochen, dann können die Gäste das nicht riechen. Hach ...«

Das Minibus-Taxi hält unter etwas, das man vermutlich eine Toreinfahrt nennt. Wir steigen aus, gehen eine Steintreppe hoch und erreichen eine Halle. Der Boden ist aus Marmor, und die Decke, zumindest diejenigen Partien, die man ohne Teleskop erkennen kann, ist vergoldet. Charles winkt einer Frau am Empfang zu und führt uns eine breite Treppe hinauf und durch einen geräumigen Gang zu zwei benachbarten Mahagonitüren. »Ihr habt vielleicht Lust, ein Bad zu nehmen. Ich lasse eure Kleidung trocknen und schicke euch einen Lunch nach oben. Bademäntel findet ihr auf der Rückseite der Türen.« Nachdem er uns einzeln in die Zimmer geleitet hat, verschwindet er.

Mein Zimmer ist luxuriös, obwohl mir heute jede Art von warmer und trockener Umgebung luxuriös erscheinen würde. Ich erwäge eine Dusche. Doch es gibt Situationen, in denen eine Dusche nicht hilft. Ich leere meine Taschen, ziehe mich aus und lege die Klamotten in einem kleinen Stapel neben die Tür. Dann lasse ich mir ein Bad ein, lege mich ins heiße Wasser, lasse die Wärme in meine Knochen dringen und versuche, es ein wenig zu genießen, dass unsere Mission abgeschlossen ist. Der Whisky ist in Hoheitsgewässern gefunden worden. Die Belohnung wird schon bald in meine Richtung fließen. Job erledigt.

Aber da war auch Charles' Kälte gewesen. Und nicht die bewundernde Wärme, die man von einem Versicherungsprüfer hätte erwarten dürfen, der gerade einen Fall abgeschlossen hat. Und da war dieser Helikopter, der auf See und in Richtung Schiff rausgeflogen ist. Eigentlich gut, aber es war nur einer. Und vielleicht war er am Ende gar nicht zum Schiff unterwegs gewesen?

Ich steige aus der Badewanne, wickele mir ein Handtuch um die Hüften und gehe zurück ins Schlafzimmer, wo ich in den bereitliegenden flauschigen weißen Bademantel schlüpfe. Ich schalte den Fernseher ein, doch die Nachrichten berichten nicht über uns. Ich zappe mich durch die Kanäle, finde aber nichts. Nach zehn Minuten klopft es an der Tür. »Wer ist da?«, frage ich.

»Tamara.«

Auch sie trägt einen der Bademäntel und ein Handtuch auf dem Kopf. Sie sieht so besorgt aus, wie ich mich fühle. Sie sagt: »Ich mag nicht ohne Kleidung sein.«

»Ich auch nicht.«

Es folgt eine kurze Stille. Dann sagt sie: »Irgendetwas geht vor.«

Ich könnte sagen, dass alles in bester Ordnung ist und wir nur noch das Geld abholen müssen und der Sonne entgegenreiten können, doch das glaube ich selbst nicht. Und ich erkenne, dass sie es auch nicht tut. Also sage ich: »Ja.«

»Befindet sich Whisky in Hände von Polizei?«

»Ich glaube schon.«

»Das ist gut.«

Es folgt eine kleine Pause, in der keiner von uns beiden denkt, dass gut ist, worauf wir uns gerade noch verständigt haben. Die Stille wird von einem erneuten Klopfen an der Tür unterbrochen. Ein Servierwagen mit Speisen rollt herein, gefolgt von Charles. »Wie schön«, sagt er herzlich und wippt dabei auf seinen Veldtschoens auf und ab. »Geht es euch jetzt besser?«

»Ich möchte abreisen«, sagt Tamara. »Wo sind Kleider?«

»Ja, natürlich«, sagt Charles, »das ist natürlich eine exzellente Idee. Die Sache ist aber die, dass es vielleicht nicht so einfach ablaufen wird.«

»Erkläre«, sagt Tamara.

»Leichen«, sagt Charles. »Ihr habt gesagt, dass jemand in einem Container über Bord geworfen wurde. Zum Glück hat jemand den Container gefunden, aber darin war ein Typ, der offensichtlich eine Auseinandersetzung mit einer Ladung Metall hatte, wenn ihr versteht, was ich meine. Sie sagen, dass er Hirnschäden davongetragen hat.«

»Hirn war beschädigt, bevor Gavin ...«

»Ja, na ja, ziemlich zumindest«, sage ich hastig.

»Und dann war da noch ein Typ, den sie aus dem Meer gefischt haben. Der hatte ein Loch in seiner Mitte. Was dazu führte, dass er jetzt nicht mehr so richtig am Leben ist. Und es gab jede Menge Fragen, wer alle diese Verletzungen verursacht hat. Sehr ernsthafte Fragen. Und obwohl ich sicher bin, dass es dafür eine Reihe guter Erklärungen gibt, denke ich, dass es gut wäre, dem allem für ein paar Tage aus dem Weg zu gehen.«

»Wie hast du das hingekriegt?«, frage ich.

Er schüttelt den Kopf und lächelt geheimnisvoll. »Man hat so seine Methoden. In jedem Fall scheint das hier der passende Ort zu sein. Du weißt ja, wie die Polizei sein kann, wenn sie sich einmal an etwas festbeißt. Legalistisch.«

Ich sage: »Warum hörst du nicht damit auf, den Superhelden aus Klasse sechs zu geben, und bringst uns unsere Klamotten? Ich bin müde, kapiert. Ungeduldig. Gleich fliegt mir die Sicherung raus.«

»Oh«, sagt Charles, zieht die Augenbrauen mit gespielter Milde hoch und schielt in Tamaras Richtung, um sicherzustellen, dass er einen guten Eindruck macht. »Du liebe Güte. Nun, sie sind noch nicht trocken. Hör zu, Gavin, du verstehst das nicht. Ich hatte bei einigen Leuten offene Rechnungen zu begleichen. Du musst einfach eine Weile aus der Schusslinie bleiben.«

Ich habe ja schon erzählt, dass ich einmal selbst eine Weile in blauer Uniform im Einsatz war. Ich habe eine gewisse Ahnung davon, wie sich die Polizei verhält. So, wie er es erzählt, funktioniert es ganz sicher nicht. Nicht in 100 Millionen Lichtjahren. Es gibt keine Geheimhaltungsversuche. Die Polizeibeamten werden die Schlagzeilen verschlingen wie Affen die Ladung eines entgleisten Bananenzugs. Gerade will ich: »Rede doch nicht so dämliches Zeug …« sagen, da seufzt Tamara, setzt sich aufs Bett und schüttelt ihre nasse goldene Haarpracht. »Ich könnte etwas Ruhe gebrauchen«, sagt sie mit einer so seltsamen Sanftmut, dass ich mich kurz frage, ob sie der Schlag getroffen hat. »Waren harte zwei Wochen. Das hier schönes Hotel.«

»Das ist die richtige Einstellung«, sagt Charles, während ich im Kern seiner Schleimerei auch so etwas wie Begierde aufflackern sehen kann. »Entspannt euch, legt die Füße hoch. In ein, zwei Tagen, wenn sich die ganze Aufregung ein wenig gelegt hat, werde ich ein paar Schecks ausstellen. Oder hättet ihr es lieber bar?«

»Bar«, sage ich reflexartig und setze mich auf einen Stuhl. Was sich nach dem Containerstahl in der Tat sehr angenehm anfühlt. »Ich hätte trotzdem gern ein paar Klamotten.«

»Die trocknen noch, wie ich schon gesagt habe«, sagt Charles, »man wird sie hochbringen, wenn sie so weit sind.« Er wippt wieder von den Fersen auf die Zehen und demonstriert damit eine Art Endgültigkeit. »Also, ich habe noch ein paar Dinge zu erledigen, muss ein paar Leute treffen.« Er öffnet die Tür nur halb, schaut zurück, schüttelt den Kopf und bekundet seine aufrichtige Anerkennung. »Sehr, sehr gut gespielt«, sagt er, »blendende Aktion.« Dann schließt sich die Tür.

»Na«, sage ich, »da können wir ja jetzt so richtig stolz sein.«

»Sarkastischer Mann«, sagt Tamara und geht zur Tür. »Ich gehe Haare trocknen.« Sie dreht am Knauf. Dreht nochmals. Rüttelt an der Tür. »Ist verschlossen«, sagt sie.

Ich gehe zu ihr rüber und versuche es selbst. Sie ist verschlossen. Also gut. Ich sage: »Ich glaube, ich habe auch einen Fön im Badezimmer.« Aber jetzt, da Charles gegangen ist, denke ich nicht mehr wirklich ans Haaretrocknen. Und zwar ganz und gar nicht. Und so, wie Tamara aussieht, ist es bei ihr ebenso.

Am Bett befindet sich ein Telefon. Ich rufe den Zimmerservice an. »Ich brauche meine Kleidung«, sage ich, »die müsste inzwischen trocken sein.« Die Stimme der Hausdame klingt ausweichend: »Ah, ja, ach, du liebe Güte«, sagt sie, »es ist nur so, dass wir Probleme mit dem Trockner hatten. Ich fürchte, dass die Sachen, also die von Ihnen und Ihrer Freundin, also …«

»Machen Sie sich keine Sorgen, wenn sie noch nass sind«, sage ich, »bringen Sie sie einfach …«

»Oh, nein«, sagt die Hausdame. »Es geht nicht darum, dass sie noch nass sind. Es ist nur so, wie soll ich sagen, dass wir ein kleines Feuer hatten. Nichts Ernsthaftes, aber …«

»Sie sind also ein bisschen verbrannt«, helfe ich.

»Ja, genauso ist es.«

»Ah«, sage ich und lege auf.

Tamara kommt aus dem Badezimmer. Ihr Haar ist blond und glänzend, ihr Gesicht aber dunkel und angespannt. »Ich weiß, wo ich ihn gesehen habe«, sagt sie.

»Wen?«

»Diese Mann Charles. Na ja, nicht gesehen. Aber gehört. Ich kenne seine Stimme. Ich habe eingeholt Erkundigungen über Schwein Gruskin für Mister Yusupov. Und ich habe seine Stimme gehört, wenn reden mit Schwein Gruskin.«

»Reden kann jeder«, sage ich.

»Nicht nur reden. Auch lachen. Schwein Gruskin hat kranken Sinn für Humor. Für ihn Lachen ist Schwäche. Nur nicht bei sehr enge Freunde. Deswegen ich glaube, dass diese Mann enger Freund von Schwein Gruskin. Außerdem Schwein Gruskin nicht hat viele Freunde. Nur welche, denen er gibt Geld. Also nicht Freund. Angestellter.«

Das eröffnet eine Reihe so wenig wünschenswerter Möglichkeiten, dass ich mich nicht dazu aufraffen kann, über sie nachzudenken. Doch da sie nun schon einmal in meinem mentalen Unterholz lauern, ist mir klar, dass ich sie die ganze Zeit genährt habe. Es gab heute Morgen keine Polizeihubschrauber, weil Charles niemals auch nur in die Nähe der Polizei gekommen ist. Sein Wissen um den Mann im Container und den Mann, den ich abgestochen habe, basieren auf einem Gespräch mit jemandem auf dem Schiff. Wir stehen wieder an dem Punkt, an dem wir angefangen haben: Wir sind dem Tod durch einen unangenehmen Oligarchen und seine ebenso unangenehmen Handlanger geweiht. Es gibt keinen Ausweg außer vorwärts.

Ich höre mich selbst sagen: »In dem Fall sollten wir Mister Gruskin einen Besuch abstatten.«

Sie fixiert mich einen langen blauen Moment mit ihren Augen. Dann sagt sie, vielleicht von einer Spur Sarkasmus begleitet: »Du bist mutiger, als ich gedacht.«

Ich nehme die Bemerkung für bare Münze. »Wenn wir ihn finden können.«

»Er hat Haus in Cornwall. Ort namens Stone.«

»Aber wird er auch dort sein?«

»Seine Tochter hat Schulferien. Sie geht auf Internat in deine Dorset. Sie wird gehen surfen. Einfache Aufgabe ...«

Sie sagt das völlig ausdruckslos. Tamara mag ihre eigene Ironie. Und ich mag sie tatsächlich auch. Ich sage: »Das macht unser Leben leichter.«

»Wie das?«

Ich sage: »Warte einfach ab.« Und ich hoffe, dass sie nicht weiter nachfragt, denn in Wirklichkeit habe ich keinen Plan. Nach einer kurzen Pause fällt mir etwas auf. »Du weißt sehr viel über Gruskin«, stelle ich fest.

Sie kräuselt ihre Lippen in meine Richtung. »Kenne deine Feind. Sagt man nicht so?«

Ich antworte mit »Ah« oder ähnlich und hoffe, dass es überzeugter klingt, als ich es bin. Dann gehe ich zum Fenster.

Es gibt den Blick auf Gebüsch hinter dem Haus frei. Wir befinden uns im ersten Stock, doch die Erdgeschosszimmer haben knapp fünf Meter hohe Decken. Es handelt sich also nicht um das klassische Fenster im ersten Stock, aus dem man mit einem fröhlichen Lächeln springt. Auf der rechten Seite allerdings klettert ein Blauregen an der Hauswand empor. Es ist ein altes Gewächs mit einem guten und kräftigen Stamm. Und unter unserem Fenster läuft eine Art Sims ums Haus, den ein Architekt vermutlich als Fries bezeichnen würde. Ich sage: »Wir reisen ab.«

»Aber keine Kleider.«

»Wir haben Bademäntel«, sage ich, »und Kreditkarten. Komm her.« Ich zeige ihr den Blauregen und die Leiste. »Runter«, sage ich, »und nichts wie weg.«

»Wie weg?«

»Schau zu.«

Die Dunkelheit bricht herein. Und trotzdem lässt sich das Gefühl der Nacktheit beim Hinunterklettern an der Fassade eines feindlichen Fünf-Sterne-Hotels mit nichts als einem flauschigen weißen Bademantel am Leib mit nichts vergleichen. Zum Glück fällt der Regen immer noch in feiner walisischer Art und Weise. Was die Wahrscheinlichkeit minimiert, dass jemand aus den Fenstern blickt. Ich verstecke mich hinter einem Rhododendron und schaue zu, wie Tamara sich am Blauregen runterhangelt. Ihr Bademantel leuchtet praktisch in der Abenddämmerung. Dann sind wir zu zweit hinter dem Busch. Tamara scheint aus Scham wie vor Kälte zu zittern. Obwohl ich bei genauerem Nachdenken bezweifle, dass es aus Scham ist. Ich sage: »Und jetzt besorgen wir uns ein Auto.«

»Auch Kleidung.«

»Natürlich auch Kleidung.«

Der Regen wird stärker. Wir gehen um die Seite des Hauses herum und unter den erleuchteten Fenstern eines ehemaligen Wintergartens entlang, der heute eine Bar ist. Drinnen sitzen einige Leute, alle in der für Anglesey typischen Freizeitbekleidung. Das ist wirklich gar nicht mein Stil, aber für einen Moment beobachte ich sie doch ein wenig neidisch. Dann gehe ich weiter um die Ecke.

Wir befinden uns jetzt am äußersten Ende der Vorderseite des Hauses. Auf der einen Seite eines großen Schotterplatzes sind mehrere Autos geparkt. Ich nähere mich ihnen, empfinde mich im Lichtschein als spärlich bekleidet und auffällig und spähe wie beiläufig durch die Fenster ins Innere der Wagen. Hier stehen ein paar Land Rover, ein Lexus und ein Audi, die mir mit dem roten Blinken ihrer Alarmsysteme zuzwinkern. Am Ende der Reihe aber steht ein exquisit instand gesetzter Morris Minor 1000 in der Traveller-Ausführung. Sein Lack glänzt im Schein der Flutlichter, und es scheint so, als befinden sich Koffer auf den Rücksitzen. Als ich mich am Türgriff versuche, gibt er nach. Unverschlossen. Natürlich steckt kein Schlüssel in der Zündung, aber beim Versuch, einen Morris Minor zu starten, tut es als Ersatz für den Schlüssel auch ein Schweizer Taschenmesser. Ich klappe die Klinge mit dem Schraubenzieher auf, ramme sie ins Zündschloss, kippe den Messergriff auf 90 Grad zur Klinge und drehe ihn. Es ertönt ein schleifendes metallenes Geräusch, und das rote Licht der Zündung geht an.

»Rein«, sage ich.

Tamara hastet aus der Dunkelheit zum Wagen und lässt sich auf den Beifahrersitz fallen. Ich sitze auf dem Fahrersitz und spüre auf unangenehme Weise die Kunststoffpolsterung an meinen nackten Beinen. Ich ziehe am Anlasser. Der Motor keucht und startet dann. Ich setze zurück und lege den ersten Gang ein. Der Oldtimer rollt in der Dunkelheit widerwillig in Richtung der Lücke zwischen den beiden Torpfosten. Nach einer Weile finde ich auch den Lichtschalter. Wir passieren die Torpfosten und biegen in die Zufahrtsstraße ein. Langsam trocknet der Angstschweiß auf meinem Körper.

Tamara scheint keinerlei Furcht oder Panik zu verspüren. Sie sagt: »Das ist ekelhafte Auto.« Ich fahre an den Pförtnerhäusern vorbei, biege auf die Hauptstraße ab und trete das Gaspedal durch. Viel bewirkt das nicht. »Britischer Klassiker«, sage ich.

Sie gibt einen verächtlichen Laut von sich. »Und Kleider?«

»Da sind Koffer auf der Rückbank.«

Sie klettert über den Sitz und zerrt einen Koffer nach vorn. Ich höre das Schnappen der Schlösser und das Schnaufen ihrer Bemühungen. Ich kann nicht anders, als ihre Ruhe zu bewundern. Ich selbst bin mir sehr bewusst, dass wir ein gestohlenes Auto fahren und dass es da draußen in der Irischen See zwei Leichen gibt. Dazu die hohe Wahrscheinlichkeit, dass ihre Bosse mich für diesen Zustand verantwortlich machen. Und diese Bosse sind Leute, die auf der Gehaltsliste des korrupten Oligarchen Gruskin stehen. Die Polizei wäre der Weg des geringeren Widerstandes. Ich hätte wissen müssen, dass Charles sich nicht aus purer Freundschaft um das Trocknen meiner Kleidung kümmern würde. Ich hätte diesen Bastard damals vor Norwegen ersaufen lassen sollen. Er hatte mich als Schuss für besondere Fälle in seinem Waffenarsenal aufbewahrt. Nun bin ich abgefeuert worden. Mein Herz schlägt jetzt ziemlich schnell. Ich bin, ehrlich gesagt, stocksauer.

»Hübsch?«, sagt Tamara, »Gefällt dir?« Sie drückt auf den Knopf für die Innenbeleuchtung und beugt sich zwischen den Sitzen nach vorn. Sie trägt eine Art Pullover in Scheißbraun und Schlammgrün und dazu ein hellbraunes Leinenhemd. »Nicht wirklich«, sage ich.

Sie sagt: »Stimmt. Aber niemand mich wird erkennen, ich hoffe. Wohin fahren wir?«

Ich sage: »Das habe ich dir doch schon erzählt. Wir werden Mister Gruskin einen Besuch abstatten.«

Stille. Dann sagt sie: »Du bist zornig.«

»Du nicht?«

Sie antwortet nicht. Wir folgen dem Straßenverlauf im gelblichen Licht unserer antiken Scheinwerfer bis zu einem Kreisverkehr. Vor uns liegt die A5 und bringt reichlich Verkehr. Wir fahren an einer Raststätte vorbei, deren Kameras mit einem Nummernschild-Erkennungssystem ausgestattet sind – etwas, was wir gerade überhaupt nicht brauchen können. Dann taucht ein Rastplatz auf. Ich biege ein und Tamara und ich tauschen die Plätze.

Tamara fährt, während ich die Koffer durchstöbere. Die Leute müssen Bergsteiger sein. Ich ziehe eine Hose aus Stretchmaterial an, ein T-Shirt und eine Art Sweatshirt. Die Sachen sind mir zu klein, aber wenn ich den Reißverschluss der Hose offenlasse, dann sind sie tragbar. Zumindest sind sie weniger schrecklich als der Bademantel. Während ich auf dem winzigen Rücksitz sitze, arbeite ich aus, was einem Plan nahekommt. Dann übernehme ich das Steuer wieder. Wir rollen mit konstanten 65 Stundenkilometern durch die Nacht. »Das ist so langsam, so langweilig«, sagt Tamara. »Und wir fahren ganzen Weg bis Cornwall«, sagt Tamara.

»Nein«, sage ich. »Cardiff.«

»Oh«, sagt sie und schläft ein.

Wem auch immer dieser Wagen gehört, ist definitiv ein Enthusiast, denn der Motor schnurrt vor sich hin wie eine untermotorisierte Nähmaschine. Zum Tanken und Erwerb einiger Käsesandwiches halte ich an einer malerischen rustikalen kleinen Tankstelle an. Der Besitzer bewundert das Auto, mustert aber meine Hose mit einiger Missbilligung. Ich fahre weiter.

Gegen Mitternacht kommen wir in Cardiff an. Dort stellen wir den Morris an einer Parkuhr ab, gehen um die Ecke und steigen in einem Travelodge-Hotel ab. Dafür nutzen wir meine Kreditkarte, die erstaunlicherweise immer noch funktioniert. Tamara hat fast die gesamte Fahrt über geschlafen. Sie ist jetzt voller Elan und (für ihre Verhältnisse) fröhlich. Ich lege mich aufs Bett, schließe die Augen und versuche das nicht enden wollende Rollen über die Straße hinter meinen Augenlidern zu stoppen. Irgendwann deckt mich der Schlaf wie ein schwerer schwarzer Teppich zu. Und plötzlich ist es Morgen.

Es ist ein merkwürdiges Gefühl, acht Stunden ununterbrochenen Schlaf zu bekommen. Bei Kindern ist es vermutlich immer so. Das Rezept dafür, wenn du ein Erwachsener bist: Du musst jemanden ertränken, jemanden niederstechen, ein RIB stehlen, mit einem Bademantel aus einem Hotel fliehen, einen Morris Minor

1000 klauen, 320 Kilometer fahren und mit der Geliebten eines russischen Oligarchen ins Bett steigen.

Vermutlich deshalb kommt es vielleicht nicht besonders häufig vor.

17

Der nächste Tag ist ein Samstag. Ich verlasse das Hotel früh und kaufe ein Wegwerftelefon, mit dem ich einige Anrufe tätige. Der erste geht an David Loyd. David ist ein Yachtmakler, mit dem ich in der Vergangenheit den einen oder anderen – ungewöhnlicherweise einvernehmlichen – Deal gemacht habe. »Hast du ein Boot auf deiner Liste, das in der Lage ist, den Weg nach Cornwall zu schaffen?«
»Was für eine Frage«, sagt er. »Was selbstverständlich ja heißt. Natürlich habe ich das. Es ist eine Twister, ein wirklich schönes Stück in bestem Zustand.«

»Aber es bedarf noch einiger kosmetischer Handgriffe, um sie für die nächste Saison fit zu machen.«

»Wie kommst du denn darauf?«

»Wo ist sie?«

»Swansea Marina.«

»Und wird der Eigner sie nutzen wollen?«

»Nur, falls er von den Toten wiederaufersteht.«

Sie sind nicht sehr kirchlich orientiert, diese walisischen Yachtmakler. Ich sage: »Dann würde ich gern einen kleinen Testtörn mit ihr absolvieren, wenn es dir nichts ausmacht.«

»Nein, kein bisschen«, sagt er.

Wir leihen uns also Ölzeug, kaufen ein paar Jeans und nehmen den Zug. Während wir die Südküste von Wales entlangrollen, nehme ich mir mein neues Telefon unter besonderer Berücksichtigung der Nachrichten vor. Es müsste eigentlich ein ziemlich großes

Aufsehen infolge einiger Morde in der Irischen See gegeben haben. Doch da ist nichts. Auch keine Meldung über einen gestohlenen Morris Minor, was vermutlich keine Überraschung ist, weil der Diebstahl eines Morris Minor nicht besonders schlagzeilenträchtig ist. Das totale Stillschweigen aber bestätigt meine Erkenntnis, dass Charles in etwa so aufrichtig ist wie Wachs in der Sonne. Bei meinen Gedanken daran, mit welchen Mächten er sich zusammengetan hat, bekomme ich ein flaues Gefühl im Magen. Aber der einzige Weg da raus ist immer noch vorwärts. Wir werden allerdings Beweise sichern müssen.

Also rufe ich die britische Steuerbehörde HMRC an und lasse mich mit dem Zoll verbinden. Als ich endlich eine Frau am Telefon habe, sage ich ihr, dass sie ein Auge auf die KATY JANE haben soll, weil sie zwei Container mit gestohlenem und unverzolltem Whisky an Bord hat. Als die Stimme mich nach meinem Namen fragt, lege ich auf und schalte das Telefon für alle Fälle aus. Der Zug fährt in Swansea ein. Wir steigen aus und in ein Taxi ein. Dem Fahrer sagen wir, dass er zuerst an einem Laden für elektronisches Spielzeug Halt machen und uns dann irgendwo hinfahren soll, wo wir Sandwiches kaufen können. Nach Beendigung unserer Einkäufe fahren wir weiter zur Marina.

Die Marina von Swansea ist gar nicht mal so übel. Wie so viele Marinas dieser Tage ist auch sie in eine Reihe mäßig malerischer viktorianischer Docks hineingebaut worden. Zwischen dicht gedrängten Reihen von Booten gehen wir einen Ponton runter. Die Boote sind alle leer. Der Himmel ist so grau wie die Streifen Wasser, die zwischen den Rümpfen zu sehen sind. Unser Boot ist etwa auf halbem Weg den Ponton runter festgemacht. Es heißt HERCULES und ist eine Twister. Eine Twister ist eine charmante Segelyacht. Ihr Design entstammt einem früheren und eleganteren Zeitalter, aber sie kann es immer noch mit den modernen weißen Plastikwohnwagen mit Kiel darunter aufnehmen. Mein Maklerkollege hat sie als in gutem Zustand beschrieben. Das ist eine Stufe besser als

»braucht Liebe und Zuneigung« und bedeutet, dass aktuell zwar nichts wirklich verrottet, sie aber eben auch nicht in großartigem Zustand ist. Die Teile der Decksausrüstung, die nicht grau sind, sind grün. Das Gleiche gilt für die Fallen und Leinen, die von der Rollreffanlage nach hinten laufen. Aber als Bettler hat man schließlich keine Wahl. Wir gehen an Bord und schieben die Luke des Niedergangs auf. Eine Wolke aus Dieselgestank und Schimmelmuff kommt uns entgegen. Der Schlüssel ist rostig, lässt sich aber mithilfe von etwas WD-40 ins Schloss stecken. Der Motor keucht wie ein Asthmatiker, springt dann an und stößt eine graue Rauchwolke aus. Ich sage: »Nicht schlecht.«

Tamara sagt: »Was ist nicht schlecht?«

»Lass es doch einfach.«

»Was lassen?«

»Ach, egal.« Ich löse die Springe, steige dann auf den Ponton und mache auch die Bug- und die Heckleine los, gebe mittels Gashebel achteraus und fahre rückwärts in freies Wasser. Dann gebe ich ein bisschen Gas voraus, drehe das Ruder hart Steuerbord, und schon gleiten wir durch die von parkenden Booten und dem Kai gesäumte Wasserallee. Dann fahren wir in die Schleuse ein, und das Wasser wird abgelassen. Die Tore öffnen sich, und wir düsen die lange Reihe der Bojen entlang, die den ausgebaggerten Kanal über die khakifarbene Swansea-Bucht markieren. Der Wind kommt aus Süden, und der Tidenstrom fließt nach Westen. Ich übergebe Tamara die Pinne. »Ich ziehe ein paar Segel hoch«, sage ich.

»Ist Motor kaputt?«

»Das hier ist ein Segelboot«, sage ich. »Der Motor ist klein. Und das gilt auch für den Tank. Der Motor wird nur dafür genutzt, in Häfen einzulaufen oder sie wieder zu verlassen. Ansonsten segeln wir.«

Tamara schaut mich mürrisch an und sagt: »Primitiv.«

»Tut mir leid, dass du so denkst«, sage ich, »und jetzt steuere.«

Zuerst schwoit das Boot auf den Wellen hin und her, dann aber kriegt sie es in den Griff, und ich gehe zum Mast und setze das

Großsegel, das einen Hang zu Schimmel, aber trotzdem noch Ansätze seines ursprünglichen Profils aufweist. Ich belege das Großfall, gehe nach achtern, löse die Kontrollleine für die Rollreffanlage und ziehe die Schot an. Die Genua rollt mit einem Knall aus. Ich kurbele sie dicht, nehme auch die Großschot dicht und unterbreche die Dieselzufuhr. Es wird still, abgesehen vom Gurgeln der Heckwelle. Das Deck holt über, als der Segeldruck zunimmt, und das Gegurgel wird lauter. Tamara sieht nervös aus und krallt sich am Süllrand fest. »Warum liegt Boot so schief?«, fragt sie.

»Weil Segelboote das nun einmal so machen«, sage ich.

»Mir das nicht gut gefallen.«

Ich nicke. Es ist fast eine Erleichterung, etwas gefunden zu haben, das sie einschüchtert. Wir kommen jetzt stärker in den Tidenstrom, während das Land hinter uns langsam verschwindet. Das Wasser im Bristolkanal ist wie üblich schlammig braun. Als der Strom gegen den Wind läuft, entstehen kleine, steile Wellen. Der Bug erhebt sich auf der ersten von ihnen, knallt ins Wellental und schickt einen Schwall Dreckwasser übers Deck. Tamara ist blass geworden. »Ich gehe unter Deck«, sagt sie und verschwindet im Niedergang. Ich richte mich im Cockpit ein, klemme mir die Pinne unter den Arm und beobachte, wie die flache Küstenlinie von Exmoor über den Bug ansteigt. Es wird eine lange harte Nacht werden.

Und das wird sie tatsächlich. Tamara scheint keinen Appetit auf Sandwiches zu haben, was mir eine große und höchst attraktive Auswahl beschert. Sie bleibt unter Deck, und ihre einzige Störung besteht darin, dass sie in den Eimer kotzt, den ich ihr neben die Koje gestellt habe. Der Wind dreht auf Südost. Die Sonne geht unter, und am Himmel erscheinen die Sterne. Das weiße Blinken des Leuchtturms von Lundy kommt und geht. Die Tide kippt, aber so weit unten im Kanal sind die Strömungen nicht mehr so stark und störend. Das Boot segelt wunderbar, und die saubere Heckwelle entfernt sich flüsternd, während wir Meile um Meile inhalieren. Wir erleben das, was irgendwelche Idioten vielleicht

Champagnersegeln nennen würden. Oder vielleicht wären es auch gar keine Idioten, sondern bloß jemand, der nicht gerade vorhat, einen gemeingefährlichen und gut bewaffneten Oligarchen zu besuchen und ihm ein paar rüde Fragen zu stellen.

Die Brise ist jetzt moderat. Die Dämmerung erhebt sich blass und unschuldig über meine linke Schulter. Ich bin müde, was sehr schade ist. Denn mit dem zunehmenden Licht sehe ich, dass sich die Farbe der See vom Braun des Bristolkanals in ein sauberes und transparentes Grün verwandelt. Um 9 Uhr morgens schält sich, noch etwas verschwommen, der Buckel von Gulland Rock vor uns über die Kimm.

Ich rufe den Niedergang runter: »Wir sind bald da!«

Tamara stöhnt und bewegt sich nicht. Ich gehe unter Deck, mache mir auf dem kleinen Gaskocher einen Kaffee und flüchte wieder ins Cockpit, weil der Gestank nach Erbrochenem doch heftig ist.

Der Wind zeigt keinerlei Anzeichen für ein Auffrischen. Ich steuere uns unter Land. Bis Hochwasser sind es noch drei Stunden. Das ist praktisch für die Passage über die Sandbank Doom Bar und in den Hafen von Padstow. Sanft bewegen wir uns zwischen den Rayner Rocks und Pentire Point, passieren dabei einige Stecknadelköpfe der Surfer von Polzeath, die außerhalb der Brandung in den Wellen spielen, und segeln weiter bis zur Ansteuerungstonne in der Kanalmündung, die sich rot vor dem frischen Grün der See abzeichnet. Dann erreicht uns der übliche Geruch von Land mit Noten von Honig, Rauch aus der Holzverbrennung und den Abgasen der Autos. Ich rolle das Vorsegel ein, und wir fahren die Flussmündung hoch, die auf den Hängen auf beiden Seiten von Häuserreihen besetzt ist. Ich sage: »Tamara?«

Sie kommt an Deck, ist immer noch blass, aber nicht mehr grün.

»Die Wellen sind weg«, sage ich.

»Gut«, sagt sie. »Hast du Sandwich?«

Ich gebe ihr ein Sandwich. Langsam bewegen wir uns auf die Schleusentore des Hafens von Padstow zu, ankern eine Weile, fahren rein und machen längsseits des Kais fest. »Ist vorbei«, sagt Tamara, »danke Gott.«

Ich nicke, wenngleich ich nicht mit ihr einer Meinung bin. Denn es ist noch nicht vorbei. In Wirklichkeit fängt es gerade erst an. Ich sage: »Es ist Zeit, dass wir uns vorbereiten.«

Sie geht los und holt die Tüte aus dem Elektronikladen. »Zieh Hemd aus«, sagt sie. Eine halbe Stunde später sitzen wir auf der Fähre, die uns über die Flussmündung bringt.

Vor langer Zeit war Stone noch als Trebothnan Down bekannt. Damals war es ein eher kahler Hügel, von dem aus man einen schönen Ausblick über einen Teil des wilden Atlantiks hatte. Kaum etwas gedieh auf den wenig fruchtbaren und salzverbrannten Ackerflächen. Die einzigen Besucher waren entweder verrückte Romantiker oder hungrige Ortsansässige, die darauf hofften, dass die regionalen Stürme, die zuerst aus Südwest kamen und dann mit überraschender Gewalt auf Nordwest drehten, ein Schiff auf die harte und brutale Sandbank auflaufen ließen, die ansonsten die Flussmündung schützt. In den 1920er-Jahren errichtete dann eine Gruppe von Vordenkern aus dem Landesinneren etwas außerhalb des Zentrums eine Ferienhaussiedlung. Sie begannen, sich gegenseitig zu Cocktailpartys und anregenden Gesprächen über schöngeistige Themen einzuladen. Diese eher großen und komfortablen Häuser verfügten über einen herrlichen Meerblick. Über die kommenden drei Generationen erwarben sie sich mit ihrer Eleganz einen Ruf, der weder Hochglanzmagazinen noch Immobilienmaklern entging. Beide haben verstanden, dass es nicht Sex oder Geld sind, die den belebenden Impuls für das britische Leben geben, sondern der Snobismus. Schon bald wechselten die Häuser für Millionen von Pfund ihre Besitzer. Womit sie für die Nachkommen der Schöngeister außerhalb jeder Reichweite rückten. Bauunternehmen, die daraus Kapital schlagen wollten, gelang es, die örtliche Gesetzgebung zu umgehen und das zu bauen, was die gierigen Haie an Land in ihren großformatigen Anzeigen im Magazin *Country Life* als Prestigeresidenzen bezeichneten, die in den ehemaligen Gärten der Ferien-Cottages entstanden. Heutzutage sind die Fuchsienbüsche durch modernen Überwachungskameras ersetzt worden. Rigorose Kindermädchen in Begleitung von Bodyguards und der vornehme Akzent von Geld aus Übersee prägen das Bild. Als wir die Fähre verlassen und die sandige Straße durch die Reihen der pompösen und überdimensionierten Häuser hochgehen, wird mir klar, dass dieser Ort nicht zu meinen Favoriten zählt.

Tamara, die an einem Gebäude aus grünlichem Flachglas mit zu vielen Stockwerken hochschaut, scheint das auch nicht zu gefallen. Doch wie immer kreisen ihre Gedanken um den Job. »Ist alles bereit?«, fragt sie.

»Alles bereit«, sage ich. Und das ist es: Das Mikrofon steckt im Saum meines T-Shirts, sein Kabel überträgt das Signal auf das iPhone in meiner Tasche, und der Hohlraum in meinem Magen hat inzwischen die Ausmaße einer Kohlegrube. »Wohin gehen wir?«

Wir biegen rechts in einen Sandweg ein und kommen an ein eisernes Tor in einer weißen Wand. »Hier.«

Am Torpfeiler befindet sich eine Gegensprechanlage. Ich drücke auf den Klingelknopf. Durch den Lautsprecher sagt eine Stimme: »Ja?«

»Ich bin hier, um Mister Gruskin zu sprechen.«

»Haben Sie Termin?«

»Nein.«

»Warten Sie.« Es entsteht eine kleine Pause, vielleicht zur Rücksprache oder auch, um uns über die Kamera genauer unter die Lupe zu nehmen, was wir nicht erkennen können. Tamara hat ihre Hüfte anmutig in Positur gebracht und lächelt in die Kamera, vibriert aber leicht nervös. Dann sagt die Stimme: »Kommen Sie.« Einer der Torflügel schwingt auf.

Die geteilte Auffahrt führt in einer Richtung zu einigen Garagen und in der anderen zum Eingangsbereich eines Hauses, das wie ein grüner Glaskasten aussieht. Tatsächlich ist es ein Bungalow. Allerdings ein Bungalow, der vor architektonischer Tinte nur so trieft. Ein Surfboard in Kindergröße lehnt an der Glasveranda. Es hätte diesem Ort eine Art heimeliges Gefühl geben können. Doch an diesem Haus ist herzlich wenig heimelig. Und das schon, bevor man berücksichtigt, dass es die Residenz eines Menschen ist, auf dessen Geheiß wir eigentlich, eingesperrt in einen undichten Container, in der Irischen See hatten versenkt werden sollen.

Wir stehen an der Tür, die sich nun öffnet. Ein großer Mann versperrt uns den Eingang. Es ist die übliche Sorte von großem Mann mit schwarzem Anzug, schwarzem Haar und den dazu passenden Augen. Tamara sagt etwas zu ihm in einer Sprache, die ich nicht verstehe. Der Mann gibt etwas zurück und nimmt plötzlich einen respektvollen Ausdruck an. »Ich ihm erzählt«, sagt Tamara, »dass du mein Freund bist und ich enge Partnerin von Mister Yusupov, der ist Feind, aber reicher Feind, also verdient Respekt. Und was kann schon passieren hier in England?«

»Ja, was nur«, sage ich und denke dabei an Container.

Der Mann führt uns durch eine Art gewölbte Konstruktion, die von einer Pflanze überwuchert wird. Während Tamara hindurchgeht, erkenne ich mit zunehmend flauem Gefühl im Magen, dass es sich um einen Metalldetektor wie auf einem Flughafen handelt. Ich gebe dem Schläger mein Messer und mein Telefon, gehe durch und warte auf den Alarm. Aber nichts passiert. Der Detektor muss außer Betrieb sein. »Kommen«, sagt der Schläger, gibt mir das Telefon zurück und vollführt eine »Da-geht's-lang«-Geste, die wirkt, als hätte er sie bei einem zweistündigen Butlerkurs erlernt. Wir verlassen die Halle und kommen in einen großen Raum, auf dessen einer Seite sich ein Fenster befindet. Ich fummle in meiner Tasche rum, um den Stöpsel vom Mikrofon wieder ins Telefon zu bekommen. Es stehen ein paar Möbelstücke im Raum, von denen die meisten mit weißem Leder gepolstert sind. An den Wänden hängen gewaltige Gemälde mit trostlosen platten Landschaften, die vermutlich

Russland darstellen. In einem der Stühle sitzt Mister Gruskin, die Gemälde und auch die meisten Möbelstücke wie einen Zwerg wirken lassen.

Mister Gruskin trägt sein schwarzes Haar kurz geschnitten. Nahtlos geht es in die Stoppeln seines Dreitagebarts über. Sein Gesicht ist von schwarzen Mitessern übersät, als hätte ihn jemand mit Schießpulver gepfeffert. Seine Augen sind stumpf und schwarz wie Klumpen minderwertiger Kohle. Er trägt ein Tennisshirt und Shorts, die seine Knie entblößen. Sie sind so stämmig wie sein Kinn. Er schaut uns interessiert an, dreht sich dann weg und blickt aus dem Fenster auf ein Stück Rasen, auf dem Pampagras wächst. »Was wollen Sie?«, sagt er. Dieser Oligarch scheint nicht gerade von der charmanten Sorte zu sein.

Nun ist es an der Zeit für den Mitschnitt der Aufzählung seiner Taten, der mich bei der Polizei und auch bei Yusupov entlasten wird. Ich hole tief Luft und fange an. »Ihre Leute haben eine Menge Whisky gestohlen«, sage ich. »Ich will, dass Sie ihn zurückgeben.«

»Oh«, sagt er.

»Ich habe erkannt«, sage ich, »dass sie eine geschäftliche Auseinandersetzung mit Mister Yusupov ausfechten. Und dass der Whisky nur das ist, was Sie vielleicht als Gegenleistung empfinden. Ich würde allerdings gern darauf hinweisen wollen, dass ihre Aktionen bereits den gewünschten Effekt hatten und die Rückgabe des Whiskys für sie ohnehin bedeutungslos ist.«

»Oh«, sagt er und schaut auf seine Uhr. »Ich muss meine Tochter vom Strand abholen. Sie können mitkommen.«

Das entspricht in keiner Weise den Plänen, die ich gemacht habe. Gruskin zieht sich eine Windjacke über, und der Blödmann von Butler bringt uns raus zu einem Range Rover mit schwarzen Fenstern. Wir steigen alle ein, fahren die Auffahrt runter und weiter nach Polzeath. Der Strand ist voller Surfer. Südwind sorgt dafür, dass die Wellen hübsch hochschlagen. »Möchten Sie ein Eis?«, fragt Gruskin.

»Nein«, sagt Tamara mit der Stimme einer Unternehmenssprecherin. Das ist sehr bedauerlich, denn ich habe 30 Stunden nicht geschlafen und hätte gern einen doppelten Eiskaffee, um mich wach zu halten.

»Ich werde eins essen«, sagt Gruskin und steigt aus dem Auto. Ich will ihm gerade folgen, als der Schläger meinen Blick auffängt und seinen Kopf etwa einen Millimeter seitlich bewegt. Also bleibe da ich, wo ich bin, und überbrücke die Zeit damit, darüber nachzusinnen, dass es ziemlich schwierig ist, Gruskins Stimme auf Band zu bekommen. Bislang überwiegt das Risiko die Erträge bei Weitem.

Gruskin kommt zurück, lehnt sich an die Kühlerhaube des Wagens und leckt mit weißlicher Zunge an seinem Eis. Es ist ein Erdbeereis. Dann winkt er jemandem zu. Ein Mädchen kommt die Straße hoch. Es ist eher klein und dunkel, ein ganz gewöhnlich aussehendes, etwa zwölf Jahre altes Mädchen in einem sandigen Neoprenanzug. Neben ihm geht ein Mann, der zwei Surfbretter trägt. Es ist ein monströser Mann, etwa 2,13 Meter groß. Auch er trägt einen Neoprenanzug. Die Sonne Cornwalls lässt seinen kahl rasierten eiförmigen Schädel glitzern.

Violentin.

Plötzlich habe ich wieder dieses trockene Gefühl im Mund. Gruskin sagt etwas. Alle quetschen sich ins Auto. Gruskin stellt seine Tochter nicht vor. Violentin starrt aus dem Fenster. Dann schaut er über den Sitz in Tamaras und meine Richtung. Sein Gesicht verzieht sich zu einem einzigen riesigen Lächeln. »Gaviiiiin!«, sagt er. Gruskin sagt etwas auf Russisch. Das Lächeln verschwindet. »Kann nicht sein wahr«, sagt Violentin. Er starrt mich ernst an. »Gaviin? Sage mir, ist nicht wahr?«

»Was ist nicht wahr?«

»Dass du bist verdrahtet?«

Mein Herz macht einen solchen Satz, dass es bis nach Exeter zu hören sein muss. »Verdrahtet?«

»Aufnahmegerät«, sagt Violentin. Also hat der Metalldetektor doch funktioniert. Das Auto fährt den Hügel hoch und biegt rechts in den Sandweg ein, der zum Haustor führt. Draußen hinter den Fenstern des Wagens schnattern die Schulkinder der öffentlichen Schule miteinander. Hübsche Mädchen und surfende Beach Boys necken und jagen sich und genießen ihre Semesterferien. Trotz meiner Panik bemerke ich, dass Gruskins Tochter sie mit einer Verachtung beobachtet, die ihren Neid aber nur beinahe übertüncht. Alles ganz normal und zum Greifen nah. Doch auf unserer Seite der schwarzen Wagenfenster hat sich eine zähe Stille ausgebreitet, die von Salz, Sand und einem bevorstehenden Gewaltausbruch geschwängert ist. »Wir werden prüfen«, sagt Violentin mit neuer tonloser Stimme.

Das Auto nähert sich dem Tor. Es schwingt auf, und wir gleiten hindurch. Die Autoschlösser öffnen sich mit einem Ploppen. Gruskin und seine Tochter steigen aus und gehen ins Haus, ohne sich noch einmal umzudrehen. Tamara folgt ihnen, niemand hält sie davon ab. Ich will gerade hinterhergehen, als mich Violentin mit seiner Hand wie eine Baggerschaufel an der Schulter packt. »Einen Moment«, sagt er und reißt mir das T-Shirt runter.

Ich nehme an, dass ich mich dagegen gewehrt habe, denn sein Handrücken wischt mir eine, was eine Art Bombenexplosion in meinem Kopf verursacht. Ich knalle mit dem Gesicht voran auf den Kies.

Violentin wühlt in den Überbleibseln meines T-Shirts. »Ja«, sagt er, »hier ist Draht. So dumm von dir, Gavin. Du bist exzellenter Seemann, aber scheiße mit das hier.«

»Mit was?«

»Gewalt«, sagt Violentin. »Du hast keine Fähigkeiten.« Zerstreut bohrt er seinen Zeh in mich. Als ich wenig später wieder atmen kann, sage ich: »Und ich dachte, dass du für Mister Yusupov arbeitest.«

»Tu mir Gefallen«, sagt Violentin. »Du weißt besser. Ich bin loyale Mensch. Aber nur zu dem, mir bezahlen großes Geld. Wenn er zerstört Mister Yusupov, ich kann als Bonus nehmen Missis Yusupov. Ich sehr lieben Missis Yusupov«, sagt Violentin.

»Und was geschieht jetzt?«, frage ich, nicht sicher, ob ich das wirklich hören will.

»Wassergrab, so sie nennen«, sagt Violentin. »Tut mir so leid.« Er schüttelt den Kopf, und ich erkenne eine Träne. Dann bückt er sich, zieht mich hoch und eine Betontreppe runter in eine Art Keller. Dort schleudert er mich in eine harte Betonecke. Ich krieche zurück und versuche die Tür zu öffnen. Sie scheint aus Stahl gemacht. Der Keller ist so dunkel wie das Innere einer Kuh. Ich lege mich auf den Boden. Violentin geht mit einer Effizienz zu Werk, die wirklich beunruhigend ist. Aber wie ich schon gesagt habe: Ich bin seit 30 Stunden wach. Statt mir Sorgen zu machen, schlafe ich ein.

Einige Zeit später öffnet sich die Tür. Mein Nacken ist steif, aber es zieht mich wie eine Motte zum Licht. Nicht, dass es viel Licht ist, denn Violentin steht im Eingang. Nur ein schwacher Schimmer findet seinen Weg zwischen ihm und dem Türrahmen hindurch in den Raum. »Hoch«, sagt er mit einer Stimme, die keinerlei freundliche Spuren mehr beinhaltet.

Ich komme hoch. Nun, da ich ein paar Stunden geschlafen habe, meldet sich die Todesangst in meinen Gedanken zurück. Heftiger als zuvor. Ich sage: »Wo gehen wir hin?«

»Interview mit Boss«, sagt Violentin. Er umgreift meinen Arm und führt mich die Treppe hinauf durch die Halle in das Wohnzimmer mit dem großen Fenster. Das junge Fräulein Gruskin sitzt an einem Tisch an der Wand und fuchtelt mit ihren Fingern herum. Das mag etwas mit der Virtual-Reality-Brille zu tun haben, die sie aufhat. »Da rein«, sagt Violentin und zeigt auf eine andere Tür. Ich gehe rein.

Es scheint ein Schlafzimmer zu sein. Es ist im Hugh-Hefner-Stil dekoriert, wenn man das denn Dekoration nennen will. In der Mitte befindet sich ein kreisrundes Bett, das möglicherweise sogar rotieren kann, obwohl es momentan stillsteht. Auf dem Bett liegen unter der klischeehaft schwarzen Satinbettdecke Mister Gruskin und Tamara. Gruskin scheint keine Kleidung zu tragen und sieht aus wie eine Kröte, die kürzlich aus dem Kohlenkeller emporgehüpft ist. Tamara hat ebenso wenig an und sieht aus wie ein slawischer Engel. Der Kontrast ist von überraschender Wirkung. Ich empfinde ihn als zutiefst beunruhigend. Meine Gefühle müssen mir ins Gesicht geschrieben stehen. Gruskin lacht und sagt: »Man nehme immer gern das Angebot einer Hure an.«

»Danke für diesen Rat«, sage ich und schaue dabei Tamara und nicht ihn an. Sie scheint leicht zu erröten und vermeidet den Blickkontakt.

»Und nun«, sagt Gruskin, »gehen wir an Bord meiner Yacht. Ich denke allerdings, dass einige von uns es nicht bis zum Ende schaffen werden.«

Tamara lacht über diese Demonstration von Herzlosigkeit, ob künstlich oder ernsthaft, das vermag ich nicht zu sagen. »Sie verstehen sicher, dass ich glaube, dass Sie falsch mit der Annahme lagen, dass diese Frau ihre Freundin ist«, sagt Gruskin. »Im Bett verfügt sie über herausragende Fähigkeiten. Aber im Alltag ist sie weniger zuverlässig. Ich wollte, dass Sie das sehen. Und sie wollte das auch.«

Ich merke, wie ich auf das Bett zugehe, um ihm den Schädel einzuschlagen. Da kommt schon Violentins Hand, und ich lande wieder einmal mit dem Gesicht auf dem Boden. Dieses Mal ist es ein Teppich. »Und nun«, sagt Gruskin, »bringt ihn aufs Boot.« Er langt über die Satinbettdecke und packt eine von Tamaras Brüsten. »Ich bin noch etwa eine Stunde beschäftigt. Dann segeln wir los.«

Ich liege mit klingenden Ohren auf dem Boden. Es besteht kein Zweifel daran, dass ich mich emotional auf diese Geschichte eingelassen habe. Zur Hölle, Tamara, das hättest du mir nicht so reinreiben müssen.

Über Geschmack lässt sich natürlich streiten. Dieser Mann ist ein Milliardär, was hilfreich ist. Vielleicht leidet sie auch an Sehnsucht nach dem einfachen Leben, obwohl ich dafür bislang keine

Anzeichen wahrgenommen habe. Vielleicht aber (und das lässt einen winzigen Hoffnungsschimmer in mir aufkeimen, obwohl ich weiß, dass es nur Wunschdenken ist) setzt sie ihre persönlichen Waffen im Bett ein, um Gruskin aus der Deckung zu locken.

Violentin zerrt mich auf die Füße und aus dem Zimmer. »Frauen«, seufzt er und schüttelt den Kopf, während er mich in eine Art Badezimmer verfrachtet. »Schieb Ärmel hoch.«

»Was?«

»Ärmel.« Er zieht eine Spritze mit etwas Flüssigkeit aus einer Ampulle auf.

»Nein«, sage ich.

»Das ist nur ein bisschen Heroin mit Fentanyl«, sagt Violentin. »Hilft dir entspannen.«

»Nein«, sage ich. Er scheint sich zu bewegen, und etwas holt mich von den Füßen. Wieder gehe ich zu Boden, wo mir ein steinhartes Knie in den Nacken drückt und ich mich auf nicht eine Möglichkeit aus dem Nahkampftraining bei der Army besinnen kann, die jetzt hilfreich wäre. Ich spüre, wie er mir den Ärmel hochzieht. Um meinen Arm zieht sich etwas zusammen. Ich versuche mich zu bewegen, aber es scheint sich nicht mehr genügend Blut in meinem Kopf zu befinden. Dann spüre ich den Einstich der Nadel in meiner Armbeuge. Das zugezogene Ding an meinem Arm löst sich wieder, und das Knie wird weggenommen. Das Blut fließt wieder in Richtung Kopf, und mit ihm folgt eine warme Welle, die meine ganze Welt in rosafarbenes Licht taucht. Daraus wird ein Rot, das dunkler und dunkler wird, bis es sich in eine riesige schwarze Grube verwandelt. Ich taumle am Abgrund entlang, bis ich hineinfalle.

18

Als ich wieder zu mir komme, scheint sich der Fußboden zu bewegen. Es muss ein Auto, ein Bus oder so etwas sein. Mein Kopf ist angefüllt mit einer hellen warmen Flüssigkeit, die auf angenehme Weise umherschwappt und Ecken in meinem Hirn beleuchtet, deren Existenz mir bislang nicht einmal bewusst war. Ich tippe, dass ich noch einmal weggedöst bin, denn das Nächste, an das ich mich erinnere, sind Lichter, die mir in die Augen blenden. Jemand scheint etwas aus einer Flasche auf mich zu schütten. Das Leben wird jetzt offenbar weniger kuschelig. Eine Sekunde lang denke ich, dass man mich in Benzin badet und vermutlich gleich in Brand stecken wird. Dann bemerke ich, dass der flüchtige Geruch nicht von Benzin, sondern von Whisky herrührt. Ich öffne also meinen Mund, um der Welt mitzuteilen, dass ich nicht mehr trinke. Doch dann überlege ich, dass man mir die Whiskyflasche dann womöglich direkt in den Rachen stopfen wird, was ich auf keinen Fall erleben möchte. Also lasse ich meinen Mund zu und höre, wie sich Autotüren öffnen. Ich kann einen Windstoß spüren, bevor ich durch eine Art Allee getragen werde. Da sind noch mehr Lichter und ein mir bekanntes Gebäude. Masten winken uns entgegen. Und ich weiß jetzt, wo ich bin: auf dem Kai draußen vor der nur allzu gut bekannten Kneipe Chain Locker im reizenden Seebad … (deine erste Quizfrage, Gavin, reiß dich zusammen, wir haben nicht die ganze Nacht Zeit) … Falmouth!

Und wie die Menge applaudiert. Nein, tut sie natürlich nicht.

Sie starren mich an, während ich an ihnen vorbei ins Freie vor den Eingang zur Kneipe gezerrt werde. Die meisten von ihnen werfen mir missbilligende Blicke zu. »Waschlappen«, denken sie. Ich beobachtete, wie einer an meinen Ausdünstungen schnuppert, den Kopf schüttelt und grinst. Falmouth ist als Stadt nicht gerade bekannt für notorisch nüchterne Einwohner. Was die Zuschauer angeht, so bin ich an diesem Samstagabend im Südwesten Cornwalls in ihren Augen nichts als ein weiteres Opfer der Nacht.

Ich schaue mich um, was eher einem Experiment gleichkommt. Ich will prüfen, ob ich noch fokussieren kann. Und vielleicht jemandem anvertrauen kann, dass ich eine Art Problem habe und ziemlich dringend Hilfe benötige. Ich bin aber langsam, sehr, sehr langsam. Bevor ich so etwas wie einen Plan schmieden kann, stürze ich eine kleine Rampe hinunter auf einen Ponton. Das ist eine Überraschung, denn ich erinnere den Custom House Kai als den letzten intakten Ort des ansonsten ziemlich verdammt beschissenen Hafens von Falmouth. Jetzt scheinen sie diesen Kai also auch versaut zu haben.

»… konzentriere dich«, schimpfe ich mit mir selbst, »steh hier nicht und spinn rum.« In diesem Moment schubst mich jemand, und ich falle mit dem Kopf voran in ein RIB. Im RIB stehen eine Menge Füße. Ein Paar ist kleiner als die anderen. Gegen das Licht der Straßenlaternen, welche die Arschgesichter auf ihren Pontons aufgestellt haben, erkenne ich eine Wolke aus blondem Haar. Tamara. Ich sehe, wie das Licht von einem ihrer großen blauen Augen reflektiert wird. Ich habe den Eindruck, dass mir das Auge zuzwinkert. Oder vielleicht blinzelt sie nur? Aber immerhin spüre ich so etwas wie einen Funken Hoffnung aufglimmen, bevor ich mich zur Ordnung rufe und mich selbst auffordere, meine Erwartungen zu drosseln, weil sie womöglich noch von den Drogen beeinflusst sind. Jemand startet den Motor des RIBs, und weg sind wir, knallen über die kleinen Kräuselwellen im Hafen nach draußen. Ich erinnere mich, dort eine Reihe Yachten an Mooringbojen gesehen zu haben. Jetzt aber befinden wir uns inmitten einer großen Ansammlung von Kränen. Eine Werft?

Der Motor erstirbt. Wir gehen irgendwo längsseits. Es ist ein Boot, ein großes, hohes Boot mit zwei hohen Masten. Da ist eine Gangway mit einem Handlauf aus Teak in exquisiter Lackierung. Ich steige die Gangway mit gummiartigen Beinen hoch und verstehe immer noch nicht so genau, was hier gerade vor sich geht. Aber ich bin sicher, dass es nichts Gutes ist. Der einzige Lichtblick ist, dass Tamara mit zugezwinkert hat. Aber Zwinkern bedeutet noch kein Versprechen, und außerdem kann man in meinem Zustand ein Zwinkern und ein Blinzeln leicht verwechseln.

Eine der Kabinentüren öffnet sich. Jemand schiebt mich rein. Ich falle in eine Koje und lege mich hin. Sie ist sehr schön und weich. Ich scheine immer noch ziemlich benommen zu sein. Also schließe ich meine Augen, höre, wie sich der Schlüssel im Schloss dreht, und döse ein.

Als ich das nächste Mal aufwache, ist das Gefühl ein anderes. Was immer sie mir gespritzt haben, hat seine Wirkung nun weitgehend verloren. Ich fühle mich seltsam und zerschlagen und leer. Als ich mich das letzte Mal so gefühlt habe, das erinnere ich jetzt, war ich in der Entzugsklinik. Wo die Leute offensichtlich mein Bestes im Sinn hatten. Abgesehen von Charles natürlich, der mich vorbereitete, wie man ein Messer schärft, damit es anschließend beim Schneiden effiziente Arbeit verrichten kann. Was von Charles kommt, ist niemals umsonst.

Ich mache mir weiter Gedanken.

Das Deck bewegt sich in altbekannter Weise. Wir sind auf See. Wir krängen mehr, als dass wir rollen. Der Wind hatte nach Südwesten drehen sollen. Aber vor wie langer Zeit war das wohl passiert? Das Vibrieren der Maschine dringt durch die Koje. Also motoren wir, vielleicht irgendwo im Westen des Südens. Ich erinnere mich an die zwei Masten. Eine Segelyacht also. Eine große Segelyacht, die unter Motor fährt. Ihr Kurs? Nun, ja. Violentin hatte die Wassergräber erwähnt. Also nehmen wir vermutlich Kurs aufs Nirgendwo.

Ich versuche die Tür zu öffnen. Aber auch sie ist eine von Gruskins kugelsicheren Spezialanfertigungen. Weder die Paneele noch der Griff bewegen sich auch nur einen Millimeter. Ich durchwühle meine Taschen. Mein Messer haben sie mir nie zurückgegeben. Mein Telefon ist verschwunden. Wie auch alles andere. Es gibt in der Kabine nichts, was nicht verbolzt ist. Als ich durch das Bullauge spähe, sehe ich im heftigen Regen das Meer schimmern. Was für eine miese Nacht.

Und der miese Gavin steckt mitten drin in dem ganzen Schlamassel. Ich mache das Licht aus, setze mich aufs Bett und versuche einen intelligenten Gedanken zu fassen. Was mir aber nicht gelingt. Tamara ist offenbar zum Feind übergelaufen. Was sie an die unterste Stelle der Liste rückt, auf der schon die Namen von Charles und Georgie stehen. Da sitzt er nun, der gute Gavin, befindet sich auf dem Weg zu seinem unfreiwilligem Seebegräbnis und hat auf der ganzen Welt keinen einzigen Freund.

Draußen vor der Kabine ertönt ein kleines Getöse. Jemand beginnt an der Tür zu rütteln. Ich krieche quer durch die Kabine und postiere mich auf einer Seite der Tür. Ich sehe einen Lichtspalt, der größer wird. Eine Stimme sagt: »Gaviiin?« Tamaras Stimme. Vor lauter Hoffnung bricht mir der Schweiß aus.

»Gaviiin?«

»Hier.«

»Ist gut. Ich denken vielleicht …« Sie beendet den Satz nicht. Ich kann mir vorstellen, dass sie gedacht hat, man hätte mich bereits über Bord entsorgt. Da ist eine erfreuliche Note von Erleichterung in ihrer Stimme. Vielleicht habe ich mich in ihr getäuscht. »Komm«, sagt sie.

»Wohin?«, sage ich.

»Nicht so dumme Fragen stellen.«

»Aber …«

»Hör zu«, zischt sie, »Wir haben zu Abend gegessen. Wir gehen zu Haus von Schwein Gruskin in Irland. Bald wir bekommen schlechten Wind. Ich habe Dinge in Abendessen getan. Wir einzige Leute wach auf Schiff.«

»Dinge?«

»Verlangsamer, Gorilla-Bricks.« Das könnte auch Griechisch sein. Ich verstehe kein Wort.

»Barbituratpillen, Idiot! Männer überall hingefallen.«

An dieser Stelle erschauert das Boot, als es auf eine Welle trifft. Es steigt hoch und fällt wieder runter. Ich höre ein entferntes Knirschen, als es in die nächste Welle eintaucht. Ich sage: »Bist du okay?«

»Ich habe Pillen«, sagt sie, und ich nehme an, dass sie nicht von Stugeron spricht. »Komm«, sagt sie und zieht mich raus auf den Gang.

Auf dem Deck liegt ein Mann mit dem Gesicht nach unten. Etwas läuft aus seinem Kopf aus. Im gedimmten gelben Licht scheint es rot. Ich hoffe, dass es nur Blut ist, aber es sieht klumpig aus. »Ihn hauen mit Feuerlöscher«, sagt Tamara mit dem Stolz einer Künstlerin. In den Wanten kreischt eine Bö. »Windig«, sagt sie. »Komm.«

»Wohin gehen wir?«

»Steuerplatz«, sagt sie. »Du musst fahren Boot.«

Ich folge ihr. Und gebe gern zu, dass ich in der Art nervös bin, wie es jemand wäre, der einem unzuverlässige Guide durch einen Dschungel folgt, in dem es vor Giftschlangen nur so wimmelt. Wir steigen einen Niedergang hoch und gehen durch einen weiteren, breiteren Gang, der mit Teppich ausgelegt ist. Tamara öffnet eine Tür. Ich spähe vorsichtig hindurch. Es ist ein riesiger Salon mit einem Esstisch an seinem achterlichen Ende. Zwei Körper liegen ausgestreckt unter dem Esstisch. Einer davon ist sehr klein. Tamara trippelt zu ihm rüber, pikt ihn mit einem Zeh an und spuckt auf ihn. »Dreckiger Gruskin«, sagt sie. Mich feuert das zusätzlich an. Sie mag mit diesem Mann im Bett gewesen sein, doch das hat sie einander nicht nähergebracht. Eher im Gegenteil, so wie es aussieht. Er scheint zu atmen. Der andere Mann ist sein Butler-Schläger. Auch er atmet und sabbert seitlich aus seinem bösen schlaffen Mund.

Mich kümmern weder Gruskin noch sein Schläger. Aber ich mache mir Sorgen wegen Violentin. Ich frage, wo er ist. »Er hat gegessen viel«, sagt Tamara. »Gierige Schwein. Er gegangen zu Kabine. Sich schläfrig gefühlt, er gesagt. Vielleicht wird sterben. Große Überdosis.«

»Ah«, sage ich. Die Yacht wirft sich in eine Welle und gerät heftig ins Rollen. Irgendwo bricht Glas, und Tamara klammert sich am Marmorkonsolentisch fest. »Jetzt Steuerhaus«, sagt sie.

Wir klettern einen weiteren Niedergang hoch, öffnen die Tür und spähen hinein. Das Steuerhaus ist breit und flach. Das gedimmte Licht stammt von einer Reihe Bildschirme über dem, was vor 20 Jahren noch der Navigationstisch gewesen wäre. Niemand bewegt sich. Beim Steuer stehen zwei große gepolsterte Sessel. In jedem von ihnen sind die dunklen Umrisse eines Körpers zu erkennen. Draußen vor dem Fenster, das von einer Seite des Bootes bis zur anderen reicht, ist nichts als pechschwarze Nacht. Während ich die Tür verschließe, neigt sich das Boot wieder nach unten. Vor uns blüht eine blasse Wolke auf, die einen Schwall Wasser nach achtern schickt, der auf das Panzerglas hämmert. Als die Scheibenwischer es fortgewischt haben, sehe ich im Zentrum der Schwärze die weiße Säule des Hauptmastes.

Die beiden Körper in den Stühlen beim Steuer haben Puls. »Kapitän und Maat«, sagt Tamara hilfreich. »Sehr schlafen.« Wir zerren sie in die Kapitänskabine, verkeilen sie mit Kissen auf dem Bett und gehen zurück ins Steuerhaus. Für einen Moment schaue ich dem Bug dabei zu, wie er sich hebt und senkt. Es ist ein merkwürdiges Gefühl, auf einem total fremden Boot an einer total unbekannten Position aufzuwachen und das Steuer übernehmen zu müssen. Wenn man das aus anderer Perspektive betrachtet, dann ist es allerdings auch nur ein Job. Es zählt allerdings nicht zu meinen Pflichten, Mister Gruskin zu seinem Ferienhaus nach Irland zu bringen. Ihn wünsche ich mir in einer schönen und sicheren Gefängniszelle. Und das Gleiche gilt für Violentin und den Rest der Schlägertruppe.

Doch das Wichtigste zuerst: Ich gehe zu der Bildschirmreihe, stütze mich gegen die heftigen Bootsbewegungen ab und fange an, diverse Knöpfe zu drücken.

Ich sage: »Wie viele Leute haben dein Spezialdinner genossen?«

»Alle«, sagt Tamara und schenkt mir einen langen, unschuldigen Blick. Sie ist tatsächlich eine sehr reizvolle Frau, wenn man einmal davon absieht, dass sie mit so gut wie jedem außer mir ins Bett geht. Doch (so sage ich mir selbst) habe ich mich momentan mit den Bildschirmen und nicht mit Romantik zu befassen. Und davon abgesehen, könnte auch die Eifersucht Antrieb meiner Gedanken gewesen sein.

Der Plotter zeigt das Schiff als kleinen roten Pfeil auf der leeren blauen und bildschirmfüllenden See. Ich zoome raus und sehe jetzt mehr AIS-Symbole auf ihren Kursen weit voraus. Das wird das Verkehrstrennungsgebiet rund um die Scilly-Inseln sein. Wir haben Lizard Point hinter uns gelassen und sind in westnordwestlicher Richtung unterwegs. Die Seven Stones befinden sich irgendwo auf unserer Backbordseite. Die grüne Linie auf dem Plotter endet irgendwo in der Nähe des Hafens von Baltimore in West-Cork, was nach einem guten Ort für ein Feriendomizil klingt.

Der Wetterbildschirm zeigt GRIB-Files. Das ist eine Ansammlung von kleinen Pfeilen mit detailreichen Federn. Je mehr Federn an den Pfeilen hängen, je stärker der Wind. Ein Tief bahnt sich seinen Weg entlang der britischen Südküste und über den Englischen Kanal. Die Dichte seiner Isobaren lässt erahnen, dass es Sturmböen mit sich bringt. Praktisches Wetter für einen Törn nach Irland, wenn man die östlichen Ausläufer bedenkt, die sich aus dem Zentrum des Tiefs heraus entwickeln. Nicht, dass wir auch nur in die Nähe von Gruskins Residenz kommen werden. Es ist an der Zeit, ein vernünftiges Ziel festzulegen, diesen ganzen Horror an die Polizei zu übergeben – und mich selbst gleich mit.

Ich gehe rüber zum Steuer. Es bewegt sich, weil der Autopilot eingeschaltet ist. Ich nehme es in die Hände. Das Rad ist für ein Boot dieser Güte sehr schwergängig. Zu Tamara sage ich: »Was für ein Glück für Gruskin, dass sein Boot gerade in Falmouth war.«

»Nicht Glück«, sagt Tamara. »War in Werft.«

»Werft?«, frage ich.

»Problem mit Maschinen. Schlampige Arbeit von Bootsbauern in Holland. Ist fast brandneu. Schwein Gruskin sagt, sie denken, weil er reich, er auch dumm. Also Ingenieur hatte Unfall mit Beinen in Holland. Die Crew ihn gebracht zu Werft in Falmouth. Aber Falmouth-Werft hat Arbeit noch nicht gestartet.«

Ich werfe einen Blick auf die Bildschirme mit den Daten der Maschinen. Ich überfliege die Daten der elektronischen Steuerung. Alles da, alles korrekt …

Nein. Nicht korrekt.

Die Reste dessen, was Violentin mir in den Körper gejagt hat, haben mir offenbar ein zu sonniges Gemüt verpasst. Das aber hat sich gerade ad hoc verabschiedet. In der untersten rechten Ecke des Bildschirms leuchtet eine Anzeige, die eigentlich grün sein müsste, in Ampelrot.

Der Empfänger für diese Anzeige ist mit einem Sensor an einem Metallzylinder verbunden, der vermutlich hübsch glänzend am Propellerschaft sitzt. Dieser Metallzylinder deckt die Propellerwelle ab, die aus dem heißen und öligen Maschinenraum durch den Rumpf führt und an den großen bronzenen Propellern endet. Innerhalb dieser Abdeckung befindet sich ein wunderbares kleines Universum, in dem sich der Schaft permanent ohne Reibung auf hochwertigen Lagern und Schwingungsdämpfern dreht. Aber nun haben sich Dämonen in dieses kleine Universum eingeschlichen. Es ist meilenwert entfernt vom Idealzustand. Die Lager werden nicht mehr geschmiert. Tief unten am Ende der Propellerbilge schleift Metall auf Metall und heizt das ganze Konstrukt auf. Jede Minute wird dort nun irgendetwas schmelzen. Dann wird sich die Stopfbuchse, die die kalte See von der heißen Luft an der Welle trennt, auflösen.

Ich strecke die Hand schon zum Knopf MASCHINEN STOPP aus. Bevor ich ihn berühre, wird die rote Anzeige schwarz. Der Sensor hat bereits das Notaus ausgelöst. Eine weitere Anzeige wird erst rot, dann schwarz. Und noch eine. Beide sind als BILGEPUMPEN bezeichnet.

Das ist ganz schlecht. Ich sage: »Die holländische Werft hat einen miesen Job gemacht.«

»Ist auch möglich«, sagt Tamara, »dass Mister Yusupov jemand zu Werft geschickt hat, Boot kaputtmachen.«

»Wie meinst du das?«

»Er nicht so zufrieden.«

»Woher weißt du das?«

»Er mir gesagt«, sagt Tamara, »am Telefon. Als ich ihn angerufen, um Pläne von Schwein Gruskin zu erzählen.«

»Ah«, sage ich. Ich bin erfreut zu hören, dass ich bezüglich ihrer wechselnden Loyalitäten recht habe. Doch jetzt gilt es neben Loyalitäten ganz andere Dinge zu bedenken. Wie etwa das Loch, wo eigentlich mein Magen sein sollte. Es ist so groß, dass ich schon fast erwarte, ein Echo zu hören.

Ich drehe am Steuer, um einen Wellenkamm mittig zu nehmen. Das Ruder ist sehr schwergängig. Ich habe den Verdacht, dass es gar nicht mehr ansteuerbar ist. Nicht gut. Während ich mir darüber Gedanken mache, hört das Brummen im Deck auf. Die Maschinen haben gestoppt.

»Was ist?«, sagt Tamara.

Die Lichter gehen aus.

Ich stehe nur da und fühle mich machtlos. Es gibt keine Leinen, an denen man ziehen kann, keine Zahnräder oder Getriebe oder Seilzüge. Alles funktioniert mittels wandernder Elektronen, und davon habe ich keine. Ich sage: »Warte hier.«

Sie sagt: »Nein.«

Wir rennen zur Steuerbordseite der Brücke. Da befindet sich eine Wendeltreppe, die zum Maschinenraum führt. Natürlich unbemannt. Es gibt keine Mechaniker, die das Getriebe schmieren, und keine Ingenieure, die ihre Wissenschaft anwenden. Ich schnappe mir eine Stirnlampe aus dem Werkzeugregal, ziehe sie mir über den Kopf und eile die Treppe hinunter. Sie führt durch ein vertikales Rohr. Als ich runterschaue, setzt mein Herz fast aus. Weit, weit unter mir sehe ich schwarz schimmerndes Wasser.

»Abgesoffen«, sage ich.

»Wie meinst du das«, sagt Tamara über mir.

Sie klettert wieder hoch und ich hinter ihr her. Ich haue die Luke zu und verriegele sie.

»Wassereinbruch«, sage ich. »Das Wasser hat die Maschinen gestoppt und die Elektronik kurzgeschlossen. Da wird es aber wasserdichte Schotten geben.« Ich habe keine Ahnung, ob das der Realität entspricht, vermute eher, dass es nicht der Fall ist. Oder, dass auch die Schotten Opfer der Sabotage geworden sind. Aber es gibt auch keinen Grund, Angst und Schrecken zu verbreiten. »Sie werden sich geschlossen haben.«

»Aber wir haben Segel«, sagt Tamara. Dabei sieht sie das erste Mal, seit ich sie kenne, so aus, als würde sie für diese Aussage eine Rückbestätigung benötigen.

»Ja, das haben wir«, sage ich, ohne sie darauf aufmerksam zu machen, dass diese Yacht fast 50 Meter lang ist und ihre Segel natürlich von kraftvollen Winschen angetrieben werden, deren Hydraulik momentan und auch in absehbarer Zukunft keinen Saft hat.

Nun, da an Bord alles dunkel ist, kann ich Backbord einen blässlichen Lichtstrahl an- und ausgehen sehen. Das dürfte das Feuerschiff von Seven Stones sein – ein ganz schlechter Ort, um ihn auf deiner Leeseite zu haben. Und selbst, wenn wir im vorherrschenden Wind an den Seven Stones vorbeikommen, dann würden wir auf die Scilly-Inseln treiben. Die mögen ein wunderbarer Ort für die Sommerferien sein, sind aber ein äußerst ungeeigneter Ort, um mit einer großen und teuren Yacht voller irrer Männer und Frauen seitlich reinzuhämmern.

Ich sage: »Finde ein funktionierendes Funkgerät, und setze einen Notruf ab. Mayday. Und steuere!« Ich zeige ihr Steuer und Kompass. Sie nickt, wirkt dabei aber auf mich nicht sehr zuversichtlich.

Als ich die Tür des Steuerhauses öffne, haut mich der Wind wie ein nasser Sack fast um. Das Gebrüll der See ist laut und konstant. Im Westen erleuchten die Seven Stones den Himmel. Ich renne über das schöne Teakdeck nach vorn. Es ist ein weiter Weg. Gischt fliegt über die Luvseite, und als ich endlich ankomme, zittere ich. Ich finde den Beschlag für das innere Vorstag. Er läuft durch eine Luke ins Deck. Ich schalte meine Stirnlampe ein und schaue durch die Luke. Da ist eine hydraulische Rollanlage in der Größe einer 20-Liter-Öltonne, aus der ein starkes Kabel in eine Leitung übergeht. Ich leuchte mit meiner Stirnlampe in die fest aufgerollte weiße Wurst von Segel. Wir haben die Wahl, entweder auf die Seven Stones zu treiben oder unter Segeln nach weiß Gott wohin zu driften. Die Seven Stones bestehen aus einem etwa zweieinhalb Quadratkilometer großen Haufen von Granitklumpen, die mitten im Nirgendwo in ihrem nassen Seebett liegen. Das Feuerschiff ist an ihrer nordwestlichen Ecke positioniert. Also, besser Gott als die Seven Stones. Ich finde die Backbordvorsegelschot und folge ihr bis zur riesigen Winsch nach achtern. Natürlich ist es eine elektrische Winsch, aber wir haben ja keine Elektrik. Doch man kann sie auch von Hand betreiben. Es gibt einen großen Coffeegrinder mit zwei Kurbeln daran. Der wird es tun müssen.

Ich gehe zurück ins Steuerhaus.

Das Blinken des Feuers von Seven Stones ist jetzt heller und leuchtet über dem Horizont. Im Lichtstrahl sehe ich Tamaras Gesicht. Sie sieht blass und besorgt aus. Woraus man ihr sicher keinen Vorwurf machen kann. Ich sage: »Hast du den Notruf abgesetzt?«

Ihre Bewegung ist irgendwo zwischen Nicken und Achselzucken einzuordnen. Ich weiß, wie sie sich fühlt. Das Rettungsboot befindet sich 15 Seemeilen entfernt. Ich gehe zurück an Deck und nach vorn zum Vorsegel. Ich öffne die Luke und schiebe mich Hals über Kopf hinein, finde die Notkurbel, stecke sie in das dafür vorgesehene Loch und fange an zu kurbeln. Das aufgerollte Vorsegel fängt an, sich abzurollen. Ich kurbele, bis mein Arm wie Feuer brennt und mir der Schweiß in die Augen tropft. Das Segel ist jetzt ausgerollt und flattert. Es ist nicht sehr weit ausgerollt, doch es reicht bei dieser Windstärke. Ich laufe zurück zur Winsch und lege die Schot in den Selftailer. Dann beginne ich zu kurbeln. Ich habe zwei Gänge. Die sind für zwei kräftige Menschen ausgelegt. Doch ich bin allein und fühle mich ganz und gar nicht stark. Selbst im niedrigeren Gang ist es hart. Als ich das Segel halb geschotet habe, brennen meine Arme so sehr, dass sie den Dienst versagen. Doch das Flattern ist weitgehend gestoppt. Aber so lange sich das Segel nun nicht selbst zerlegt, wird es uns Fahrt durchs Wasser bescheren. Und damit auch die Chance zu steuern. Und tatsächlich ist jetzt ein neues Geräusch zu hören, das sich in den Klang der brechenden Wellenkämme mischt: die Bugwelle.

Ein Lichtstrahl geht übers Deck. Einen kurzen beglückenden Moment lang denke ich, dass es das Rettungsboot ist. Aber es ist nur das harte weiße Licht der Seven Stones, jetzt nur noch eine Seemeile entfernt.

Ich renne zurück zum Steuerhaus. Der glänzende Schweiß in Tamaras Gesicht reflektiert den Lichtstrahl, der übers Deck fegt. Für eine Sekunde erleuchtet er auch das flatternde Dreieck des Segels. Ich übernehme das Steuer und falle ab. Das Flattern hört auf. Wir segeln jetzt genau vor dem Wind. Noch ein bisschen weiter nach Steuerbord, und wir werden rechtwinklig mit dem Feuerschiff kollidieren oder es um ein paar Zentimeter verpassen und in den Felsen zerschellen. Oder ein bisschen weiter nach Backbord, und wir absolvieren eine Patenthalse und enden dann gleichfalls auf den Felsen. Es ist keine Zeit mehr, um das Vorsegel zu halsen. Es wird so gehen müssen. Ich bewege das Steuer um einen Bruchteil. Das Boot ist jetzt tödlich träge, bewegt sich aber langsam weg von diesem harten weißen Auge. Zu weit. Das Vorsegel knallt rüber. Wir eiern, das Vorsegel steht back, und der Wind drückt uns in Richtung Felsen.

Ich muss wieder etwas abfallen. Mit einem Knall füllt sich das Segel wieder. Und wir schießen vorwärts, jagen eine Welle runter. Die schwarzen Umrisse des Feuerschiffs sind jetzt direkt an Steuerbordbug in ihrem eigenen Licht zu erkennen. Noch eine Welle. Vor uns brechen die Kämme. Nicht, weil sie so steil sind, sondern weil sie von den messerscharfen Kanten der Granitfelsen aufgehalten werden, die dort aus dem Meer ragen.

Noch eine Welle. Diese lässt das Vorschiff abtauchen, als wenn unter uns nur sehr wenig Wasser ist und die Welle wie Brandung an einem Strand brechen würde. Das Steuer will sich mir entreißen, um erneut eine Patenthalse zu fahren und uns auf die Steine zu setzen. Ich greife in die Speichen. Das nächste Aufleuchten des Lichtkegels zeigt, wie das Segel einfällt. Als will es wieder halsen. Doch es darf nicht halsen, denn knapp 20 Meter von der Steuerbordreling entfernt befindet sich ein Feld aus Gischt, dessen Getöse und Gebrüll bis zu uns ins Steuerhaus hinein zu hören ist. Wieder eine Welle, so steil, dass die Bugspitze zur Talsohle eines riesigen Berges aus Deck mutiert und sich auf beiden Seiten des Rumpfes rauschende weiße Gischtflügel ausbreiten. Das Licht streift uns wieder und malt seltsame graue Mondbögen in die Gischt. Jetzt kommen die Brecher nicht mehr von vorn, sondern prallen auf den Steuerbordbug. Dann hebt uns eine neue Welle hoch, lässt uns vorwärtsschießen, und plötzlich ist das Feuerschiff nicht mehr querab, sondern achteraus. Genauso wie das schreckliche Schaumfeld mit dem weißen Wasser. Das rotierende weiße Licht erleuchtet Tamaras Gesicht im Profil, die nach vorn auf Tausende wunderschöne Hektar rollende schwarze See blickt.

Ich sage: »Wann kommt das verdammte Rettungsboot endlich?«

»Nicht«, sagt Tamara, ohne mich dabei anzusehen.

»Ich sage: »Was meinst du damit?«

»Kein Funk.«

»Es muss ein Funkgerät geben.«

»Da war Funkgerät. Ich zerstört.«

Das Boot rollt. Ich sehe das Segel im Lichtkegel des Feuerschiffs. »Du machst Witze?«

»Ich nicht scherzen. Ich will nicht Rettungsboot.«

Ich sage: »Wir befinden uns, lass mich nachdenken, etwa eine Stunde von den Scillies entfernt. Da gibt es eine Menge schrecklicher Felsen. Mit dem aktuellen Wind haben wir keine Chance, ihnen auszuweichen. Das Schiff wird als Wrack enden, und wir werden ertrinken. Wir alle.«

»Nein«, sagt sie, »ich habe Vertrauen.«

»In was?«

»In dich.«

Nun, das ist ein charmantes Kompliment, allerdings an der falschen Stelle. Auch entbehrt es mit Blick auf die Tatsachen jeder vernünftigen Grundlage. So ruhig wie möglich sage ich: »Wir werden noch ein Funkgerät finden. Wir werden das Rettungsboot rufen. Das sind geniale Leute. Sie werden kommen und uns helfen.«

»Du bist also Feigling.«

»Okay, ich bin ein Feigling«, sage ich, weil es nicht der passende Augenblick für eine Auseinandersetzung ist. »Und jetzt sag mir, wo das Funkgerät ist.«

Die PUSHKIN ist eine Yacht von der Größe, auf der ein Skipper mit seiner Crew via Funk kommuniziert. Es wird mehr als nur ein Ersatzgerät geben. Ich finde eine ganze Schublade voll, wähle eins mit vollen Batterien und aktiviere den Notfallknopf. Die Antwort der Dame von der Küstenwache ist schwach zu hören, aber sie kommt. Ich gebe ihr unsere Position so präzise wie möglich durch, und sie bittet mich, die Daten noch einmal zu wiederholen, weil sie mich nicht verstehen konnte. Ich sage ihr: »Westsüdwest von den Seven Stones, machen Wasser, Elektrik ausgefallen.« Sie bittet mich, auf Standby zu bleiben. Ich halte den Bug im Wind, während das Stagsegel wie wild knattert. Es gibt keine Chance mehr, es jetzt noch zu bergen. Das Rettungsboot von St. Mary's ist ein prächtiges Exemplar mit mutiger und fähiger Crew. Außerdem wird es binnen einer halben Stunde von Helikoptern nur so wimmeln. Alles, was wir jetzt noch tun können, ist durchhalten und das Beste hoffen. Was mir ein seltsam friedliches Gefühl beschert.

Das allerdings hält nicht lange an. Die Tür des Steuerhauses öffnet sich, und etwas Großes kriecht auf der Flucht vor Wind und Regen herein und zieht sich an den Handläufen der Radarkonsole hoch. Violentin.

19

Aber es ist nicht Violentin, wie wir ihn kennen. Das hier ist ein Violentin, den die starken Drogen definitiv noch fest im Griff haben. Er lässt sich in einen der gepolsterten Stühle fallen. Tamara schiebt mir einen schwarzen Klumpen zu. Ich nehme ihn. Es ist eine Pistole. »Töte ihn«, sagt sie.

Ich sage: »Sei nicht albern.«

»Dann er wird dich töten«, sagt sie. »Ich gehe Leute checken.« Sie verlässt das Steuerhaus. Was immer sie vorhat, scheint ihrer Courage ausnehmend gutzutun. Vielleicht ist es aber auch einfach nur Einfältigkeit.

Vom Stuhl erklingt Violentins kryptische Stimme: »Böse Frau.«

»Nicht so böse wie du«, sage ich.

»Du verletzt mich, wenn du das sagst«, sagt Violentin und reibt sich die Augen.

»Sagt der gedungene Mörder.«

»Aber sie ist Mörderin ohne Geld.«

»Das glaube ich dir nicht.«

»Dann du solltest diese kleine baltische Männer fragen, wer Mörder von Mister Winstanley auf Insel.«

»Was?«

»Tamara hat ihn erschossen. Sie mochte ihn nicht. Ist bekannte Sache. Du haben Sex mit Tamara, und sie dich erschießen. Kannst du prüfen.«

Ich sage: »Sei nicht albern.«

»Sie schon mit dir gefickt?«, sagt Violentin und scheint dann wieder für ein, zwei Sekunden einzuschlafen. »Nein? Dann fick sie, und finde raus.«

Das Boot segelt jetzt quer zur See und rollt schrecklich. Ich frage mich, ob eine kurze Episode in einem Schlafsack zum Zweck der Heilung von Hypothermie als Sex bezeichnet werden kann. Ich verkneife es mir, das genauer zu überprüfen, weil ich ja schon für mich festgelegt habe, dass es nicht der richtige Augenblick für eine Auseinandersetzung mit Tamara oder nun auch mit Violentin ist, der sowieso schon wieder schnarcht. Allerdings beschleicht mich der Gedanke, dass Tamara durchaus manchmal eine nervenaufreibende und unerbittliche Seite hat.

Plötzlich dringen durch das Getöse von Wind und Meer Schreie zu uns. Ich gehe zum Absatz der Treppe, die in den Salon führt. Als der Lichtstrahl der Seven Stones über die großen Panoramafenster streift, sehe ich Tamara mit dem Rücken zum Schott stehen. Und Gruskin, der auf sie zukommt. Er wankt, entweder weil die Wirkung der Pillen noch anhält, oder weil das Schiff so rollt. Es sieht so aus, als hätte er geschnallt, dass Tamara ihn und die Crew unter Drogen gesetzt hat und ihm gegenüber nicht wohlgesinnt ist, denn in seiner Hand hält er ein großes Küchenmesser.

Ich schreie: »Fallenlassen!« Er schaut zu mir, dann wieder zu Tamara und geht weiter. Er hält das Messer tief. Der nächste Lichtstrahl des Feuerschiffs lässt die scharfe Schneide des Messers aufblitzen. Ich erinnere mich daran, dass ich Tamaras Automatik in Händen halte. Ich entsichere sie, nehme den Lauf hoch und schieße ihm mitten durch den Kopf.

Vor der Geräuschkulisse der tosenden See klingt der Knall der Waffe stumpf und unbedeutend. Er fällt seitwärts hin und bleibt liegen. Tamara nimmt ihre Hände vors Gesicht. Dann stürzt sie sich auf den an Deck liegenden Körper, stößt wüste Beschimpfungen in der einen oder anderen Sprache aus und beginnt damit, irgendetwas mit ihm zu tun, was ich nicht sehen kann. Vielleicht boxt sie auf den Leichnam ein. Ihre rechte Schulter bewegt sich dabei mit grausamer Intensität auf und ab.

Mir ist völlig egal, was genau sie da macht. Denn in mir reift gerade die Erkenntnis, dass ich einen weiteren Mann getötet habe. Ich fange an zu zittern. Mir wird so übel, dass ich mich tatsächlich auf der Treppe übergebe. Als ich zurückkomme, sitzt Violentin immer noch schlafend auf dem Stuhl des Kapitäns. Ich setze mich auf den anderen Stuhl und nehme mir vor, ihn zu beobachten. In Wirklichkeit aber bin ich so schockiert, dass ich nicht einmal einen Schritt tun könnte, wenn mich jemand dafür bezahlen würde. Nach etwa fünf Minuten erscheint Tamara in der Tür des Steuerhauses. Sie hat irgendwo eine Stirnlampe gefunden und hält eine Plastiktüte in Händen, in der sich vermutlich ihre wichtigsten Besitztümer befinden. »Jetzt wir gehen«, sagt sie.

»Jetzt bleiben wir hier«, sage ich.

»Was immer du möchtest«, sagt sie und klingt glücklich. »Du hast mein Leben gerettet.« Sie bückt sich und küsst mich mit warmen weichen Lippen. Das fühlt sich sogar auf einem Todesboot im Sturm auf Legerwall wunderbar an. »Jetzt«, sagt Tamara, die wieder in sachlichen Tonfall verfällt, »hilf mir kleines Schwein in Meer zu werfen. Ich habe ihn eingewickelt in Tischtuch.«

Die Aussage bedarf einer Analyse. Wenn das Rettungsboot kommt und einen Oligarchen mit einer Kugel im Kopf findet, dann wird das eine Menge Fragen aufwerfen. Es ergibt also Sinn, ihn loszuwerden. Natürlich werden wir damit eine Reihe strafbarer Handlungen begehen. Vielleicht so etwas wie eine widerrechtliche Beerdigung? Doch das ist besser als Mord. Und mit etwas Glück wird es wird ohnehin niemand herausfinden.

Als mir diese Gedanken durch den Kopf gehen, stehen wir schon an der Reling. Ich halte das kleine Paket im Tischtuch an den Fußknöcheln, und Tamara hält den Kopf. Wir stemmen Mister Gruskin auf den Handlauf und rollen ihn ins Meer. Da geht er hin mit einem letzten Planschen, das das Wasser an der Bordseite weiß hochschießen lässt. Tamara schmeißt ihm die Waffe hinterher. »Den sind wir los«, sagt Tamara.

Dann höre ich ein neues Geräusch hinter mir. Ich schaue mich um und sehe, wie etwas Großes und Schwarzes auf mich zustürmt. Das Etwas hat einen Kopf, der im grauen Licht der Dämmerung matt glänzt wie eine Billardkugel. Das Etwas schwingt seinen riesigen Arm in meine Richtung, ist aber unter Drogen langsam genug, dass ich mich aus der Schlagdistanz flüchten kann. Wäre mir das nicht gelungen, hätte er mir sicher den Kopf abgeschlagen. Ich bekomme trotzdem einen Schlag in die Rippen ab und gehe zu Boden. Die bedrohliche Gestalt tritt nach mir. Doch sie ist langsam, so langsam. Beim Wegrollen wird mir klar, dass die Gestalt Violentin ist, in dem die Schlafmittel immer noch arbeiten müssen. Denn sonst wäre ich längst tot.

Ich schlittere das Deck runter, bis ich mit einem Knall auf einer kleinen Winsch lande. Es ist eine manuelle Winsch. Während ich um Atemluft ringe, kommt mir der Gedanke, dass manuelle Winschen Winschkurbeln haben und diese meist ganz in der Nähe aufbewahrt werden.

Ich durchstöbere die nähere Umgebung, bis meine Finger etwas Loses, Schweres und Metallisches umschließen. Als die gigantische Gestalt schwerfällig auf mich zugerumpelt kommt, um einen weiteren Elfer zu schießen, schlage ich mit der Kurbel kraftvoll dorthin, wo ich seine rechte Kniescheibe vermute. Ich höre etwas ploppen. Er hält an und fällt seitwärts, als sein rechtes Bein nachgibt. Was ihn auf die Reling befördert. Ich kann sein intaktes Bein packen und daran ziehen. Zu meiner totalen Überraschung gibt er etwas von sich, dass ein Schluchzer sein könnte. Dann stürzt er über Bord und fällt ins Meer.

Ich bleibe wer weiß wie lange an den Speigatten stehen, warte, dass der Schmerz in meiner Seite nachlässt, und beobachte, wie sich die leeren schwarzen Wellen heben. Von Leichen keine Spur. Die Tide wird sie nach Norden mitnehmen. Vielleicht werden sie irgendwo an Land gespült, vielleicht auch nicht. Im Moment interessiert mich nur die Tatsache, dass sie verschwunden sind.

Schließlich komme ich wieder auf die Füße.

In westlicher Richtung ist in beängstigend geringer Distanz etwas Großes und Weißes zu sehen, das kommt und geht: Es sind die Wellenbrecher an der Granitküste von St. Martin's, der östlichsten aller bewohnten Scilly-Inseln. Von oben ertönt lautes Geknatter. Dann erscheint ein Licht so hell wie die Sonne: die Search-and-Rescue-Helikopter der Royal Air Force Culdrose.

Es gibt viel zu tun.

Wir zerren die Crew und die Schläger an Deck und legen sie wie tote Makrelen aus. Der Mann an der Winde hat keine Fragen außer jenen, die bei der Rettung von Leben auf See eine Rolle spielen. Er zieht die Körper hoch. Tamara geht als Letzte, und der Helikopter knattert wieder in die Nacht. Das Rettungsboot kommt längsseits. Ich helfe dabei, die Schleppleine mit der Yacht zu verbinden. Dann gehe ich für den langen kalten Schlepp hinein in den Hafen von St. Mary's ans Steuer. Der Mann vom Rettungsboot bleibt bei mir. »Schwierige Situation«, sagt er.

Er hat ja keine Ahnung.

»Sind Sie der Skipper?«, fragt er.

»Nein«, sage ich. »Passagier.«

»Ah.« Er ist ein freundlicher und sehr höflicher Mann, der vor Neugier beinahe platzt. Dabei hat er den zertrümmerten Salon und die große Blutlache von Gruskin an Deck noch gar nicht gesehen. Gott sei Dank weiß er nichts von den beiden Leichen, die – eine sehr groß und mit einer gespaltenen Kniescheibe, die andere klein und mit einer Kugel im Kopf – mit der Flut nach Norden treiben. »Nehme an, dass der Eigner nicht gerade erfreut sein wird«, sagt der Mann vom Rettungsboot.

»Oh, ich weiß nicht«, sage ich. »Ich glaube nicht, dass es ihn interessiert.« Dann fange ich an zu lachen und kann damit nicht mehr aufhören.

Die Dämmerung hat schon eingesetzt, als wir in den Hafen von St. Mary's einlaufen. Ganz offensichtlich haben die Telefondrähte in der Zwischenzeit geglüht. Ich gebe meine Aussage bei einem Polizeibeamten im Hafenbüro zu Protokoll. Die Epidemie an Bord begründe ich mit einer Lebensmittelvergiftung. Der Eigner sei, so erzähle ich ihm, über Bord gegangen, als er sich über der Reling erbrochen habe. Ich sehe, dass man mir das nicht abkauft. Ich werde höflich aufgefordert, mich auf die nicht genauer definierten Qualen eines Arrests vorzubereiten. So sagt man mir das natürlich nicht ganz, aber die Drohung steht im Raum. Nachdem die Befragung beendet ist, treffe ich draußen auf den Skipper der Yacht und seinen Maat. Sie sind offensichtlich mit dem Helikopter vom Festland herübergebracht worden, der nun auf dem Inselflugplatz auf mich wartet. Ich frage sie, ob sie sich etwas erholt haben. Das bejahen sie. Beide sind Deutsche, die nur wenig Englisch sprechen. Ich ahne, dass sie der Polizei von St. Mary's ein mehrstündiges Unterhaltungsprogramm bieten werden. Ich drücke ihnen zum Beinaheverlust ihres Bootes und auch zur Lebensmittelvergiftung mein Mitgefühl aus. Sie sehen noch ein wenig benommen aus, nicken aber. Ihre Augen wandern über die an ihren Mooringbojen schaukelnden Hummerboote und Fahrtenyachten bis zum halb abgesoffenen Wrack ihrer schönen Ketsch, die jetzt das Wasser aus den Pumpen der Rettungsboote ausspuckt. Das Büro von Mister Gruskin habe sie angewiesen, sich um die Angelegenheit zu kümmern, solange die Suche nach ihrem Boss andauert. Ich nicke mit feierlicher Miene. Jemand fragt mich, ob ich irgendwelches Gepäck habe. Ich verneine. Dann nehme ich ein Taxi zum Flugfeld, bevor man mich hier noch einsperrt, und klettere in den Helikopter.

Ich frage: »Wo fliegen wir hin?«

»Besuch bei Miss Ulanova«, sagt der Pilot und meint damit vermutlich Tamara. Er verschwindet unter seinem Headset, hebt ab und nimmt Kurs aufs Festland. Es ist gar nicht so leicht, an Bord einer R44 Raven einzuschlafen, aber mir gelingt es mühelos. Ich habe schreckliche Träume von gigantischen Wellen. Der Pilot weckt mich, indem er mir mit der Faust aufs Knie schlägt, und zeigt durch die Plexiglasnase nach draußen. Ich sehe die Flussmündung des Camel, der sich von dort ins grüne Landesinnere schlängelt. Auch den Hafen von Padstow und auf der anderen Uferseite Trebothnan Down und die glanzvollen Ausläufer von Stone. »Nein!«, sage ich.

Der Pilot setzt mir ein Headset auf und sagt: »Anweisung.«

Ich habe genug von Gruskin und seinen Machenschaften. Warum fliegen wir zurück zu seinem Haus? Ich bin verwirrt und verstehe das nicht. Während ich anhaltend daran scheitere, es zu verstehen, vollführt der Helikopter auf halber Höhe so etwas wie eine Wende mit angezogener Handbremse und landet im Garten des grünen Glasbungalows des verstorbenen Mister Gruskin, der nicht zufällig die richtige Größe für einen einmotorigen Helikopter hat. Der Pilot öffnet die Tür. Ich stolpere raus. Er winkt noch, hebt wieder ab in Richtung Himmel, wo er einem anderen Helikopter ausweichen muss, der die nächsten Gäste mit Sehnsucht nach dem einfachen Leben in Cornwall bringt.

Frisch und strahlend kommt Tamara aus dem Haus. Sie trägt ein sauberes Hemd, Jeans und Cowboystiefel, als würde ihr das Anwesen gehören. »Darling!«, schreit sie und umarmt mich.

Etwas benommen umarme ich sie auch. Dann erinnere ich mich daran, was Violentin über das übliche Schicksal ihrer Liebhaber gesagt hat, befreie mich sicherheitshalber und sage: »Kannst du mir mal bitte sagen, was hier los ist?«

»Erst essen«, sagt sie. Wir gehen ins Haus. Unsere Schritte erzeugen in der Marmorhalle ein Echo. Es gibt keinerlei Geräusche, die sonst in einem von Menschen bewohnten Haus zu hören sind. »Wo sind die denn alle?«

»Das kleine Mädchen ist wieder in der Schule. Die Bediensteten sind weg. Wir sind alleine, Darling.«

»Ah.«

Sie führt mich in die Küche und macht den Kühlschrank auf. »Möchtest du etwas Kaviar?«

»Wie steht's mit Speck und Eiern?«

»Bauer.« Sie wirft ein paar Speckscheiben in eine Pfanne, scheint sich hier gut auszukennen. »Jetzt«, sagt sie, »nächste Schritt von Reise.«

Sie zieht einen Laptop zu sich heran, presst ihren Finger auf ein Erkennungs-Pad, tippt eine Reihe von Nummern ein und geht in den Nebenraum. In der Reflexion im Fenster sehe ich, dass ein großes Gemälde an der Wand aufschwingt und den Blick auf einen offenen Safe freigibt. Ich sehe, wie sie einen Stapel Papiere und zwei dicke Bündel Banknoten rausnimmt und alles in eine Tasche steckt. Dann kommt sie zurück.

Ich wende den Speck. »Wie hast du das hinbekommen?«, sage ich. »Ich meine, das mit dem Safe.«

Sie lächelt mich fröhlich an. »Ein Mädchen muss haben seine Geheimnisse«, sagt sie.

»Aber das sind Gruskins Geheimnisse.«

Sie zuckt mit den Achseln. »Waren. Ich brauchte seine Hilfe. Also er mir reichen Hand.«

»Einfach so?«

Sie zuckt erneut die Achseln. »Er sehr wollen mit mir ficken.«

»Oh.« Jetzt steigt mir der Speckduft in die Nase. Ich esse ihn. Danach sagt sie: »Ich bin müde. Willst du dich hinlegen?«

Ich sage: »Ja.«

»Komm«, sagt sie und will mich zu dem Schlafzimmer bringen, in dem ich sie mit Gruskin gesehen habe.

»Nicht da«, sage ich, während ich auf das runde Bett mit seinem schwarzen Satinlaken schaue.

Sie lacht. Irgendwie hat sie sich verändert. Sie wirkt locker, frei und glücklich. Ihre Augen strahlen, und ihrem Lachen nach scheint sie sich wirklich blendend zu amüsieren. »Du bist romantisch«, sagt sie.

»Ein lebenslanges Versagen«, antworte ich. Oder etwas Ähnliches mit dem gleichen Effekt. Aber in Wirklichkeit denke ich schon wieder daran, was Violentin über die fatalen Konsequenzen gesagt hat, wenn man mit ihr ins Bett geht.

Wir finden ein anderes Schlafzimmer. Dieses verfügt über ein normales rechteckiges Doppelbett. Ich lasse mich drauffallen und sie sich auf mich. »Das ist sehr gut«, sagt sie und kickt ihre Stiefel weg. »Für Freude und Glück, nicht Business.«

»Wenn du dir da sicher bist«, sage ich.

Dem entsprechend, was danach passiert, ist sie es.

Später wache ich mit ihrem Kopf auf meiner Schulter auf. Das Telefon klingelt. Sie greift rüber und nimmt ab. »Ja«, sagt sie. Dann reicht sie es mir. »Für dich.«

Ich halte es mir ans Ohr. »Ja?«, sage ich schlapp.

»Guten Tag«, sagt die Stimme von Charles. Sie klingt dünn und kalt. Offensichtlich wünscht er mir ganz und gar keinen guten Tag. »Wo ist Mister Gruskin?«

»Wir hatten Schiffbruch«, sage ich. »Er ist auf See verschollen.«

»Ah«, sagt Charles und scheint zumindest nicht hörbar beunruhigt. »Wann war das?«

»Letzte Nacht.«

»Wer also«, sagt Charles, »hat den ganzen Morgen lang seine Passwörter geändert und seine Konten leergeräumt?«

»Keine Ahnung«, sage ich, während ich Tamara anschaue, die friedlich auf dem Kopfkissen neben meinem schläft.

»Dann solltest du dich besser anstrengen, das herauszufinden«, sagt er. »Denn darüber sind eine ganze Reihe von Leuten überhaupt nicht erfreut.«

»Zum Beispiel wer?«

»Zum Beispiel ich.« Er übt sich leidenschaftlich gern in Selbstdisziplin, dieser Charles. Doch an diesem Punkt scheint ihm die Sicherung durchzubrennen. »Mister Gruskin war ein hochgeschätzter Geschäftspartner. Und es gab da ein paar Container mit Whisky, wie du dich vielleicht erinnerst. Die sind in dem Moment in meiner Scheune eingetroffen, als massenweise verdammte Polizisten auftauchten und sie konfisziert haben. Ich habe den ganzen Morgen auf der verdammten Polizeistation verbracht«, schäumt Charles. »Ich mag keine verdammten Polizeistationen.«

»Nun«, sage ich, »wenn du meinen Rat annehmen möchtest: Gewöhne dich besser an sie. Vielleicht beschützen sie dich ja auch vor Mister Yusupov, der, so vermute ich, nicht besonders begeistert davon ist, wenn seine Angestellten inmitten eines Deals die Seiten wechseln.« Ich beende das Gespräch. Dann sage ich zu Tamara: »Du also übernimmst die Geschäfte von Gruskin?«

»Nur ein paar davon.«

»Aber wie?«

»Habe ich dir gesagt. Er mir Hand gegeben.« Sie lacht vergnügt.

»Und du hast Charles die Polizei auf den Hals geschickt, damit sie nach dem Whisky schauen?«

Sie öffnet ihre Augen. Sie sind groß, blau und unschuldig. »Habe ich«, sagt sie. »Ich seine Adresse in Schwein Gruskins Papiere gefunden. Er war nicht nett zu uns. Also dachte ich, ich bin nicht nett zu ihm. Außerdem ich will legitime Business führen, nicht Annahme von gestohlene Güter. Hätte keine der Probleme gegeben, wenn Gruskin wäre geblieben in legitime Business wie Zerstörung von Reputation von Schifffahrtslinie seine Rivalen.« Sie schüttelt ihren Kopf, eher bedauernd als verärgert. »Er war gieriger Mann.« Dann lächelt sie. Es ist ein schönes Lächeln von roten Lippen und weißen Zähnen, erfüllt von Freude und Zuneigung. »Sehr wahr.«

Ich sage: »Wir hauen hier jetzt besser ab, bevor die Polizei kommt.«

»Ich habe Erlaubnis zu bleiben«, sagt Tamara. »Schwein Gruskin mich sehr mögen. Obwohl er nicht wusste, er wird sterben.«

Ich versuche es mit einem Lächeln. Ich denke, dass es mir gelingt. Ich sage: »Der englischen Polizei wird das egal sein. Sie wollen mir eine ganze Menge Fragen stellen. Und wenn Mister Gruskin mit einer Kugel im Kopf auftaucht, dann werden es noch mehr. Sie werden wissen, dass ich hier bin, weil Charles es ihnen sagen wird. Also sollten wir abhauen.«

Sie schmollt ein bisschen. »Also keine Ferien in Cornwall?«

Ich sage: »Ich habe auch ein Problem mit Mister Yusupov. Aber ich will keinen Ärger mit Mister Yusupov, weil er ein harter Hund ist. Die einzige Möglichkeit, dass ich auch weiterhin auf demselben Planeten leben kann wie er, ist ein Treffen. Ich muss ihn sehen und alles klarstellen.«

»Du meinst er zuhören?«

»Hast du eine bessere Idee?«

Sie denkt darüber nach. Ich habe das seltsame Gefühl, dass sie zum gleichen Schluss kommt wie ich. Allerdings auf anderem Weg. »Also gut«, sagt sie. »Aber es wird dich nicht machen glücklich.«

»Warum nicht?«

»Weil er und ich haben … spezielle Beziehung.«

»Liebe?«

Sie lacht kurz und hart. »Business«, sagt sie.

Ich sage: »Wie deine Business-Arrangements mit Mister Winstanley und Mister Gruskin?« Sie mögen nun denken, dass es albern ist, so etwas zu sagen, eifersüchtig und kleinkariert. Und Sie hätten recht. Aber ich hatte ja schon erwähnt, dass ich mich mehr als nur etwas zu Tamara hingezogen fühle. Und dieses Gefühl wird stärker.

Aus dem Augenwinkel blickt sie zu mir rüber. »Vielleicht«, sagt sie.

»Wo können wir ihn finden?«

»Holland.« Die Antwort kommt schnell. Als hat sie den Plan bereits in der Tasche und schießt ihn jetzt aus der Hüfte. Aber darüber denke ich in diesem Moment nicht nach.

Eine Stunde später sind wir weg.

20

Natürlich läuft es nicht nach Plan. Das fängt schon mit den Pässen an. Tamara hat ihren, aber meiner ist sonst wo. Vielleicht irgendwo im fernen Schottland, ich weiß es nicht mehr genau. Ich rufe Morag im Pub an und bitte sie, für mich nachzusehen. Sie ist nicht gerade begeistert, ruft mich aber eine Stunde später an und sagt, dass sie ihn gefunden hat. Außerdem erzählt sie mir, dass die Polizei da gewesen ist, jedoch keine Auskunft darüber gegeben hat, wonach genau sie gesucht hat; und Georgie sei da gewesen, er habe die Fenster des Caravans eingeschmissen und den Computer ins Meer gefeuert. Ich schließe daraus, dass mein Leben in Schottland in jeder Hinsicht beendet zu sein scheint.

Ich bitte Morag, meinen Pass per Express über Nacht an meine Freundin Doris auf ihrem Kahn auf der Orwell zu schicken. Für alle, die es vielleicht nicht wissen: Der Orwell ist ein bildschöner, wenn auch etwas schlammiger Fluss in der Nähe von Harwich. Wir nehmen etwas Geld, von dem ich annehme, dass es Teil von Tamaras Beute aus Gruskins Safe ist, und bestellen uns einen Helikopter nach Exeter. Dort mieten wir uns ein Auto und steigen in einem Hotel in Oxford ab. Am nächsten Tag setzen wir unsere Fahrt an die Ostküste fort. Doris sitzt in ihrem Steuerhaus und malt ein Aquarell von einer Gans, als ich an ihr Fenster klopfe. Sie bittet mich an Bord und schaut an mir vorbei zum Auto. Tamara hat darauf bestanden, dass wir einen großen neuen Mercedes nehmen. Doris zieht eine ihrer mit Farbe bekleckerten Augenbrauen hoch. Nachdem sie mir den

Pass gegeben hat, fahren wir weiter nach Harwich, geben das Auto dort ab und besteigen die Hook-of-Holland-Fähre als Fußgänger.

Ich frage Tamara, warum wir nicht fliegen. Sie sagt: »Ich liebe Seereise mit Picknick.« Angesichts ihrer Neigung zur Seekrankheit kann das nur eine Lüge sein. Andererseits hat sie eine Kühltasche bei sich, aus der verheißungsvoll das Ende eines französischen Baguettes herausragt. »Möchtest du ein Sandwich?«

»Nein, danke«, sage ich höflich, aber bestimmt. Je besser ich sie kenne, je weniger kann ich mir einen Reim auf sie machen. Doch – zumindest für den Moment – scheinen wir aus dem Gröbsten raus zu sein. Und davon hatten wir in letzter Zeit so viel, dass ich diese kleine Pause zu schätzen weiß. Ich lehne mich zurück und widme mich dem Kreuzworträtsel der *Times*, werde aber von einem Artikel auf Seite fünf abgelenkt. Es ist ein Bericht über eine vor den Scilly-Inseln gesunkene Superyacht. Offenbar hatte man sie in den Hafen von St. Mary's geschleppt. Von zwei Leuten aber fehlt jede Spur. Leichen hat man bislang nicht gefunden. Eine absolut schockierende Geschichte, sagt der Normalbürger in mir. Doch der Teil von mir, der die beiden Körper über Bord geworfen hat, registriert erleichtert, dass die Angelegenheit zu meinen Gunsten läuft. Eine hässliche Frage allerdings setzt mir zu: Wie hatte ich diesen Zustand der moralischen Verderbtheit erreichen können, in dem ich gleichzeitig entspannt, glücklich und ein Mörder bin?

Es war ganz leicht gewesen. Schritt für Schritt. Es ging ja immer nur bergab. Früher einmal hätte ich das alles mit Whisky runtergespült. Die Option aber gibt es jetzt nicht mehr, obwohl sie (so empfinde ich es mit einem plötzlichen Anflug von Begierde) sehr verlockend ist.

Vielleicht ist es die auf solche Gedanken verschwendete Zeit, die mich eine sehr große Person übersehen lässt, die mit einer fast bis auf die abgeflachte Nase heruntergezogenen ungewöhnlichen Pelzmütze die Gangway der Fähre hinaufhumpelt und gerade noch an Bord kommt, bevor der Aufgang geschlossen wird. Ich bekomme nichts davon mit, weil mich tiefgehende ethische Fragen in den Bann gezogen haben. Was all jene bestätigen mag, die eine Auseinandersetzung mit der Ethik ohnehin für reine Zeitverschwendung halten. Diejenigen würden sagen, dass der Sinn des Lebens die Selbsterhaltung ist und alles andere nur davon ablenkt.

Egal.

Wir verlassen die Fähre in Hoek van Holland, holen den von Tamara gemieteten Leihwagen ab und fahren nach Amsterdam, wo wir in einem sehr attraktiven Hotel einchecken, in dem das Gegröle britischer Junggesellenabschiede nur schwach zu uns herüberdringt. Am nächsten Morgen führt sie ein weiteres Telefonat, dreht sich dann im Bett fröhlich zu mir um und sagt: »Heute gehen wir zu Königlich Niederländische Yacht Club. Ich bin aufgeregt. Du?« Sie beugt sich zu mir rüber und küsst mich. Natürlich küsse ich sie auch, und eins führt zum anderen. Als ich später immer noch im Bett liege, kreisen meine Gedanken um das erneute Zusammentreffen mit Mister Yusupov. Es dürfte interessant werden. Es gibt da ein paar Dinge zu klären: etwa unsere eher ungewöhnliche Abreise aus Monte Carlo. Und Tamara hat das Ganze nicht eben besser gemacht. Tatsächlich bin ich mir gar nicht sicher, dass ich wirklich alles wieder ins Lot bringen kann. Aber sie scheint mit ihrem neuen sonnigen Optimismus zu glauben, dass alles möglich ist. Also werde ich sie begleiten, um auch weiterhin ihre Gesellschaft zu genießen. Und um mich um sie zu kümmern.

Ich sage: »Tamara?«

Sie sitzt aufrecht im Bett und trinkt Kaffee. Sie schaut mich mit Augen an, in denen sich treue Ergebenheit und eine gewisse Unaufrichtigkeit miteinander zu mischen scheinen. »Gavin?«

»Wenn du Mister Yusupov triffst«, sage ich, »dann wird er nicht zufrieden mit dir sein. Du warst bei der Entführung dabei.«

Mit einer grazilen Bewegung setzt sie ihre Tasse auf der Untertasse ab und schenkt mir ein strahlendes Lächeln: »Du bist so unschuldig.«

Das ist ein Begriff, den ich zur Beschreibung meiner Person aktuell nicht benutzen würde. Eher mörderisch. Und sicher tückisch. Und natürlich besorgt. Aber unschuldig? Nein.

»Du solltest dich fragen«, sagt sie, »habe ich bei Kidnapping gearbeitet für Gruskin?«

»Du meinst, das hast du nicht getan?«

»Wie kannst du fragen mich diese Frage? Ich habe in Schottland dein Leben gerettet.«

Ich mag unfair sein, aber das ist keine Antwort auf meine Frage.

»Wenn wir Mister Yusupov treffen«, sagt sie, »du wirst rausfinden Wahrheit.«

Ich hasse unbeantwortete Fragen. Insbesondere dann, wenn sie Auswirkungen auf meine persönliche Sicherheit haben. Doch Tamara hat sich als Sonderfall erwiesen. Was bleibt, ist ein unsicherer Gavin Chance, der den gemieteten Mercedes (Tamara scheint keine andere Automarke zu kennen) aus Amsterdam raus und in Richtung der charmanten kleinen Stadt Muiden steuert.

Irgendwann verschwinden die Hochhäuser der Amsterdamer Vororte und machen einer Welt Platz, die Vermeer sofort wiedererkannt hätte. Wir fahren durch eine schmale Straße mit kleinen Häusern unter großen Dächern und erreichen schließlich ein langes Holzgebäude mit einer Terrasse mit Blick auf das trübe Wasser des IJsselmeeres. Im Hintergrund sorgen klappernde Fallen für die typischen Hafengeräusche. An einem hübschen weißen Mast flattert die niederländische Trikolore. Fettarschige Lemsteraaks und Botters prägen die Kulisse auf See. Jemand hatte mir mal erzählt, dass der Königlich Niederländische Yacht Club zu den schicken Adressen zählt.

Das glaube ich gern. Aber ich bin gerade nicht an königlichen Yachten interessiert. Meine Aufmerksamkeit richtet sich auf eine Gruppe von Leuten, die zwei Tische in der Ecke der Terrasse besetzen. An einem der Tische sitzen einige Herren in Blazern und weißen Hosen, die kaum die Tatsache verbergen können, dass sie Schlachteraugen und mit ihrem groben Knochenbau und den hervortretenden Adern die Statur von Käfigkämpfern haben. Am anderen Tisch sitzt eine Frau, die ich als Missis Yusupov wiedererkenne. Und ein Mann, der einen nicht maritimen Anzug teuren Schnitts und eine edle Aktentasche trägt, die fast ein Teil von ihm zu sein scheint. Ein bisschen weiter weg und in der typischen Art, wie er sich gern im Leben positioniert, sitzt Mister Yusupov.

Man hatte Mister Yusupov vermutlich irgendwann einmal erzählt, dass er wie der bekannte gleichnamige Prinz aussieht, jener Cousin des letzten Zaren und Mörder Rasputins. Ich nehme an, dass sein wirklicher Name Smith oder Rubinstein ist und er den nach einer längeren Konsultation mit seinem Spiegelbild beim Rasieren in Yusupov geändert hat. Das Ergebnis ist jedenfalls erschreckend. Sein Gesicht ist länglich, aalglatt und emotionslos. Seine Augen haben unter ihren Schlupflidern diese Fick-dich-Aura der Augen des Originalprinzen. Und auch die, das merke ich jetzt, da ich sie intensiv studiere, von Wladimir Putin. Sie sind definitiv nicht beruhigend, diese Augen. Er trägt weiße Flanellhosen und einen Blazer, an dem etwas befestigt ist, das aussieht wie das schwarze Abzeichen der Royal Yacht Squadron. Er erhebt sich. »Meine liebe Tamara«, und umarmt sie.

»Und …«, hier zögert er fast unmerklich, aber lange genug, um mir meine Position klarzumachen, »Kapitän Chance, oder nicht?«

Ich bestätige, dass ich es tatsächlich bin. Was er natürlich genau weiß.

»Bitte setzen Sie sich«, sagt er. »Hätten Sie gern etwas Gin und ein paar Bitterballen? Die sind hier Tradition.«

»Bisschen früh für mich«, sage ich, aber Tamara sieht erfreut aus, und die Bestellung wird aufgegeben.

»Also«, sagt Yusupov, nachdem wir uns alle hingesetzt haben und er seinen Leuten befohlen hat, ihn weder mit Anrufen noch mit Übernahmeangeboten oder ähnlich Trivialem zu stören, »was ist die ganze Zeit passiert?«

An dieser Stelle geht das Procedere in Russisch über. Ich stelle fest, dass Missis Yusupov Tamara mit einiger Intensität mustert. Das überrascht mich nicht. Ich nehme an, dass sie eine Ehe führt, in der die Tatsache, dass Tamara die Geliebte ihres Mannes ist, nicht allzu schwer wiegt. Andererseits war Missis Yusupov maßgeblich an dem Versuch beteiligt, die schöne neue Reederei ihres Mannes zu zerstören und hat mit dem Helfer gevögelt. Ich frage mich, was wohl hinter ihrer hübsch lackierten Fassade abgeht. Doch in Wirklichkeit bin ich froh, das nicht genauer zu wissen. »Da«, sagt Yusupov am Ende eines längeren Vortrags von Tamara. Was so viel wie ja bedeutet. Er dreht sich zu mir um. »Können Sie mir ein genaues Bild der Ereignisse vermitteln, die sich zwischen Ihrer Abreise aus Monte Carlo und Ihrer Ankunft hier heute Morgen zugetragen haben?«

Tamara macht einen völlig entspannten Eindruck. Ich nehme also an, dass sie ihm die Wahrheit erzählt hat. Missis Yusupov allerdings hat sich nun auf ihrem Stuhl nach vorn gebeugt. Ihre dunklen Augen haben die Intensität eines Lasers entwickelt. Ich beginne mit meiner Geschichte. Als wir zum Whiskyraub kommen, zischt sie etwas auf Russisch. Yusupov nickt, lächelt aber nicht. Ich habe jedoch schon festgestellt, dass Russen keine großen Lächler sind. Seine Augen sehen aus wie die Augen eines Oligarchen, der gerade über eine schrecklich teure Scheidung nachdenkt. Man kann sich ihnen nur schwer entziehen, diesen dunklen und leeren und durchdringenden Augen. Sie erinnern konstant daran, dass es sich hier um einen Milliardär handelt, der diesen Status durch eine Mischung aus individuellem Verstand und extremer Gewalt erreicht hat. »Fahren Sie fort«, sagt er.

Ich erzähle davon, wie wir mit der Fähre auf Grund gelaufen sind und wie der Whisky an Land gekommen ist. Ich weise drauf hin, dass die Entführer nach Clearances kleinem Unfall sichergestellt hatten, dass der Whisky direkt an Gruskins Pirschütte in den Highlands geliefert wird. Ich berichte, dass ich dem Whisky dahin gefolgt und von Tamara gerettet worden bin, die der Causa Yusupov entgegen einigen möglicherweise hinterlassenen Eindrücken (und anders als Charles und spezielle andere) stets treu geblieben war. Was die Tatsache impliziert – die ich taktvollerweise nicht ausspreche – dass Missis Yusupov es nicht war.

Missis Yusupov ist diese Implikation nicht entgangen. Sie erhebt sich von ihrem Stuhl und kommt speiend wie ein Drache mit ausgefahrenen Krallen auf mich zu. Yusupov hebt eine Hand, und einer der Blazertypen rutscht rüber, legt ihr einen Arm um die schmale Taille und findet den Druckpunkt, der sie blass werden und verstummen lässt. In mildem Ton sagt Yusupov: »Ich denke, wir sollten das hier jetzt auf dem Wasser fortsetzen.«

Ich verstehe, worauf er hinauswill. Einige Kellner schauen schon in unsere Richtung. Wie auch die Gruppe am Nachbartisch. Es könnte nach meiner Erkenntnis sehr wohl die niederländische Königsfamilie auf einem Betriebsausflug sein, die dem um Yusupov herum formierten menschlichen Zoo neugierige Blicke zuwirft.

»Kommt«, sagt Yusupov. Er erhebt sich, verlässt die Terrasse und geht den Ponton runter. Wir folgen. Der Mann im Anzug zuerst. Die Aktentasche hält er, als wäre sie mit Leierschwanzeiern gefüllt. Irgendetwas an seinem Verhalten erinnert mich an den Typen, der dem Präsidenten mit den Nuklearcodes folgt. Tamara geht an Yusupovs Seite und schwingt dabei fröhlich ihren Picknickkorb, redet und lacht, sonnt sich in der angenehmen Erkenntnis, die einzig loyale Agentin zu sein, wenn man mich nicht mitzählt. Was Yusupov ziemlich sicher nicht tut. Wir erreichen eine wunderschöne Lemsteraak. »Schaut mal«, sagt Yusupov und zeigt auf die in den Bug geschnitzten Galionsfiguren. »Der fette wohlhabende Mann. Und die schöne Frau mit den herrlichen dicken Titten. Sexy. Das ist traditionell. Einfach, gut, ehrlich.« Die Augen unter den Schlupflidern ruhen auf Missis Yusupov. Ich beobachte ihn und denke, wie merkwürdig es doch ist, dass er in Bezug auf Loyalität derart sentimental wird, obwohl er doch selbst ein genauso großer Gauner ist wie Mister Gruskin. Wenn nicht ein noch größerer.

Wir steigen vom Ponton ins wunderschöne Teakcockpit. Yusupov wendet sich an mich und sagt: »Würden Sie sie bitte rausfahren, Kapitän?« Vielleicht hat er ja Sprachunterricht bei der Royal Yacht Squadron genommen?

»Aye, aye, Sir«, sage ich im gleichen Stil. Die Leinen werden losgemacht, und ich bringe das große weiße Boot raus aufs IJsselmeer. Ich fiere das leewärtige Seitenschwert gegen die Abdrift und drehe den Bug nach Backbord. Wir gleiten dem breiten braunen Horizont entgegen. An Steuerbord liegt eine grüne Insel, auf der ein märchenhaft schönes rotes Backsteinschloss steht. Alles ist sehr hübsch. Und ich bin mit Tamara mittendrin. Sie scheint so glücklich zu sein, wie es jeder andere bei einem Ausflug mit einem schönen Boot wäre. Und dann sind da noch diese ganzen außerordentlich unangenehmen Menschen, die Glück nicht einmal dann erkennen würden, wenn man es ihnen auf dem Silbertablett servieren würde. Die Käfigkämpfer hocken vorn auf dem Kabinendach, und der Mann mit der Aktentasche sitzt mit geradem Rücken in der Kabine. Yusupov, seine Frau und ich sind im Cockpit. Jede Minute wird jetzt jemand sagen, wie lustig diese kleine Bootspartie doch ist. Ich allerdings werde es nicht sein.

Ich werde das ungute Gefühl nicht los, das jemand das hier alles wie die Wickelfeder eines Airbags arrangiert hat, die jede Sekunde brechen wird. Dann wird reichlich Metall durch die Luft fliegen. Tamara gähnt entzückend wie eine Katze. Sie sagt: »Alexei Alexeivitch, ich habe dir etwas gebracht.«

»Oh?«, sagt Yusupov, der gerade interessiert eine unseren Kurs kreuzende Boeier beobachtet, die auch eine Botter sein könnte.

»Und du hast gebracht, was wir vereinbart haben?«

»Ich halte meine Versprechen.«

»Was hast du ihr versprochen«, zetert Missis Yusupov.

»Das ist geschäftlich«, sagt Yusupov. Ich hätte ihm sagen können, dass es ein Fehler ist, diesen Mach-dir-mit-deinem-hübschen-Köpfchen-keine-Gedanken-Ton anzuschlagen.

»Dein Business ist mein Business«, sagt Missis Yusupov.

»Nicht mehr«, sagt Tamara und lacht taktlos. Dazu hätte ich nun auch eine Bemerkung machen können. Stattdessen konzentriere ich mich lieber auf die sehr einfache Aufgabe des Steuerns.

»Was genau meinst du damit?«, fragt Missis Yusupov.

»Ich habe liebe Alexei Mittel besorgt, viele Vermögenswerte von unsere verstorbene Freund Gruskin in Besitz zu nehmen«, sagt Tamara. »Im Gegenzug dazu hat liebe Alexei sich einverstanden erklärt, bestimmte Arrangements zu meine Gunsten vorzunehmen.« »Bleib ruhig«, denke ich. Ganz ruhig. »Insbesondere eine Änderung von Besitzverhältnisse.« Es ist die pure Schadenfreude. Aber Schadenfreude ist meist keine gute Idee.

»Oh?«, sagt Missis Yusupov. »Und wo bleibe ich dabei?«

»Die Königin ist tot«, sagt Tamara. »Lang lebe die Königin.«

Das macht Missis Yusupov sprachlos. »Okay«, sagt Yusupov, bevor seine Frau fragen kann, was genau Tamara mit tot meint. In seiner Stimme liegt jetzt eine Kälte, die einen verstehen lässt, wie er es angestellt hat, einigen der härtesten Typen auf dem Planeten viele Milliarden abzujagen und auch zu behalten. »Sei nicht so albern. Es gibt genug für alle. Und jetzt, Tamara.«

»Jetzt was?«, sagt Missis Yusupov. Ihr Ehemann mag ein harter Hund sein, aber sie kennt ihn wie eine Ehefrau ihren Ehemann kennt. Und ich kann sehen, dass sie ihre Gelassenheit in keiner Weise beibehalten wird. Geld ist nur die eine Seite, aber das hier ist auch alles mit Beziehungsangelegenheiten verwoben. Der Puritaner in mir sagt, dass sie sich in dem Fall niemals mit Violentin hätte einlassen sollen. Aber es ist natürlich nicht der richtige Moment, das anzumerken.

»Ich werde dir meinen Teil geben«, sagt Tamara, »wenn wir die Papiere unterzeichnet haben.«

»Oleg«, sagt Yusupov. Der Mann im Anzug steht auf, schlägt mit dem Kopf an die Kabinendecke, stellt sich in den Niedergang und öffnet die Aktentasche auf einem Sitz im Cockpit. Tamara scheint sich noch einmal selbst überzeugen zu wollen und sagt: »Diese Papiere wurden vorbereitet. Ich habe sie schon gesehen. Sie sind in Ordnung.« Dann unterzeichnet sie.

»Was ist wie in Ordnung?«, sagt Missis Yusupov mit einem Zischen wie aus einem ganzen Nest von Kobras.

»Einige Transfers«, sagt Yusupov. »Eine Goldmine. Eine Autofabrik. Eine Restaurantkette in den Staaten. Nicht viel.«

»Das ist guter Deal für alle«, sagt Tamara mit strahlendem Lächeln und händigt Yusupov die Picknicktasche aus. Und während alle Augen auf Yusupov gerichtet sind, der im Inneren der Tasche wühlt wie ein Kind, das gerade seine Geburtstagsgeschenke auspackt, kommt Tamara rüber und stellt sich neben mich. Ich spüre, wie etwas Schweres in meine Tasche gleitet. »Und jetzt erschieße ihn«, murmelt sie.

Ich drehe mich so heftig um, dass es in meinem Nacken knackt, und schaue sie an. Mein Herz setzt aus. »Wen?«, frage ich.

Irgendwo fängt irgendjemand an zu schreien. Es klingt nach Missis Yusupov. Ihre großen blauen Augen flattern in die Richtung von Yusupov, ihr Kopf macht dabei kleine ruckartige Bewegungen. »Nein«, sage ich. Das Geschrei wird lauter. Tamara sagt etwas. Ihr Ton ist leise und angespannt. Ich sehe, dass Yusupov etwas aus der Picknicktasche rausgeholt hat. Mich überläuft es eiskalt.

Das Ding, das er in der Hand hält, sieht aus wie eine bläulichweiße und schwarz behaarte Spinne. Eine Spinne mit fünf Beinen. Nein, tatsächlich ist es gar keine Spinne. Es ist eine abgetrennte menschliche Hand. Die Hand des verstorbenen Mister Gruskin. Für einen Augenblick bin ich überrascht. In der Art, wie man völlig irrelevante Gedanken in Momenten hat, die zu schrecklich sind, um sie zu verarbeiten. Ich bin überrascht, wie … nun ja … wie hygienisch sie aussieht.

Dann dringt wieder das Geschrei zu mir durch. Mein Herz beginnt laut zu schlagen, und mir ist schlecht. Tamara greift nach meiner Hand und versucht sie in die Tasche mit der Waffe zu schieben. Ich widersetze mich. »Was?«, sagt Missis Yusupov zwischen den Schreien.

»Ist Hand von Gruskin«, sagt Yusupov wie zu einem nervigen Kind. »Seine Sicherung von Vermögen braucht Fingerabdrücke. Das einfach. Aber auch DNA. Was nicht so einfach. Jetzt wir haben alles, was er hatte. Und«, sagt er zu seiner Frau, »ich kann dir sagen, dass zwischen uns alles ist aus. Ich werde wollen Scheidung.«

An dieser Stelle springt Missis Yusupov in Richtung ihres Mannes und versucht sich die abgetrennte Hand zu schnappen. Yusupov wischt sie zur Seite und damit außerhalb ihrer Reichweite. Dann schlägt er ihr mit der Hand seitlich und hart auf den Kopf. Ihre stimmliche Leistung war schon zuvor eindrucksvoll gewesen. Jetzt allerdings schwillt sie mit doppelter Kraft an, sodass sich die Seemöwen von ihren Dinnerplätzen im Matsch an den Ufern erheben und dem Gekreische ihre eigenen wilden Schreie beimischen.

In einer Art Trance denke ich, dass die Mission nun erfolgreich beendet zu sein scheint. Wir fahren lieber zurück in den Hafen, bevor noch jemand versucht, mich erneut zum Mörder zu machen. Plötzlich kommt aus dem Salon ein Geräusch wie bei einem Vulkanausbruch. Eine riesige Gestalt schießt durch die Luke nach oben. Mir bleibt genug Zeit, um zu erkennen, dass die Gestalt Violentin und das Ding, das er in seinen Händen hält, eine kleine schwarze Automatikpistole ist. Während ich mich noch wundere, wie er hierhergekommen ist und woher die Pistole stammt, schießt er Yusupov viermal in den Bauch.

Yusupov grunzt, lässt die Hand fallen und stürzt rücklings auf den Cockpitboden. Missis Yusupov springt auf ihn drauf und hämmert mit den Fäusten auf seinen Brustkorb. Es sieht eher nach Zorn als nach Erster Hilfe aus; was ja schön und gut ist, weil man ihre Gründe dafür vielleicht nachvollziehen kann. Aber ich kann mich darauf ohnehin gerade nicht konzentrieren, weil ich mit einer Hand das Boot steuere und mit der anderen Tamara abwehre, die es jetzt aufgegeben hat, mich dazu zu überreden, jemanden zu erschießen, und stattdessen selbst in meiner Manteltasche nach der Waffe greifen will. Inzwischen hat Violentin, der sich mit Chaos und Verwüstung bestens auskennt, bereits erkannt, dass von Yusupov keine Gefahr mehr ausgeht und dass Missis Yusupov vollauf damit beschäftigt ist, ihrem Mann mit den Fäusten ein Loch in sein jetzt sehr blutiges Seidenhemd zu hämmern. Also wendet sich Violentin mir zu.

Ich sage: »Hallo, Violentin.« Sein Gesicht sieht aus wie aus Schweinefett geformt. Seine Augen sind nur noch Schlitze blanken Hasses. Seine Lippen sind nicht mehr existent. Da ist nur noch ein schmaler Spalt, der wie ein Briefschlitz aussieht. Nur härter. Ich nehme an, dass ich einen ähnlichen Eindruck auf ihn mache. Er streckt die Arme aus, um nach mir zu greifen. Ich trete ihn dorthin, wo ich sein kaputtes Knie weiß. Ich trage aber Bootsschuhe und habe nicht bedacht, dass das Knie in Gips steckt. Also schmerzt mein Fuß. Dann bekomme ich mit, wie Tamara ihre Hand aus meiner Tasche zieht und Violentin seine Hände um meinen Hals legt und zudrückt, als wolle er, dass sich seine Finger in der Mitte berühren. Meine Welt wird dunkelrot und ist von Gebrüll erfüllt. Vielleicht bin ich es auch, der brüllt. Definitiv gehen die Lichter aus, und ich weiß nur noch, dass ich gedacht habe, wie lächerlich das alles ist. Was ja auch stimmt. Dann sind einige kurze scharfe Geräusche zu hören. Sie klingen, als würde jemand mit einem Hammer auf Holz schlagen. Violentins Körper zuckt zweimal, seine Finger lockern sich so weit, dass ich mich herauswinden, rückwärts taumeln und versuchen kann, mich daran zu erinnern, wie man atmet. Als ich den Dreh gerade raushabe, greift etwas von hinten nach meinen Knien und ich falle vornüber. Auf einem normalen Boot hätte die Reling mich gerettet. Aber authentische Lemsteraaks haben keine Reling. Und Yusupovs Lemsteraak ist äußerst authentisch. Also falle ich rücklings in die schwarzen Fluten des IJsselmeeres. Weshalb ich beim ersten echten Atemzug, der mir seit Violentins Attacke gelingt, gefühlt einen ganzen mit Entengrün und

Aalscheiße vermischten Liter dieses Meerwassers schlucke. Halb erstickt komme ich wieder an die Oberfläche und erhasche einen Fingerhut Luft. Dann verdunkelt etwas Gewaltiges den Himmel, und mein Kopf wird von etwas enorm Hartem getroffen. Ich werde wieder unter Wasser gedrückt und kapiere, dass das große harte Ding Violentin ist. Ich verstehe nicht, was er hier im Wasser macht. Aber es gibt natürlich Besseres zu tun, als sich darüber Gedanken zu machen, ob er nun von Tamara angeschossen worden ist oder nicht. Das scheint ihm keinesfalls seine Kraft geraubt zu haben.

Seine Hände greifen wieder nach meinem Hals. Ich schwimme heftig rückwärts, sodass er nur meinen Arm zu fassen bekommt. Was ihm reicht. Hand über Hand zieht er mich zu sich. Ich höre einen Knall vom Boot. Etwas dringt neben meinem Kopf ins Wasser ein. Dazu sehe ich ein verschwommenes Bild von Tamara, die mit einer Waffe fuchtelt. Sie schießt. Bislang hat sie Violentin mit ihrem Einsatz eher beflügelt. Was die Schlussfolgerung zulässt, dass sie eine miserable Schützin ist. Sie könnte also genauso gut mich treffen wie Violentin. Ich mache mir darüber aber keine weiteren Sorgen, denn Violentins Hand ist schon an meiner Schulter angekommen und greift wieder nach meinem Hals, was mir nicht gut gefällt. Ich weiß aber nicht, wie ich ihn stoppen kann. Dann erinnere ich mich an ein Manöver aus meiner Zeit bei den Pfadfindern, das möglicherweise Baden-Powell höchstselbst ersonnen hat, um den tödlichen Griff eines ertrinkenden Opfers durchbrechen zu können, damit der Retter es ungefährdet an Land ziehen kann. Ich drehe mich im Wasser zu Violentin um, als würde ich mich auf einen gemeinsamen Tanz auf dem Ballparkett vorbereiten. Dann ziehe ich mein Knie zwischen seinen Beinen scharf hoch.

Es ist eher eine Verzweiflungstat, von deren Wirkung ich mir nicht allzu viel erhoffe. Doch ich muss ihn an einer empfindlichen Stelle getroffen haben. Es gibt eine Art kleiner Explosion, als er den Atem ausstößt. Ich spüre, dass der Druck seiner Finger nachlässt. Ich reiße mich los, greife mit beiden Händen nach seinen Schultern und drücke ihn nach unten. Dann ersetze ich meine Hände durch meine Füße, stehe auf seinen Schultern und strecke meine Beine. Was ihn noch weiter nach unten drückt. Blasen steigen auf. Ich trete ihn weg und bewege mich in Richtung Heck des Bootes. Dort bekomme ich einen Fuß auf eine der Stufen, mit denen die Ruder der Lemsteraaks klassischerweise ausgerüstet sind. Ich ziehe mich selbst aus dem Wasser und blicke zurück, um zu sehen, ob Violentin mir folgt.

Das tut er nicht. Dort, wo wir gekämpft haben, weist die Wasseroberfläche noch ein paar Turbulenzen auf. Vielleicht bilde ich es mir nur ein, dass sich dort kleine Ranken aus rotem Blut durchs schwarze Wasser ziehen. Ich erwarte, dass die schmalzfarbene und mit Blut und Entengrün bespritzte Kuppel seines Kopfes hochkommt. Dass sich diese Kuppel dreht, fokussiert und dann wieder auf mich zukommt. Der Gedanke lässt mich drei Stufen auf einmal nehmen und aufs kleine Achterdeck des Bootes fallen. Noch immer kein Kopf in Sicht. Dann gibt es eine Art Blasenexplosion, aber immer noch keinen Violentin.

Meine Augen wandern über Tamara, die ins Wasser starrt, weiter zu Missis Yusupov, die ihren Mann schüttelt, der keinerlei Lebenszeichen mehr von sich gibt, bis zum Echolot, das 2.2 anzeigt. Das bedeutet Meter. Das IJsselmeer ist hier nicht sehr tief. Aber sein Grund ist tief verschlammt. Ein Mann wie Violentin, der durch mehrere Schusswunden geschwächt war, nur noch ein gesundes Bein hatte und von einem verzweifelten Mann mit dessen Füßen auf seinen Schultern wie ein Zelthering in den Grund gerammt worden war, dürfte es als schwierig empfunden haben, sich aus dem Schlamm zu befreien, bevor ihm der Atem ausgegangen war.

Wie es aussieht, hat Violentin es nicht geschafft.

21

Die Verpflegung in britischen Gefängnissen ist so schlecht nicht. Vor allem deshalb, weil es erlaubt ist, sie im Gefängnisladen zu kaufen und selbst zu kochen. Tamara ist so freundlich gewesen, mir ein Konto einzurichten. Vier Wochen nach dem Vorfall in Muiden bereite ich mir gerade ein Curry und unterhalte mich mit einem Bekannten, der als Nachtwächter für eine Horde Stinktiere gearbeitet hatte, als einer der Wärter seinen Kopf zur Tür reinsteckt. »Du bist raus«, sagt er. Ich lade den Stinktierpfleger ein, das Curry an meiner Stelle zu genießen, tappe in meine Zelle, raffe meine wenigen Habseligkeiten zusammen und werde von einer großen Frau in einer Gefängniswärteruniform in Richtung lichter Außenwelt geführt.

Das Gefängnis ist ein sandfarbener Block innerhalb hoher Mauern in einem Industriegebiet. An der Bordsteinkante steht ein Mercedes, der im Leerlauf wartet. Die Luft ist kühl und schmeckt nach Freiheit. Ich erspähe den blonden Mopp auf dem Fahrersitz und sage: »Tamara.«

»Steig ein«, sagt sie. »Hast du schon Mittag gegessen?«

»Ich habe mir gerade ein Curry zubereitet.«

»Sorry.«

»Erwähne es einfach nicht.«

»Es gibt gutes indonesisches Restaurant in Stadt.«

Ich schaue sie von der Seite an, während wir davonfahren. Sie hat sich die Haare schneiden und die Augenbrauen machen lassen.

Und sie trägt einen eleganten Hosenanzug. Als ich sie das letzte Mal im Sirenengeheul beim Yacht-Club gesehen habe, hat sie wild ausgesehen. Irre wild. Etwa so, als wäre sie gerade von einem Schiffswrack gestiegen, auf dem es einen Doppelmord gegeben hatte. Jetzt sieht sie wie eine russische Geschäftsfrau aus, die ihr Schicksal sauber unter Kontrolle hat. Und das von Tausenden anderen Menschen auch. Was in der Tat der Fall ist.

Sie parkt vor dem Restaurant, führt mich hinein und bestellt eine Rijstafel für zwei.

Dann schüttelt sie resigniert ihren Kopf. »So Englisch«, sagt sie. »Anwälte sagen, dass Richter entschieden, gibt keinen Fall zu klären.«

»In Holland.«

Sie zuckt mit den Mundwinkeln. »Vielleicht in Großbritannien auch.«

»Nur vielleicht?«

»Ich mich um dich kümmern«, sagt sie. Ihre blauen Augen schauen hoch und treffen meine. »In … finanzielle Weise.«

»Aber in keiner anderen?«

»Gavin«, sagt sie. »Du bist guter Kerl. Aber dir fehlt Selbstvertrauen. Ich bin russische Frau. Ich brauche jemand mit größere Kopf als du. Ich meine, mit größere Sinn für eigene Bedeutung.«

»Wie Yusupov.«

»Unglücklicherweise er gestorben.«

»Ja.«

Es herrscht eine kurze Stille. Ich beobachte sie und bin traurig. Sie ist eine mächtige Frau, schon klar. Aber sie ist auch eine Frau, woran ich mich jetzt selbst erinnere, die einem Business-Rivalen die rechte Hand abgesägt hat, um ihre Krallen in sein Imperium zu schlagen.

Ich sage: »Was ist geschehen?«

»Deine Freund Charles wird wegen Handel mit gestohlenen Waren verurteilt. Man nimmt an, Violentin hat Clearance umgebracht. Und dass Körper in Container und in Meer mit Stichwunden Resultat sind von Kampf an Bord. Die Crew von Fähre ist zurück aus Murmansk und wird wenig sagen. Meine Anwälte mir haben versichert, dass deine anderen Probleme können mit Selbstverteidigung erklärt werden.«

»Ich kann also nach Schottland zurückkehren?«

Noch ein Zucken mit dem Mund. »Wenn du möchtest.«

Ich denke an Achnabuie, an den Caravan, den der treulose Georgie in ein Wrack verwandelt hat. Ich denke an die Mücken, den Nieselregen und die Fantasten am Telefon, die eBay für das goldene Ticket in eine sonnengebräunte Glamourwelt halten.

»Oder«, sagt Tamara, »da ist ein Mann, den ich getroffen habe, der Boot hat gebaut in Holland. Ist jetzt fertig. Exzellentes Boot. Er sucht nach einem Skipper für die Überführung von Lelystadt zu neue Besitzer.«

»Und wo«, frage ich, »ist der neue Eigner?«

»In Sydney. Australien«, sagt Tamara, ohne mich aus den Augen zu lassen. Sie schiebt ein Papier über den Tisch zu mir. »Hier ist Vertrag für Anstellung.«

Ich schaue in diese blauen Augen. Sie haben das Blau wie Berge auf große Distanz und wirken jetzt genauso fern. Ich esse ein wenig Reis und etwas von dem Curry und denke daran, wie es ist, mit ihr aufzuwachen. Warm und wunderbar. Dann denke ich darüber nach, was mir Violentin über ihre Liebhaber gesagt hat. Ich denke an die verbissenen Polizisten, die in England mit ihren Fragen warten, ihre ebenso verbissenen Amtskollegen nördlich der schottischen Grenze, die ungeduldige Morag im Hotel und die freundliche, liebenswerte Abigail in Glasgow mit ihrem berechtigt vorwurfsvollen Blick. Ich denke über all das so lange nach, bis ich bemerke, dass ich aus Versehen in eine Vogelaugen-Chilischote gebissen habe. »Das klingt wie eine super Idee«, sage ich, als ich wieder sprechen kann. »Wo soll ich unterschreiben?«

Bibliografische Information der Deutschen Nationalbibliothek
Die Deutsche Nationalbibliothek verzeichnet diese Publikation in der Deutschen Nationalbibliografie; detaillierte bibliografische Daten sind im Internet über http://dnb.dnb.de abrufbar.

1. Auflage
ISBN 978-3-667-11704-5

Übersetzung: Tatjana Pokorny
Lektorat: Birgit Radebold
Coverfoto: Philip Plisson, La Trinité-sur-Mer
Umschlagrückseite: Sam Llewellyn
Umschlaggestaltung: Felix Kempf, www.fx68.de
Satz: Axel Gerber
Druck: Pustet, Regensburg
Printed in Germany 2019

Delius Klasing Verlag, Siekerwall 21, D-33602 Bielefeld
Tel.: 0521/559-0, Fax: 0521/559-115
E-Mail: info@delius-klasing.de
www.delius-klasing.de

LESEPROBE

THRILLER

SAM LLEWELLYN

BLACK FISH

TÖDLICHER BEIFANG

1. FALL FÜR GAVIN CHANCE

AUS DER KALTEN SEE DIREKT INS FEUER

Gavin Chance, Ex-Polizeibeamter und ehemaliger Segelolympiateilnehmer, tut sich nicht leicht in seinem neuen Business als Yachtmakler. Als seinem Kunden dann auch noch ein frisch verkaufter Fischkutter gestohlen wird, an Bord der leider nicht mehr lebende Geschäftspartner und Ex-Schwager von Chance, bleibt ihm nichts anderes übrig, als einzugreifen. Nicht ahnend, das er sich damit ins Geschäft um illegalen Fischfang, Drogenschmuggel und andere unschöne Geschäfte einmischt.

AM ENDE MUSS ER FROH SEIN, NICHT SELBST AM HAKEN ZU LANDEN ...

1

Es lief alles so gut.

Solent City lag in nördlicher Richtung am Horizont. Im Süden waren das viktorianische Durcheinander von Cowes und die Pfeffertürme der Royal Yacht Squadron zu sehen. Als ich über die Schulter auf die herrliche blaue See blickte, befand sich die Army gut 20 Meter achteraus. Ihr Vorschiffsmann stand ganz vorn auf dem Bug des Bootes und zerrte an den Streben des Bugkorbs wie ein Gorilla im Zoo. Ein böser Gorilla. Er war sauer, weil der Mann am Mast ihn anschrie. Der Mann am Steuer war sauer, weil er nicht einen Hauch von Wind in die Segel bekam und weil sich die Polizei ihnen in den Weg gelegt hatte. Die Polizei, das waren ich, mein Mann am Großsegel, mein Taktiker und die fünf anderen Jungs, die übers Deck der Sigma stapften und sich bemühten, nicht allzu breit zu grinsen.

Ich sah den Army-Steuermann in sein Großsegel hochschauen. Ich sah, wie er etwas zu seinem Mann am Großsegel sagte. Ich sah ihn am Steuer etwas nachgeben, um aus unserem Windschatten herauszukommen, sich davonzuschleichen und einen Schlag in Richtung Ziel zu machen. Wir hatten noch zwei Bootslängen Vorsprung.

Er war ein netter Kerl, dieser Army-Steuermann, ein Sergeant mit Auszeichnung. Ich war ein Polizeiinspektor. Er hatte seine Auszeichnung bekommen, weil er mutig gewesen war. Ich war Inspektor geworden, weil ich eine Plage war.

»Mach das Gleiche und decke ihn«, sagte der Taktiker, ein Detective Constable der Kriminalpolizei in Poole.

Ich hatte bereits das gleiche Manöver eingeleitet, indem ich eine Kurve in die hübsche blaue See fuhr und damit ein Abbild der Kurve erzeugte, die die Army rund 20 Meter rechts hinter mir absolvierte. Aus dem Augenwinkel sah ich, ihre Geschwindigkeit zunehmen.

»Er wird wenden«, sagte der Taktiker.

Der Baum der Army ragte jetzt weit über die Steuerbordseite des Bootes hinaus. Er fuhr nun ziemlich genau auf uns zu. »Niemals«, sagte ich.

Der Taktiker war bei der Marine gewesen, bevor er zur Polizei ging. »Pongoes«, sagte er, einen alten abfälligen Begriff für Soldaten bemühend.

Der Großsegeltrimmer sagte: »Der Baum kommt rüber. Weiter. Weiter. Und Abflug. Am Arsch.«

Seine Flüche waren teilweise dem Umstand geschuldet, dass ich eine Crashwende gefahren hatte, um den Gegner zu decken. Vor allem aber der Tatsache, dass der Army-Mann in Luv auf der Wetterseite des Decks dem Baum nicht ausgewichen war. Ich sah den Baum auf die andere Seite fliegen. Ich sah, dass er den Mann auf Taillenhöhe erwischte. Ich sah ihn in hohem Bogen durch die Luft und ins Wasser fliegen. Und ich sagte: »Trimm!«, während ich das Steuer durch meine Hände gleiten ließ, damit wir in einem großen Bogen halsen konnten, plötzlich im Wind standen und den Mann im Wasser längsseits erreichten. Alles flatterte, damit zwei bullige Constables ihre Arme über die Seite strecken und ihn durch die Reling reinziehen konnten.

»Willkommen an Bord«, sagte ich. Er prustete in meine Richtung und sah wütend aus. »Wir bringen Sie zurück, wenn Sie wollen«, sagte ich. Er grinste, schüttelte den Kopf und dankte uns. Inzwischen hatte der Mann am Großsegel die Großschot eingeholt. Die Genuawinsch rasselte. Wir glitten längsseits des Army-Bootes und gaben ihnen ihren Mann zurück, obwohl ihren Gesichtszügen nach zu urteilen nicht alle besonders glücklich darüber zu sein schienen, ihn zu sehen. Dann zogen wir in Richtung Ziellinie davon, die wir mit vollen zwei Minuten Vorsprung erreichten. Du meine Güte, fühlten wir uns gut.

Noch selbstgefälliger gingen wir später den Rasen hinunter zum Wasser, unsere Augen auf eine ältere Dame mit Hut und in weißen Handschuhen gerichtet, die eine Rede hielt. »In diesem Jahr geht der Alban Cup für Matchracing an die Polizei«, sagte sie. Strahlendes Lächeln. Ich trat vor und nahm die Trophäe in Empfang. »Viel Glück bei Olympia«, sagte sie.

Ich verbeugte mich und murmelte etwas von Teamwork, dann mischte ich mich wieder unter die Leute. Die meisten kannte ich nicht. Doch das war mir egal, denn sie kannten mich, den glänzenden Hoffnungsträger der Polizei und des Segelsports. Ich bekundete dem Army-Skipper mein sportliches Mitgefühl und leerte drei Gläser Champagner in doppelter Geschwindigkeit. Dann bemerkte ich eine große blonde Frau, die mich über die Menge hinweg mit mehr als nur freundlicher Wärme anlächelte. »Aber hallo!«, dachte ich, bevor ich auf sie zusteuerte.

Von da an ging es nur noch bergab.

Als das alles hier drei Jahre später beginnt, bin ich Yachtmakler. Ich weiß, was ihr jetzt denkt. Blaue Cocktails, weiße Kissen, Immobilienmakler im Salon. Yacht ist ein großes und gewichtiges Wort. Es riecht nach Geld. Doch wenn wir darüber reden, was ich mache, dann ist das Wort mit der entscheidenden Botschaft nicht Yacht, sondern Broker, wie »broken« – kaputt.

Willkommen also in meinem schicken Hightech-Büro im Steuerhaus meines Luxusschleppers, der am Fischsteg in Achnabuie vertäut ist. Mit Klappstühlen, die aus der Stadthalle geklaut sind, dem State-of-the-Art-Murphy-Aschenbecher (leicht angekokelt) und dem Schreibtisch aus alten Army-Beständen, gekrönt von dem Secondhand-Dell-Computer. Da drüben ist der Schreibtisch meiner großen, loyalen und sehr attraktiven Assistentin Maureen

Cameron, der ihr gute Dienste an den seltenen Tagen leistet, an denen sie zur Arbeit kommt.

Sie weist oft darauf hin, dass der Schlepper kalt und feucht ist. Auch gibt es nur sehr wenig Arbeit zu erledigen. Und sie bekommt dafür sehr wenig Geld. Also kann sie ebenso gut in ihrem warmen Haus bleiben, was sie normalerweise auch tut. Manchmal habe ich das Gefühl, sie hätte mich gern an ihrer Seite in diesem Haus. Ich denke darüber von Zeit zu Zeit nach, aber irgendwie habe ich noch nicht den richtigen Zeitpunkt gefunden nachzufragen.

Hinter den Fenstern des Steuerhauses erstreckt sich die glorreiche Riviera von Achnabuie: ein Sammelsurium von Moorings, 13 Boote, abgedeckt von Bradshaw-Persenningen, die unter Regenlachen in sich zusammengesackt sind, ein paar mit Wasser und Mückenlarven gefüllte Überbleibsel und ein Schlosspark, der im Hochsommer von Masochisten aus Leicestershire besucht wird.

Momentan ist kein Hochsommer. Nicht einmal Frühsommer. Der Herbst kommt, und das hier ist Schottland. Also regnet es. Die Werft ist dennoch voller Leben, es herrscht rege Betriebsamkeit. Was daran liegt, dass sie nur klein ist. Georgie Strother ist riesig genug, um einen viel größeren Ort auszufüllen als diesen, wenn er durch die Pfützen am Steg stapft. Vielleicht ist er für einen Schwatz übers Wetter rübergekommen. Obwohl sein Gesichtsausdruck anderes ahnen lässt. Ich bekomme ein leicht flaues Gefühl in der Magengegend. Das ist der Teil meines Umgangs mit Georgie, der mir Unbehagen verursacht. Ich steh auf, um zu gehen.

Zu spät.

Die Tür öffnet sich. Ein Geruch wie aus einer Trawlerkombüse weht herein, begleitet vom Aroma von Whisky, Schmierfett und einem langen Abgang geschmuggelter Bensons.

»Wie geht's?«, sage ich und erwartete tatsächlich eine Antwort. Aber die bekomme ich nicht. Stattdessen kommt er rüber zu dem Tisch hinter mir, packt ihn mit zwei Händen und ballert ihn durch das Fenster des Steuerhauses in die See.

Es ist nicht unbedingt so, dass es mir etwas ausmacht, wenn Menschen meinen Tisch aus dem Fenster werfen. Aber ich denke, es wäre nett, dass – wenn sie sich auf diese Weise auszudrücken wünschen – sie das Fenster vorher öffnen.

Ich bewege mich vom Regenschauer und den Mücken weg. Und nebenbei auch von Georgie, der groß und rabiat genug ist, meinem Blutdruck nicht gutzutun. »Sollte ich vermuten, dass du nicht hier bist, um mir schönen Fisch zu bringen?«

»Was glaubst du?«, fragt Georgie.

Wir ehemaligen Polizisten sind ziemlich feinfühlig, und ein Yachtmakler ist nichts ohne Intuition. »Ich glaube, es gibt ein Problem«, sage ich. »Wirst du mir erzählen, worum es geht?«

»Es gibt keinen Fisch«, schnaubt Georgie, »ich gebe meinen Fisch nicht an verfickte Ärsche, die mein Boot stehlen. Selbst wenn ich Fisch hätte, was mit einem gestohlenen Boot ja nicht der Fall sein wird, nicht wahr? Denn wie sollte ich ohne Boot Fisch bekommen?«

Wenn Georgie erst einmal auf diese Weise in Fahrt kommt, kann das den ganzen Tag andauern. Also sage ich: »Komm zum Punkt.«

Georgies Auge bleibt am Computer hängen, seine Finger spannen sich. Ich kann sehen, wie er plant, ihn dem Tisch hinterherzuschicken. Das ist nicht gut. In diesem Computer befand sich die Gavin Chance Marina in einem sonnenverwöhnten Hafen voll glänzender moderner Boote und nicht in einem dieser von Mücken besiedelten Sümpfe, die von Algen überwuchert waren. Es war wichtig, dass diese Vorstellung irgendwo existierte, auch wenn es nur auf einer rostigen Festplatte ist. Also bin ich sehr scharf darauf, diesen Computer auf meinem Tisch zu behalten, wo er seine Träume träumen kann und meinen Kunden hilft, die ihren zu träumen.

»Du weißt, um was es geht«, sagt er.

»Nein, weiß ich nicht«, antworte ich.

»Jemand hat das Boot gestohlen, das dein Partner mir verkauft hat.«

Mein Herz beginnt wie ein Expressaufzug zu sinken.

»Und«, sagt Georgie und schlägt nochmals in die gleiche Kerbe, »ich brauche es zurück, damit ich wieder fischen gehen kann.«

Ich kann sehen, dass er wieder loslegen will. »Dann melde es der Polizei«, sage ich.

An dieser Stelle wird Georgies Gesicht noch grimmiger. »Ich hasse die Polizei«, sagt er. »Abgesehen davon, habe ich keine Papiere für das Boot. Also werden sie mir nicht glauben. Du warst doch selbst einmal ein Polizist. Du wirst es finden.«

Es folgt eine Pause, in der ich mit meinem Zeh in einigen Glassplittern rühre. Er hatte recht mit meiner Vergangenheit in Sachen Strafverfolgung. Doch das weckt nicht den Wunsch in mir, nach seinem Boot zu suchen, das ich ihm in einem fairen Deal verkauft hatte. Abgesehen von den fehlenden Papieren, die noch kommen sollten. Das Boot war über meinen Partner Johnny Bonneville-Clark in das Maklergeschäft gekommen …

Jetzt sackt das Herz noch schneller.

»Ich werde dir deine verfickten Arme brechen«, sagt er.

»Der Polizei würde das nicht gefallen«, entgegne ich. Georgie steht unter dem Eindruck, ich hätte immer noch beste Beziehungen zur alten Truppe, und ich will ihm nicht wirklich erzählen, dass das nicht der Fall ist.

Er steht still da und atmet wie ein Bulle mit Asthma, und ich denke, ich hätte ihn beruhigt. Dann sagt er: »Nun, was weg ist, ist weg.« Dabei blinzelt er mich aus seinen kleinen schwarzen Augen an. »Immerhin bin ich ja versichert, richtig?«

Jetzt geht mein Herz auf Grund. »Ja«, sage ich, doch es ist, als würde ein anderer die Worte sprechen. »Sicher.« Ich wackel mit dem Kopf. »Aber es wird deinem Bonus für nicht geltend gemachte Ansprüche nicht gut tun.«

»Oder deinem«, sagt er. »Ja, wenn du mir nicht suchen hilfst, muss ich einfach zur Versicherung gehen.« Seine Augen irren wieder in Richtung Computer, und seine Salamifinger spannen sich.

…